Collana dell'Unione Femminile Nazionale

1

Comitato editoriale:
Stefania Bartoloni (coordinamento),
Daniela Luigia Caglioti, Alessandra Gissi,
Silvia Salvatici, Elisabetta Vezzosi

Attraversando il tempo

Centoventi anni dell'Unione femminile nazionale (1899-2019)

a cura di
Stefania Bartoloni

viella

Le opere pubblicate in questa collana sono sottoposte a *peer review*.

viella
libreria editrice
via delle Alpi, 32
I-00198 ROMA
tel. 06 84 17 758
fax 06 85 35 39 60
www.viella.it

Unione Femminile Nazionale
Corso di Porta Nuova, 32
20121 Milano
tel. 02 6599190
unionefemminile.it

Indice

STEFANIA BARTOLONI
L'Unione femminile tra politica,
memoria e fondi archivistici. Introduzione   9

LAURA SCHETTINI
Il Comitato italiano contro la tratta:
impegno locale e reti internazionali   37

STEFANIA BARTOLONI
Interpretare un sogno.
Le unioniste e la riforma infermieristica   61

SIMONE COLAFRANCESCHI
Attorno ad una tavola.
La Cooperativa cucine popolari e ristoratori economici   81

FIORELLA IMPRENTI
Adele e Bianca Ceva dal pensiero all'azione.
Diario intimo e politico di due sorelle   99

PATRIZIA MONTANI
Educazione come progetto di democrazia:
la Scuola dei genitori   123

ALESSANDRA GISSI
Corpi e cuori della Repubblica. Privato e politico
nella produzione di Anna Del Bo Boffino   145

PAOLA STELLIFERI
   Tutela dell'uguaglianza e valorizzazione della differenza.
   La battaglia di Tullia Carettoni Romagnoli
   contro le discriminazioni di genere   165

Appendice
A cura di Eleonora Cirant e Donata Diamanti   193

Indice dei nomi   211

Il 28 dicembre del 2019 l'Unione femminile nazionale compie centoventi anni di vita ancora attiva, con il suo archivio, la sua biblioteca, i suoi spazi di riunione. Non è consueto trovare oggi in Italia e nel mondo un'associazione di donne che ha resistito per tanti anni e che ancora conserva tutto il suo patrimonio monumentale (il luogo, la casa, gli arredi) e documentario in senso stretto.

Celebrare l'anniversario non è solo un rito commemorativo ma vuole essere una sollecitazione a ragionare sul nostro presente e a guardare al futuro con un occhio al passato, che le ricerche qui presenti hanno ricostruito attraverso le fonti del nostro archivio.

Con questa pubblicazione vogliamo valorizzare i nostri fondi, lasciare un'eredità alle nuove generazioni, perché le storie delle donne e degli uomini che hanno costituito l'anima e l'ossatura dell'Unione rivivano e se ne possa fare un uso esemplare:

> L'uso esemplare [della memoria...] permette di utilizzare il passato in vista del presente, di servirsi delle lezioni, delle ingiustizie subite, per combattere quelle che ci sono oggi, di lasciare se stessi per andare verso l'altro.
>
> (Tzvetan Todorov, *Gli abusi della memoria*, Meltemi, Milano 2018, p. 49)

La Presidente
Concetta Brigadeci

STEFANIA BARTOLONI

L'Unione femminile tra politica, memoria e fondi archivistici. Introduzione

Il 28 dicembre 1899, ultimo giovedì dell'anno, un gruppo di quattordici persone composto da donne e uomini sensibili alle questioni sociali si diede appuntamento a Milano per fondare l'Unione femminile. Nell'aria si avvertiva un clima insolito che preannunciava qualcosa di straordinario: di lì a poco sarebbe iniziato un nuovo anno e un nuovo secolo. L'evento non era di quelli che si ripresentano puntualmente allo scoccare di dodici mesi e tante erano le aspettative per un passaggio epocale che sembrava aprirsi alla modernità, promettere progresso e benessere per tutti. Il comitato fondatore, composto da undici donne e tre uomini,[1] riponeva grandi speranze nel futuro e la scelta di quella data restituisce l'impressione che i suoi membri avessero fretta, che dopo i drammatici fatti del maggio 1898 volessero chiudere una fase durissima per salutare adeguatamente l'inizio di una nuova era. Il modo migliore per cominciare il XX secolo era dar vita a un progetto, accarezzato da mesi, per riunire in una Casa comune quelle associazioni femminili che, indipendentemente dal loro credo politico e religioso, fossero impegnate nel lavoro sociale.

Il programma, incoraggiato dalla stagione riformista che si era aperta facendo di Milano un punto di riferimento a livello nazionale, vedeva

1. I loro nomi appaiono in calce al documento programmatico pubblicato sul primo numero della rivista dell'associazione che, dopo un'interruzione, inaugurava la sua seconda serie, cfr. *Programma*, in «Unione femminile nazionale», 1 (maggio 1908). Le fondatrici venivano dall'Associazione generale delle operaie e dall'impegno in campo sociale e intellettuale: Jole Bersellini Bellini, Ada Negri Garlanda, Ersilia Majno Bronzini, Antonietta Pisa Rizzi, Silvia Pojaghi Taccani, Carolina Ponzio, Nina Rignano Sullam, Elly Carus, Irma Melany Scodnik, Nina Ottolenghi Levi, Adele Riva. I tre fondatori erano il pittore Giuseppe Mentessi, il filosofo cultore di diritto internazionale Umano [Gaetano Meale] e il banchiere Alberto Vonwiller.

in un luogo comune la possibilità di incontrarsi e lavorare insieme per non disperdere energie intellettuali e risorse economiche in inutili doppioni.[2] Lo scopo era realizzare la missione di «rigenerazione sociale» e «l'elevazione materiale e morale» delle donne. Nell'idea di uno spazio collettivo per discutere, confrontarsi e ascoltare conferenze era inclusa una biblioteca con libri, riviste, giornali e una sala di lettura. Le fondatrici ritenevano necessario ampliare le conoscenze delle socie e darsi strumenti per intervenire sulla realtà, obiettivi che si potevano raggiungere più agevolmente in una «sede decorosa», come è scritto a chiare lettere nel manifesto di fondazione.[3]

La decisione sottintendeva il bisogno di autonomia, ma non la distanza di un gruppo di attiviste dai partiti progressisti, primo tra tutti quello socialista, considerati non sempre in grado di capire i bisogni delle donne e di accoglierne le istanze. Si trattava di affermare la capacità di iniziativa femminile alla cui base vi era un sentimento di solidarietà verso le sorelle meno fortunate e chi era in difficoltà. Per quel manipolo di esponenti, che nel giro di poco avrebbe rappresentato il filone del femminismo pratico o maternalista, era dunque giunto il tempo di assumersi delle responsabilità verso se stesse e verso la società.

Scopo di questo volume è ricordare i centoventi anni di storia dell'Unione femminile che cadono quest'anno. L'anniversario è importante per più motivi: si tratta dell'unico esempio di associazione femminista sorta in età liberale ancora attiva, accanto al Consiglio nazionale delle donne italiane (Cndi) nato più tardi, nel 1903. Chiusa nel 1939 dal regime fascista, l'Unione riprese a funzionare nell'immediato dopoguerra dando prova di accortezza nella gestione patrimoniale, specie dopo i pesanti interventi del regime e la parziale distruzione della sede per i bombardamenti, e di una rinnovata vitalità sul piano dell'azione. Mostrando di sapersi adeguare alle evoluzioni sociali, politiche e culturali che investirono il paese alla fine de-

2. Annarita Buttafuoco ha richiamato gli aspetti economici, politici e culturali tipici della realtà lombarda che, dalla seconda metà dell'Ottocento, favorirono una forte interrelazione tra soggetti femminili e contesto sociale nella sua *Introduzione*, in *Donna lombarda 1869-1945*, a cura di Ada Gigli Marchetti, Nanda Torcellan, Milano, Franco Angeli, 1992, pp. 13 sgg. Si veda inoltre Fiorella Imprenti, *Riformiste. Il municipalismo femminile in età liberale*, Soveria Mannelli, Rubbettino, 2012.

3. Il manifesto è stato esposto alla mostra *Storia dell'Unione femminile nazionale* organizzata nei locali dell'associazione nel 2013 di cui dà conto l'omonimo catalogo consultabile in https://unionefemminile.it/mostra-storica-unione-femminile-nazionale-pdf/.

gli anni Cinquanta, l'Unione riuscì poi a mettersi in rete con alcuni gruppi del movimento delle donne nati negli anni Settanta. Di tale vicenda e delle sue articolazioni i saggi che seguono intendono dar conto senza avere la pretesa di esaurirla in poche pagine.

1. *Un progetto di donne nuove per il nuovo secolo*

Lanciata nel 1899 dal comitato fondatore, l'idea di un coordinamento fra associazioni si rivelò efficace e agì da moltiplicatore di attività in varie direzioni. Il primo nucleo di questa sorta di federazione fu composto da organizzazioni che, pur avendo una certa autonomia di bilancio e di direzione, facevano capo all'Unione femminile. Si trattava degli Uffici di indicazione e assistenza, dell'Ufficio per il collocamento delle domestiche, della Società di mutuo soccorso tra le "piscinine", de La Fraterna, del Comitato pro infanzia e del Comitato milanese contro la tratta delle bianche. Successivamente, si affiancarono sodalizi completamente autonomi come la Scuola laboratorio per le ricoverate nei reparti sifiliatrici e l'Asilo Mariuccia.[4] Non aderì invece la Lega di tutela degli interessi femminili concentrata sul terreno delle rivendicazioni giuridiche e politiche, ma considerata dalle unioniste incapace di ottenere grandi risultati.[5]

La definizione di un programma moderato, quale fu quello iniziale, rappresentò il frutto di una mediazione: alcune socie avrebbero voluto una

4. Tra i vari contributi dedicati ai primi anni di vita di questa esperienza si vedano Annarita Buttafuoco, *La filantropia come politica. Esperienze dell'emancipazionismo italiano nel Novecento*, in *Ragnatele di rapporti. Patronage e reti di relazioni nella storia delle donne*, a cura di Lucia Ferrante, Maura Palazzi, Gianna Pomata, Torino, Rosenberg & Sellier, 1988, pp. 166-187; Ead., *Tra cittadinanza politica e cittadinanza sociale. Progetti ed esperienze del movimento politico delle donne nell'Italia liberale*, in *Il dilemma della cittadinanza. Diritti e doveri delle donne*, a cura di Gabriella Bonacchi, Angela Groppi, Roma-Bari, Laterza, 1993, pp. 104-127 e il più recente Fiorella Imprenti, *Alle origini dell'Unione Femminile. Idee, progetti e reti internazionali all'inizio del Novecento*, Milano, Biblion, 2012. Manca uno studio complessivo se si esclude Graziella Gaballo, *Il nostro dovere. L'Unione femminile tra impegno sociale, guerra e fascismo (1899-1939)*, Novi Ligure, Il Periplo, 2015 che, pur ricco di informazioni, dedica maggiore attenzione alle vicende che arrivano fino alla seconda guerra mondiale.

5. La Lega venne fondata nel 1893 da Paolina Schiff, Linda Malnati e Carlotta Clerici, cfr. Franca Pieroni Bortolotti, *Socialismo e questione femminile in Italia, 1892-1922*, Milano, Mazzotta, 1974.

linea più «femminista»,[6] altre considerarono più opportuno concentrarsi sugli aspetti pratico-educativi per non allontanare chi, disposta a lavorare nel sociale, non si sentiva pronta per un impegno politico. Nel corso di due anni le iscrizioni individuali arrivarono a 250 e a 3.000 quelle di socie appartenenti ad associazioni milanesi, tra cui la Società di mutuo soccorso delle operaie della Manifattura tabacchi, la Società Genio e lavoro, le Scuole preparatorie per giovani operaie e l'Associazione generale delle operaie.[7] Adesioni che testimoniavano una solida base tra le lavoratrici sebbene le dirigenti appartenessero quasi tutte al ceto medio e medio-alto.

A capo dell'Unione fu eletta Ersilia Majno Bronzini, già nota e apprezzata per la sua attività nel campo del mutuo soccorso e nell'assistenza alle gestanti attraverso la Guardia ostetrica.[8] La presidente, dotata di grande energia e un forte carisma, fu consapevole delle difficoltà nella realizzazione del progetto. Rispetto ad altre unioniste, la sua vicinanza al movimento operaio e socialista la portò a declinare in modo più avanzato la piattaforma proposta guardando all'«elevazione intellettuale, economica e giuridica» delle donne. Ciò significava la rimozione di quelle norme legislative che discriminavano le donne nel lavoro, nella famiglia e nella politica, richieste che naturalmente guardavano al diritto di voto attivo e passivo come punto centrale per contare e orientare la società. Pur convinta della validità di tale programma, Majno sapeva che sarebbero occorsi tempi lunghi per attuarlo, ma nel 1905, alla luce delle sezioni sorte con notevole rapidità a Firenze, Bergamo, Torino, Venezia, Udine e Roma, l'organizzazione decise di costituirsi in società anonima cooperativa – veste legale che ha tuttora – e si denominò Unione femminile nazionale. La scelta della forma cooperativa aveva lo scopo di garantire il rispetto e la parità tra le associazioni, libere

---

6. I termini "femminismo" e "movimento femminista" compaiono sulla stampa internazionale e italiana negli ultimi anni del XIX secolo. Si vedano gli articoli della giornalista Rina Pierangeli Faccio, di lì a poco scrittrice famosa con lo pseudonimo di Sibilla Aleramo, che li fece propri e li diffuse in Sibilla Aleramo, *La donna e il femminismo. Scritti 1897-1910*, Roma, Editori riuniti, 1978.

7. Annarita Buttafuoco, *Solidarietà, emancipazionismo, cooperazione. Dall'Associazione generale delle operaie all'Unione Femminile Nazionale*, in *L'audacia insolente. La cooperazione femminile 1886-1986*. Venezia, Marsilio, 1986, p. 99.

8. Ancora una volta il riferimento è al lavoro di Annarita Buttafuoco, *Le Mariuccine. Storia di un'istituzione laica. L'Asilo Mariuccia*, Milano, Franco Angeli, 1985, oltre a Giovanna Angelini, *Ersilia Majno Bronzini tra l'ideale e il possibile*, in «Il Risorgimento», 2 (giugno 1989), pp. 129-142 e alla scheda biografica a lei dedicata consultabile in https://unionefemminile.it/bronzini-ersilia-in-majno-1859-1933/.

di espletare le loro attività e di ribadire l'autonomia finanziaria, così da non dover ricorrere all'aiuto condizionante di enti e partiti. Alcune iniziative qualificarono i primi venti anni di lavoro. Le indagini conoscitive furono essenziali per agire in modo appropriato e puntuale. Infatti, sulla scorta delle informazioni acquisite tra il proletariato milanese vennero istituiti gli Uffici di indicazione e assistenza per orientare chi era in cerca di un'abitazione o un lavoro, una visita medica o un ricovero in ospedale, un aiuto concreto o buoni per il latte. Complemento di questo servizio erano le ispezioni delle delegate nelle case dei richiedenti, le cui relazioni fornirono la base per documentare quanto fatto.[9] Nel 1904, a questo proposito vide la luce una guida che conteneva informazioni utili per orientarsi nel mondo del soccorso e della beneficenza.[10] L'anno dopo, per volere di Nina Rignano, fu istituito l'Ufficio per il collocamento delle domestiche collegato a un dormitorio necessario per proteggere dai pericoli e dalla rete della prostituzione le giovani che dalla campagna arrivavano in città.[11]

Nel frattempo proseguiva la ricerca di un luogo idoneo per realizzare la Casa dell'Unione che fu individuata in un edificio da ristrutturare in Corso di Porta Nuova, dove l'Unione si trova ancora oggi. La sede fu realizzata grazie alla generosità di privati, in particolare di Elisabeth Gatey e Nina Rignano, e al prestito dell'Associazione generale delle operaie, ma per il consistente impegno economico fu necessario accumulare la cifra necessaria e inoltre sottoscrivere un mutuo presso la banca di Alberto Vonwiller, uno dei tre uomini fondatori. Incalzato dalle richieste di Ersilia Majno, che gli ricordò quanto la moglie Edvige Gessner, scomparsa prematuramente, tenesse al progetto, fu possibile estinguere il debito dopo appena un quinquennio. La Casa venne finalmente inaugurata nel 1910 e, come è stato rilevato, rappresenta probabilmente l'unico caso al mondo «di proprietà immobiliare "femminista" non dovuta a donazioni *post mortem*».[12]

---

9. Al riguardo si veda *Relazione sul lavoro degli Uffici Indicazioni e Assistenza 1910*, Milano, Tip. Nazionale Ramperti, 1911.

10. Unione femminile (Uffici indicazioni), *Guida pratica della beneficenza, previdenza e istruzione nella città di Milano*, Milano, Tip. Nazionale Ramperti, 1904.

11. Su questa esperienza, cfr. Carlotta Corvi, Nina Rignano, *Ufficio di collocamento del personale femminile di servizio e Pensione femminile*, in «Unione femminile», 1 (1910).

12. Annarita Buttafuoco, *I costi della politica. Il denaro nel movimento politico delle donne di primo Novecento*, in *Donne, denaro e dedizione*, a cura di Maria Assunta Sozzi Manchi, Milano, Guerini, 1997, p. 41.

Fin dall'inizio la presenza maschile nell'Unione fu importante, discreta e per certi versi necessaria. I tre fondatori, con Osvaldo Gnocchi-Viani, dirigente del Partito operaio italiano e della Società umanitaria, Luigi Majno, avvocato e marito di Ersilia, più tardi il figlio Edoardo e il nipote Luigi (che sarà nel consiglio d'amministrazione dal 1989 al 1996), sostennero le battaglie femminili, tennero conferenze, misero a disposizione le loro opere, l'ingegno, le competenze e all'occorrenza offrirono un aiuto finanziario. Vale la pena di ricordare i limiti posti all'azione delle donne dal codice civile e dal codice di commercio, tanto che, per sottrarsi alle varie forme di "interdizione civile" e politica, le unioniste furono obbligate a ricorrere all'aiuto di amici avvocati, giuristi e parlamentari. Contributi maschili su questioni tecniche e politiche furono presenti anche sulla rivista «Unione femminile» considerata un essenziale strumento di comunicazione e di riflessione.

Fondato nel 1901, il periodico interruppe le pubblicazioni nel 1905 e le riprese in modo discontinuo dal 1908 al 1918. Attraverso le sue pagine, nel 1903 fu avviata un'inchiesta che intendeva preparare il terreno alla battaglia per il voto. Il questionario preparato dall'Unione femminile fu inviato a cinquecento personalità – uomini e donne – appartenenti al mondo della cultura e della politica. Alle domande sull'opportunità o meno di riconoscere il diritto di voto alle donne risposero in centoquaranta e non sempre in modo positivo.[13] Nel 1906, sempre a sostegno della campagna per il suffragio, le unioniste lanciarono una petizione che raccolse diecimila firme (si veda il documento n. 2 in appendice). Inoltre, per ampliare le conoscenze delle socie su specifiche questioni, venne inaugurata una collana di opuscoli che ebbe però vita breve.[14]

Sul piano dell'elaborazione teorica il contributo fu minimo perché l'Unione privilegiò l'azione sociale: pochi ed essenziali riferimenti miravano a dare grande valore alla maternità in quanto elemento forte, distin-

---

13. Le risposte apparse sulla rivista furono poi pubblicate, cfr. Unione femminile, *Il voto alla donna? Inchiesta e notizie*, Milano, Tip. Nazionale Ramperti, 1905. Per la sua importanza l'opuscolo è stato ristampato con una prefazione di Maria Rosa Cutrufelli e una postfazione di Concetta Brigadeci e Giuliana Franchini, *L'Unione femminile e il movimento suffragista in Italia*, Milano, Edizioni Unicopli, 2016, pp. 149-179.

14. Nella «Collana dell'Unione Femminile» apparvero nel corso del 1902 i contributi di Bice Cammeo, *Laura Solera Mantegazza 1913-1873*, Irma Melany Scodnick, *Le donne per la civiltà vera*, Maria Venco, *Il movimento attuale fra i lavoratori dei campi*, tutti editi dall'Unione.

tivo del genere femminile. Ciononostante, le unioniste non teorizzarono la maternità come destino femminile, né esclusero per le donne il lavoro, considerato fonte di dignità e di indipendenza. Questo tema fu sempre presente nel loro programma, che guardava alla parità di remunerazione e a leggi che garantissero condizioni di lavoro adeguate, soprattutto in fabbrica.[15] Tuttavia, se la visione della donna non si esauriva all'interno della sfera domestica, occorre aggiungere che da quella non si poteva prescindere: concetti come dovere e responsabilità alludevano tanto alla missione materna e familiare, quanto a quella che andava espletata nella società. In altri termini, l'azione delle donne, considerate agenti di pace, era necessaria anche per rendere migliore, armoniosa e pacifica la società e una società femminilizzata rappresentava una garanzia di stabilità.

Più che rivendicare un'uguaglianza tra uomini e donne, le unioniste sottolinearono una differenza che si fondava sulla complementarietà tra i generi, astraendo da qualsiasi idea di inferiorità. Per loro la piena cittadinanza significava la completa parità legale, sociale, politica e il rifiuto dell'assimilazione al modello maschile. Mentre il femminismo egualitario interpretava i diritti dei cittadini in modo neutro, il femminismo pratico dava valore alla femminilità, al ruolo materno e a una nuova etica femminile. Scelte ribadite in un opuscolo preparato per festeggiare i primi cinque anni di vita dell'Unione nel quale, ripercorrendo la storia della "condizione femminile", si coglieva una sottile polemica verso l'approccio egualitario:

Un soffio di rivendicazioni ardente e battagliero si sprigionò anche in Italia come conseguenza di questo rapido mutarsi delle condizioni di vita della donna; mentre l'operaia acquistava rapidamente, ammaestrata dalla rude esperienza del lavoro, la precisa coscienza di quanto doveva chiedere per non essere sfruttata, e si organizzava per ottenere una legislazione protettiva del lavoro, la donna borghese si perdeva in teoriche affermazioni di diritti e in sterili discussioni sui mezzi per conseguirli, seguendo così una via che non poteva cementare l'unione operosa delle forze, né dar loro un indirizzo di attività pratica. Così le energie femminili restavano disgregate ed inoperose, perché alcune troppo avvinte agli antichi metodi ed alle tradizionali aspirazioni, altre troppo smaniose di seguire nuove vie. Fra questi estremi cozzanti fra loro restava la falange delle forze nuove ma incerte, desiderose di fare, di staccarsi dalle antiche consuetudini, ma spaventate dalle proclamazioni femministe,

15. Per l'azione svolta nel settore, si veda Unione femminile, *Per una legge sul lavoro delle donne e dei fanciulli. Notizie e documenti*, Milano, Tip. Nazionale Ramperti, 1902.

che, mentre non aprivano loro una immediata, via di lavoro, pareva volessero violentemente strapparle a legami, ad abitudini di pensiero e di vita che non sempre si può avere la possibilità o l'energia di troncare, dando un nuovo indirizzo alla propria esistenza.[16]

Alla cultura politica delle riforme fatta propria dal femminismo pratico occorre aggiungere altri due aspetti importanti. Il primo riguardava il rapporto con le istituzioni, a partire dalla proficua collaborazione col Comune di Milano con cui l'Unione interagì indicando una strada percorribile per avviare riforme che tenessero conto delle esigenze di donne e bambini. Il secondo aspetto concerneva il legame con il femminismo italiano[17] e con quello degli altri paesi, occasione di crescita e di confronto anche attraverso la partecipazione agli incontri internazionali.[18]

2. Dissensi, abbandoni, cesure

Come si è visto, tante erano le idee delle unioniste e così avanzate in tema di diritti dei più deboli da apparire una sfida alla realtà che le circondava. Alcune di loro sembrarono animate da una sorta di fede che si accompagnò a relazioni affettive dalla forte intensità, non sempre durature perché nutrite da grandi aspettative, e dalla richiesta di un impegno che, specie per Ersilia Majno, doveva essere totalizzante. Questo modo di intendere il lavoro sociale generò qualche dissapore, per esempio, tra Majno, Nina Rignano[19]

---

16. Unione femminile nazionale, *I primi cinque anni di vita (1900-1905)*, Milano, Tip. Nazionale Ramperti, 1906, p. 4. Il testo porta la firma di Ersilia Majno della quale si può vedere anche il suo intervento del 1908, *Il femminismo in Italia*, in Archivio storico Unione femminile nazionale (AUFN), *Unione femminile nazionale (UFN), Archivio storico*, busta 55, fascicolo 2, in cui delineò un breve profilo del movimento.

17. Il rapporto fu molto intenso specie con le associazioni milanesi e nel corso di un'assemblea, la presidente Ersilia Majno diede notizia della partecipazione dell'Unione a dieci convegni organizzati da diversi gruppi di donne. Cfr. AUFN, *UFN, Archivio storico*, Verbali assemblee, seduta 29 marzo 1914.

18. Su questo filone le ricerche sono numerose, in particolare si vedano Leila J. Rupp, *Worlds of women. The making of an international women's movement*, Princeton, Princeton University press, 1997; Karen Offen, *European Feminisms 1700-1950. A Political History*, Stanford, Stanford University Press, 2000.

19. Si veda in proposito Annarita Buttafuoco, *Nina Rignano Sullam. Una filantropa politica*, in «Il Risorgimento», 2 (1989), pp. 143-159.

e Bice Cammeo,[20] in un quadro che registrava la minore presenza di Ersilia, la quale, pur continuando ricoprire la carica di consigliera, era sempre più assorbita dall'Asilo Mariuccia.

Nonostante qualche screzio, la coerenza della linea originaria fu mantenuta almeno fino allo scoppio della guerra mondiale, quando il gruppo dirigente, per rispondere alla richiesta di interventi assistenziali, intraprese un impegnativo lavoro patriottico, così come stavano facendo altri sodalizi attivi nel fronte interno.[21] Si trattava di un'azione che poco alla volta avvicinò alcune unioniste ai temi agitati dal nazionalismo, orientamento accentuato dopo la rotta di Caporetto: nell'impegno messo nel soddisfare la pressante domanda di aiuto e di servizi, l'Unione perse di vista gli antichi principi, temporaneamente sacrificati in nome della lotta contro il nemico tedesco e per la vittoria finale. La paura creata dall'invasione dell'esercito nemico fece il resto. La nomina di nuove consigliere produsse nel frattempo il rinnovo della dirigenza e delle fondatrici restò solo Nina Rignano, che si alternò alla carica di presidente con Clara Ferri Benetti.[22]

Chiuso il conflitto, iniziò una fase molto difficile per tutto il paese. Per far fronte alla ripresa delle attività in tempo di pace, l'Unione si diede un nuovo strumento: la rivista «Voce nuova».[23] L'esperimento, che alla guida

20. Al riguardo, Patrizia Guarnieri, *Tra Milano e Firenze: Bice Cammeo a Ersilia Majno per l'Unione Femminile*, in *De Amicitia. Scritti dedicati ad Arturo Colombo*, a cura di Giovanna Angelini, Marina Tesoro, Milano, Franco Angeli, 2007, pp. 504-515.

21. Sul ruolo svolto dall'Unione fra il 1915-1918, cfr. Emma Schiavon, *Interventiste nella Grande Guerra. Assistenza, propaganda, lotta per i diritti a Milano e in Italia*, Firenze, Le Monnier, 2015, in particolare pp. 69-78; Augusta Molinari, *Una patria per le donne. La mobilitazione femminile nella Grande guerra*, il Mulino, Bologna 2014; Gaballo, *Il nostro dovere*, pp. 155-317 e Stefania Bartoloni, *Donne di fronte alla guerra. Pace, diritti e democrazia (1878-1918)*, Roma-Bari, Laterza, 2017, pp. 103 ss.

22. Su quanto fatto in quegli anni, si vedano Unione femminile nazionale, *Unione femminile nazionale, 1899-1917 (Convegno nazionale femminile, Roma - ottobre 1917)*, Milano, Tip. G. Pirola, 1917 e Unione femminile nazionale, *Relazione morale 1919-20*, Milano, Tip. Varesina, 1920.

23. La decisione venne presa dieci giorni dopo la firma dell'armistizio a rimarcare la volontà di riprendere subito il lavoro, cfr. AUFN, *UFN, Archivio storico*, Verbali Consiglio d'amministrazione, seduta 14 novembre 1918. Sulla rivista si vedano Annarita Buttafuoco, *Cronache femminili. Temi e momenti della stampa emancipazionista in Italia dall'Unità al fascismo*, Arezzo, Dipartimento di Studi Storico-Sociali, 1988, pp. 274-281; Emma Schiavon, *La campagna per il suffragio del 1919: la parabola di «Voce nuova»*, in *Una donna, un voto*, a cura di Vinzia Fiorino, num. monogr. di «Genesis. Rivista della Società italiana delle storiche», 2 (2006), pp. 57-78 e Gaballo, *Il nostro dovere*, pp. 277-297.

vedeva Paolina Tarugi e Sofia Ravasi, ebbe vita breve. Benché invitata, Ersilia Majno non vi prese parte in quanto si stava consumando il suo distacco dal sodalizio che aveva fondato e al quale imputava di aver abbandonato il tradizionale lavoro sociale e politico. La tensione raggiunse un punto di non ritorno nel 1920 quando le consigliere decisero di boicottare lo sciopero dei lavoratori del servizio pubblico. A quel punto Ersilia, che non poteva pensare di lottare contro i lavoratori, si dichiarò ancora vicina al socialismo e si dimise addirittura da socia dell'Unione.[24]

È stato osservato che la rottura avvenuta prima del conflitto tra il socialismo e la borghesia travolse le unioniste, che continuarono a svolgere il loro lavoro «ma faticarono ad elaborare una strategia alternativa a quella del riformismo socialista che tanto le aveva motivate nei primi anni del secolo».[25] Dopo la guerra la difficoltà divenne ancora più forte e il disorientamento delle unioniste si tramutò in una linea ondeggiante, restituendo l'impressione che, nonostante gli sforzi, non riuscissero a capire i cambiamenti prodotti dalla guerra e a collocarsi nel nuovo quadro. Colte di sorpresa dall'avvento del fascismo, dopo l'assassinio del deputato Giacomo Matteotti le dirigenti decisero di partecipare alla raccolta di firme di solidarietà da consegnare alla vedova.[26] Non tutte le socie presero parte all'iniziativa. Per il resto, le rivendicazioni politiche vennero messe da parte e, affermando l'apoliticità dell'Unione, la scelta fu di concentrarsi sull'assistenza e sulla formazione, opzione a quel punto obbligata. Con l'obiettivo di razionalizzare il lavoro casalingo e materno, nei suoi locali si tennero corsi di cucina e di formazione per le donne di servizio, vennero poi organizzate cucine materne per gestanti e puerpere bisognose e proseguì il lavoro di assistenza sanitaria a domicilio per i malati poveri.[27]

---

24. Copia della lettera datata 7 aprile 1920 si trova in AUFN, *Famiglia Majno*, Comitato femminile di organizzazione civile, b. 70, fasc. 1 (si veda il documento n. 4 in appendice).

25. Imprenti, *Alle origini dell'Unione Femminile*, p. 10.

26. Si veda AUFN, *UFN, Archivio storico*, Verbali Consiglio d'amministrazione, seduta 16 luglio 1924. Le firme raccolte furono 2.562.

27. In proposito, cfr. Unione femminile nazionale, *Relazione sul Servizio di assistenza sanitaria a domicilio nel quartiere di Porta Garibaldi dal giugno 1926 al 31 dicembre 1928*, Milano, Officina grafica Muggiani, 1929, per le attività degli anni successivi, si veda Unione femminile nazionale, *Relazione morale 1929-30. Celebrazione del trentennio*, Milano, Officina grafica Muggiani, [1930].

Come riuscì l'Unione ad attraversare il ventennio e non essere sciolta, cosa che avvenne per esempio all'Associazione Per la donna? Per non parlare del ben più moderato Cndi che, alla morte di Gabriella Spalletti, presidente fin dall'origine, subì il condizionamento ai suoi vertici con la nomina di Daisy di Robilant la quale, in obbedienza alle direttive del regime, orientò la federazione verso un'azione assai limitata. Per l'Unione, fin dall'inizio la scelta di dichiararsi apolitica fu di aiuto e per via del suo programma "pratico" venne coinvolta nelle istituzioni create dal regime. A partire dal 1925, la legge che istituì l'Opera nazionale maternità e infanzia (Onmi) prevedeva il coinvolgimento di enti e sodalizi già attivi nel settore. Venendo meno la possibilità di mobilitarsi sui diritti civili e politici, la decisione delle unioniste fu di concentrarsi sul rafforzamento dei diritti sociali, incentivati dal regime in quanto strumento per raccogliere consenso ed esercitare forme di controllo su parte della popolazione, come nel caso delle madri nubili o povere assistite dall'Opera. In ossequio alla norma, Clara Roghi Taidelli in quanto presidente fu inserita nel consiglio provinciale dell'Onmi milanese, ma la nomina si rivelò più formale che in grado di incidere sugli indirizzi assistenziali dell'ente.[28]

Un'altra linea perseguita fu quella di rafforzare la formazione della donna in quanto madre e "reggitrice della casa" prestando attenzione all'economia domestica, ambito verso il quale si diressero le organizzazioni femminili fasciste. Da tempo si guardava alla razionalizzazione del lavoro casalingo al quale venne dato un certo rilievo in occasione del IV Congresso internazionale organizzato a Roma nel 1927 dal Pnf. La relazione svolta da Clara Roghi, dal titolo *Influenza dei lavori domestici sul carattere della donna*, forse suscitò un po' di sgomento tra le socie della vecchia guardia impegnate nel passato in ben altre battaglie. Tuttavia, in quell'occasione cara al regime che ambiva farne una vetrina dei progressi fascisti, l'Unione riuscì a mantenere un certo profilo concentrandosi sui temi dell'allevamento dei bambini e denunciando lo scarso apprezzamento dell'uomo, che pur non riconoscendo il lavoro della donna in casa ne godeva a piene mani. Infine, per quanto riguardava le domestiche Roghi chiese l'istituzione del libretto di lavoro

---

28. Unione femminile nazionale, *L'Opera dell'Unione femminile nazionale per la protezione e l'assistenza alla maternità e all'infanzia. Estratto di relazioni*, Milano, Tip. G. Politi, 1926.

e l'abolizione delle agenzie private di collocamento che lucravano sui miseri guadagni delle giovani a servizio.[29] Una scelta di campo precisa, che diede luogo a polemiche mettendo in difficoltà la dirigenza dell'Unione la quale, a un certo punto, sembrò tirarsi indietro, fu la *Petizione per il disarmo unilaterale e per la pace tra i popoli.* La sottoscrizione venne proposta da Ada Sacchi Simonetta, a capo della Federazione italiana dell'Alleanza internazionale per il suffragio e i diritti civili e politici delle donne nel 1931. La presidente Sacchi cominciò a raccogliere firme in previsione della conferenza dell'Alleanza internazionale per il suffragio, che si sarebbe tenuta l'anno successivo a Ginevra. Il coinvolgimento dell'Unione fruttò settemila adesioni, anche se nel frattempo il prefetto di Milano, dietro pressione del ministero dell'Interno, aveva cercato in tutti i modi di dissuadere le unioniste dal partecipare all'iniziativa di Sacchi.[30]

Ancora sul piano dei servizi occorre segnalare che l'Ufficio indicazioni, da sempre considerato dalle socie il fiore all'occhiello dell'istituzione, continuò a funzionare potendo contare sui bisogni di un'utenza con numerosi problemi. Dopo una nuova inchiesta condotta su cento famiglie prive di capofamiglia, le unioniste decisero di inaugurare l'assistenza alle vedove con figli considerata una categoria particolarmente in difficoltà. Dall'iniziativa erano escluse le madri sole verso le quali emersero riserve per il moralismo di alcune unioniste:

> dobbiamo dire di essere stati da primo tentati di includere nel nostro esame e nella nostra particolare assistenza anche le "**abbandonate**" che moltissimi punti di contatto e moltissime affinità di bisogni e di impedimenti hanno con le vedove e per le quali molto spesso parlano le stesse ragioni per una più intensa assistenza; ci siamo però **per ora** astenuti dall'allargare in questo senso il nostro campo di azione e di osservazione, sia perché l'assistenza alle abbandonate necessita molte cautele e molta prudenza, perché non diventi una comoda scappatoia per il seduttore, per il padre illegittimo che non ha voglia di provvedere ai suoi obblighi [...] sia perché, almeno

29. Per l'intervento e gli ordini del giorno presentati dalle unioniste di Milano e di Torino cfr. AUFN, *UFN, Archivio storico*, b. 7, fasc. 48, sottofasc. 3. Più in generale, si veda *Atti del IV Congresso di Economia domestica*, a cura di Arnaldo Cervesato, Roma, novembre 1927, prefazione di Augusto Turati, Roma, Tip. del Littorio, 1928.

30. Concetta Brigadeci, *Forme di resistenza al fascismo: l'Unione femminile nazionale*, in https://unionefemminile.it/wp-content/uploads/2016/03/forme-di-resistenza-al-fascismo-concetta-brigadeci.pdf.

in molti casi, le abbandonate sono di un livello morale inferiore e in parte colpevoli della loro sventura.[31]

Un nuovo momento di frizione col regime si verificò nel novembre 1938, in occasione dell'emanazione delle leggi razziali, in seguito delle quali Nina Rignano e Graziella Sonnino Carpi, per non mettere in difficoltà l'Unione, si dimisero dalla carica di consigliere insieme a uno dei sindaci effettivi, il rag. Arturo Milla (si veda il documento n. 5 in appendice). Si stava avvicinando il tempo dell'ultima, definitiva imposizione: lo scioglimento del sodalizio a distanza di quarant'anni dalla sua fondazione. La sua azione nel settore assistenziale, svolta ormai dallo Stato fascista, fu considerata inutile quanto anacronistica e nel febbraio 1939 arrivò all'Unione l'ingiunzione di sospendere le attività.[32] Contro la misura, che prevedeva l'incameramento dei beni da parte dell'Ente comunale di assistenza di Milano, si appellò il gruppo dirigente che diede inizio a una lunga battaglia legale che si svolse in vari tempi e modi nel corso della guerra.

3. Da dove ricominciare?

Il 25 aprile 1945, giorno dell'insurrezione generale dichiarata dal Comitato di liberazione nazionale Alta Italia, l'Unione femminile cominciò a preparare il soccorso di coloro che di lì a poco sarebbero ritornati dai campi di concentramento. Nei suoi locali, bombardati in parte, era stato «accumulato ogni ben di Dio»[33] che andava distribuito alla stazione di Milano. Elda Mazzocchi Scarzella con Edoardo Majno, figlio di Ersilia, fissarono nella sede dell'Unione il loro ufficio che a metà maggio divenne il centro dell'assistenza ai rimpatriati. Tra i tanti convogli pieni di gente affamata e ammalata ne giunse uno con bambini e donne che «sfuggivano» il loro sguardo. Si trattava di mamme con figli nati in Germania da italiani, in qualche caso da tedeschi, che non potevano rientrare nella casa paterna e rifiutavano di affidare il figlio al brefotrofio. Dopo due anni di filo spinato

---

31. Unione femminile nazionale, *La madre vedova è sufficientemente assistita?*, Milano, Officina grafica Muggiani, XIII e.f. [1935].
32. Su questo delicato passaggio cfr. Gaballo, *Il nostro dovere*, pp. 365-371.
33. Elda Mazzocchi Scarzella, *Liberazione a Milano dal 25 aprile 1945*, Milano, Giessea, 1985, p. 19 avvenimenti riproposti nelle sue memorie *Percorso d'amore*, Firenze, Giunti, 1998, pp. 79-116.

aborrivano l'idea di entrare in un istituto, portare una divisa, non poter uscire e vivere in una camerata. Elda Mazzocchi e Majno decisero allora di realizzare una casa per ragazze sole o bisognose e provvisoriamente fu scelto Palazzo Sormani, dove nacque il Villaggio della madre e del fanciullo, esperienza che continuò negli anni a seguire.[34]

Nel frattempo, erano state avviate le pratiche per la revoca dei decreti di scioglimento dell'Unione e riprese il lavoro per il tempo di pace. I servizi di assistenza alle vedove e quello dei lettini a prestito alle puerpere povere, che avevano continuato a funzionare durante il conflitto, ottennero il supporto del Comune. Una nuova iniziativa fu il Segretariato sociale, ispirato agli Uffici di indicazione e assistenza istituiti nel 1901, gestito da assistenti sociali impegnate a soddisfare un'infinità di bisogni scaturiti dalla transizione dalla guerra alla pace.[35] L'Unione tornò dunque a svolgere gli antichi compiti[36] e tra le misure urgenti fu inserita la riparazione dello stabile danneggiato dai bombardamenti dell'agosto 1943.

Poco dopo il referendum istituzionale del 2 giugno 1946, venne convocata la prima assemblea dei soci dell'era democratica che nominò il Consiglio di amministrazione.[37] Per stabilire continuità con quanto fatto prima della chiusura decisa dal regime, alla guida dell'associazione fu riconfermata Clara Roghi Taidelli,[38] accanto a lei alcune consigliere della vecchia guardia come Teresa Lancini Gadola, futura presidente, Maria Giovanardi Metz e Larissa Pini Boschetti, le quali ripresero con energia l'impegno. Tra le socie entrate nel gruppo dirigente, Sofia Ravasi, divenuta moglie dell'editore Garzanti e presidente della Federazione nazionale donne artiste professioniste e d'affari, accanto a Paolina Tarugi, che ricoprì la carica di consigliera dal 1949 al 1952. In seguito furono cooptate Maria Caldara, moglie del primo sindaco socialista della città Emilio Caldara.

34. Mazzocchi Scarzella, *Liberazione a Milano*, p. 57.

35. A capo del servizio venne posta Paolina Tarugi, nominata nel 1946 direttrice della scuola per assistenti sociali di Milano, accanto a Ivonne Formiggini e Gemma Oberdorfer. Cfr. Unione femminile nazionale, *Cinquant'anni di vita dell'Unione femminile*, Milano, Tip. Cordiani, 1948, p. 32.

36. I compiti di assistenza, formazione e istruzione vennero poi ribaditi dal nuovo statuto varato nel 1947, cfr. AUFN, *UFN, Archivio storico*, Verbali assemblee, seduta 31 marzo 1947.

37. AUFN, *UFN, Archivio storico*, Verbali assemblee, seduta 23 agosto 1946.

38. Per un suo profilo, si veda Valeria Mariani, *Clara Roghi Taidelli. L'attività nell'Unione femminile nazionale (1916-1954)*, tesi di laurea, Università degli studi di Milano, a.a. 2002-2003.

All'attività sociale fu affiancata quella politica: le socie si erano attivate con appelli e incontri quindicinali per sensibilizzare le donne sulla questione del voto. Sia in vista dell'appuntamento referendario del 1946 che delle temute elezioni politiche del 1948, le elettrici furono invitate a recarsi alle urne. Non venne espressamente data indicazione di voto, ma in alcuni casi furono distribuiti i volantini di Unità socialista ribadendo la vicinanza della dirigenza all'area laica e socialista.[39] Come già fatto nel periodo liberale, le unioniste decisero di rappresentare gli interessi femminili e di agire come gruppo di pressione verso amministratori ed esponenti politici. Finalmente potevano lavorare per la piena attuazione dei principi costituzionali insieme ad amministratrici e a parlamentari donne e non mancarono di ribadire la loro idea di politica intesa come spirito di servizio, ma declinata al femminile:

La preparazione tecnica, che è condizione necessaria perché siano seriamente trattati i problemi politici, è certo elemento fondamentale di quella esperienza culturale di cui dovranno essere largamente provvedute quelle donne che aspirano al seggio parlamentare; tuttavia noi riteniamo che il tecnicismo sia solo una parte della preparazione politica della donna. L'altra, la più importante, è quella spirituale, perché sarebbe soprattutto necessario che nella vita politica le donne portassero un principio di moralità, di sincerità, di buon costume politico, di amore della verità, sentita come un bisogno ed insegnata al popolo, che troppo spesso è nutrito di menzogne. Costituirebbero così una nuova forza d'importanza considerevole.[40]

Dopo essere stata ospitata alcuni anni nei locali della Cooperativa ristoratori ABC in via Verdi, l'associazione poté finalmente rientrare a Corso di Porta Nuova, l'antica sede ristrutturata, e il 16 dicembre 1950 alla presenza del sindaco fu inaugurata la nuova Casa dell'Unione.[41] Lo slancio ideale del gruppo dirigente si orientò verso la formazione, dal momento che il contesto politico e sociale esigeva una presa di distanza dai sistemi educativi dell'era fascista. Allo scopo di superare vecchie concezioni pedagogiche e proporne di più avanzate fu deciso di coinvolgere le

39. *Storia dell'Unione femminile nazionale*, p. 24.
40. Gemma Zambler Mantella, *Cinquant'anni di vita dell'Unione femminile*, p. 34.
41. Sulla nuova stagione, cfr. Debora Migliucci, *«Senza distinzioni di sesso»: l'Unione femminile nazionale e l'attuazione del principio costituzionale di eguaglianza (1946-1975)*, in «Storia in Lombardia», 3 (2010), pp. 87-113 e Angela Maria Stevani Colantoni, *Guardiamo i passi fatti e andiamo avanti. Breve storia dell'Unione Femminile Nazionale*, s.n.t., [2011], pp. 23-31.

figure direttamente interessate. Se ne fece carico Maria Giovanardi attraverso il Circolo dei genitori e degli educatori nato nel 1953 e tre anni dopo trasformato in Scuola dei genitori. Il Circolo fissò la sede presso la Casa dell'Unione, dove per quasi un decennio fu attivo con conferenze, presenza nelle scuole, interventi radiofonici e con la redazione di un bollettino.[42] Ad Adele Ceva venne affidato l'incarico di seguire la biblioteca e istituire borse di studio per studentesse meritevoli in collaborazione con le Università di Milano e di Pavia. Successivamente, dal 1963 al 1970, borse di studio furono offerte anche alle alunne delle scuole inferiori. Il desiderio di coinvolgere le giovani generazioni nel tener vivi gli ideali laici e antifascisti rientrava nel più ampio progetto di educazione alla cittadinanza democratica, progetto ancora oggi perseguito dall'Unione attraverso incontri con docenti e scolaresche.

Dalla fine degli anni Cinquanta, l'intensa fase di sviluppo economico che interessò il paese fece emergere i problemi e i bisogni di casalinghe, lavoratrici e giovani donne che cominciavano a interrogarsi sulla loro identità e collocazione nel mondo. La società, investita dal fenomeno dell'emigrazione meridionale e dalle tensioni dovute al rapido sviluppo industriale, osservava un paese impegnato a discutere di diritti civili e di politiche sociali. Il processo di modernizzazione si ripercuoteva sulle famiglie che lentamente si trasformavano, mentre i giovani cercavano di sottrarsi al dialogo tentato da genitori sempre più preoccupati. Ad essere in difficoltà furono maggiormente le madri attratte dalle opportunità offerte dal mercato del lavoro e obbligate a conciliare impegni tra sfera pubblica e privata.

Il tema dell'occupazione femminile, che da sempre aveva catalizzato l'attenzione dell'Unione, fu rilanciato con decisione e, sulla scorta di quanto fatto in precedenza, il sodalizio intervenne con altre associazioni per ottenere leggi sulla parità salariale e rimuovere le discriminazioni sul lavoro e nella società. In quella fase, la collaborazione con il Cndi, l'Unione donne italiane (Udi), la Federazione italiana donne giuriste, la Federazione italiana laureate e docenti degli istituti superiori e l'Associazione nazionale delle donne elettrici fu concreta ed efficace, tanto da approdare al convegno di studio sulla

---

42. Per questa esperienza e per i suoi sviluppi, cfr. Patrizia Montani, *Educare gli educatori. La scuola dei genitori di Milano (1953-1962)*, Torino, Rosenberg & Sellier, 1994, oltre all'intervista di Concetta Brigadeci ad Angela Stevani che vi prese parte attiva, consultabile all'indirizzo https://unionefemminile.it/la-scuola-dei-genitori-milano-1953-1970/.

parità salariale del 1961.[43] I tempi apparivano maturi per lasciarsi alle spalle ciò che ancora sembrava una democrazia incompiuta.[44] Finalmente, grazie anche alle pressioni delle associazioni femminili, si giunse all'approvazione della legge 9 febbraio 1963, n. 66, che ammetteva le donne nei pubblici uffici e nella magistratura. L'impegno dell'Unione per le riforme si saldò vieppiù alle battaglie per la revisione del codice civile e all'opera di sensibilizzazione dell'opinione pubblica femminile. Da questo punto di vista, ebbe notevole importanza il lavoro svolto dal Centro per la riforma del diritto di famiglia, fondato insieme ad altri da Luisa Mattioli Peroni nel 1967.[45]

Nel mondo della scuola si avvertiva un crescente fermento e nel 1968 l'Unione, sempre guardando alle istituzioni e ai sodalizi espressione della società civile, offrì la sua collaborazione e ospitalità al Comitato per la riforma della scuola, poco dopo all'Opera nazionale Montessori diretta da Sofia Ravasi Garzanti e infine all'istituto di indirizzo pedagogico steineriano della città. Le svolte culturali interpretate dalle nuove generazioni, gli stili di vita orientati verso maggiori consumi e libertà fecero emergere le difficoltà dei nuclei familiari, ora più isolati rispetto a prima, dove figure maschili, mariti o padri che fossero, apparivano in crisi e poco presenti. Per assecondare quanto veniva emergendo, l'Unione ribadì il suo appoggio alle tradizionali associazioni femminili e alle formazioni partitiche democratiche impegnate a ottenere una legge considerata urgente: quella sul divorzio. La questione era stata sollevata fin dagli anni di fondazione da socie e dirigenti, ma fu messa da parte perché considerata troppo radicale e priva dell'adeguato sostegno da parte dei partiti che avrebbero dovuto proporla in Parlamento.[46] In continuità con l'antica richiesta, un largo

43. Al riguardo, cfr. Società Umanitaria, *Licenziamenti a causa di matrimonio. Atti del convegno di studio organizzato dal Comitato di associazioni femminili per la parità di retribuzione, Milano, 25-26 febbraio 1961*, Firenze, La Nuova Italia, 1962.

44. Prendo in prestito la definizione dal volume *Una democrazia incompiuta. Donne e politica in Italia dall'Ottocento ai nostri giorni*, a cura di Nadia Maria Filippini, Anna Scattigno, Milano, Franco Angeli, 2007.

45. Su questa protagonista attiva nell'Udi, nel Psi e che all'interno del Centro lavorò nella Commissione per i figli nati fuori del matrimonio, cfr. Paola Mattioli, *Luisa Mattioli Peroni 1918-1993*, Milano, Lybra Immagine, 1995. Sul Centro di cui fu animatrice, composto da parlamentari, socie e dirigenti dell'Unione, oltre figure tecniche come avvocati e magistrati, sociologi ed economisti, si veda AUFN, *UFN, Archivio di deposito*, b. 32, fasc. Centro per la riforma del diritto di famiglia.

46. In proposito, cfr. Wiera [pseudonimo di Carolina Amadori], *Il divorzio*, Milano, Tip. Nazionale Ramperti, 1901.

numero di donne, uomini e giovani, gruppi della società civile e partiti politici (tranne la Democrazia cristiana e il Movimento sociale italiano) appoggiarono e difesero la legge varata nel 1970. La campagna referendaria del 1974 fu partecipatissima e si risolse con la conferma del divorzio da parte degli italiani.

Viste le misure di *welfare* messe in campo dallo Stato democratico, l'attività sociale, da sempre tra gli scopi dell'Unione, venne riconsiderata. Le questioni sociali avevano dato senso e forza ai suoi primi decenni di lavoro, ma a un certo punto divenne urgente immaginare una diversa cultura dei servizi aperta ai nuovi bisogni. Venne così inaugurato il Centro servizi sociali e familiari, che nonostante la sua breve esistenza aprì la strada ai tentativi successivi, meglio riusciti.[47] In quegli anni, nella Casa dell'Unione trovarono infatti ospitalità vari sodalizi tra i quali il Centro di educazione matrimoniale e prematrimoniale (Cemp), ideato nel 1966 da Giulia Filippetti Gentili, socia dell'Unione e consigliera dal 1970 al 1979.[48] Il Cemp, impegnato a sostenere una procreazione responsabile, dopo aver fissato la sua sede nella sezione del Psi di via Bagutta e poi presso l'Associazione mazziniana, si trasferì in Corso di Porta Nuova ove restò fino al 1974.[49] Negli stessi locali si stabilì anche l'Unione italiana dei centri di educazione matrimoniale e prematrimoniale (Unicemp), la rete che a livello nazionale riunificava queste esperienze.

I Cemp furono importanti in quanto, in anticipo sui consultori familiari istituiti con la legge 29 luglio 1975, n. 405, orientavano coppie e singole

---

47. La decisione di aprire il Centro fu presa da Giuditta Usuelli Motta, presidente in carica, cfr. AUFN, *UFN, Archivio storico*, Verbali Consiglio d'amministrazione, seduta 8 febbraio 1968. Sugli sviluppi successivi, si veda AUFN, *UFN, Archivio di deposito*, b. 28, fasc. Centro per la riforma del diritto di famiglia.

48. Cfr. Marcello Bernardi, *Giulia Filippetti. Ovvero cronache italiane della procreazione responsabile*, Milano, Unione femminile nazionale, 2006. Nel 1973, il Cemp organizzò un incontro presso Università Statale su questi temi e lo introdusse Tullia Carettoni, vice-presidente del Senato, si veda Centro di educazione matrimoniale e prematrimoniale, *CEMP 1966-2016: 50 anni*, Milano, La memoria del mondo, 2016, p. 18. Più in generale, Eleonora Cirant, *L'alba dei consultori*, in *La signorina Kores e le altre. Donne e lavoro a Milano 1950-1970*, a cura di Rossana Di Fazio, Margherita Marcheselli, Milano, Società per l'Enciclopedia delle donne, 2016, pp. 141-161.

49. Al riguardo fu deliberato: «Una più stretta collaborazione verrà messa in atto con il Centro di educazione matrimoniale e prematrimoniale che aprirà prossimamente nel locale a pian terreno un ufficio di consulenza. L'Unione concorrerà nelle spese con un contributo di L. 400.000». AUFN, *UFN, Archivio storico*, Verbali Consiglio d'amministrazione, seduta 13 novembre 1968.

persone nell'educazione sessuale e nel controllo delle nascite. Vale la pena di ricordare che a lungo furono in vigore le norme contro la diffusione e la vendita dei mezzi di contraccezione: varate nel 1926 dal fascismo e rafforzate dal Codice Rocco del 1930[50] furono abrogate solo nel 1971. I consultori pubblici si affiancarono dunque ai consultori autogestiti dalle donne, luoghi dove da tempo erano stati messi in discussione la maternità non desiderata e il parto violento, si praticava il *self-help* e l'autocoscienza, si ragionava di salute della donna, di medicine tradizionali e alternative e in assenza di una legge si organizzavano le interruzioni di gravidanza all'estero dove erano invece consentite.[51] Lo spirito e le scelte adottate dall'Unione e dai gruppi femministi non sempre coincisero, ma l'esigenza di fondo per il rispetto del corpo, della dignità e dell'autonomia femminili sembrò accomunarli e richiamare alla memoria il lontano impegno di Ersilia Majno nella Guardia ostetrica e non solo.

Nel tempo fu possibile offrire nella Casa comune altri servizi attraverso lo Sportello pensioni, che metteva a disposizione esperti per guidare gratuitamente chi intendeva avviare le pratiche del caso. Inaugurato nel 1987, a esso ricorsero molti utenti almeno fino al 1993 quando venne sostituito dai Centri di assistenza fiscale, meglio noti come Caf. Nel 1988, l'Unione si associò all'Associazione italiana malattia di alzheimer offrendole la propria sede per tenere riunioni e conferenze, oltre alle consulenze per le famiglie.[52] Conclusa la collaborazione, la consigliera Rosa Bernocchi Nisi, assistente sociale e già direttrice della Scuola superiore di servizio sociale di Milano, organizzò gruppi di auto-aiuto con cadenza settimanale per seguire parenti e malati di alzheimer.[53] Più recentemente, nel 2001, è stato inaugurato uno Sportello di supporto legale per chi intende separarsi e per offrire assistenza gratuita in tema di diritto civile e diritto di famiglia. Lo Sportello è assai frequentato, in maggioranza da donne ma anche da uomini, ed è accompagnato da un servizio di *counseling* per le coppie in crisi o in procinto di separarsi,

50. Perry Willson, *Italiane. Biografia del Novecento*, Roma-Bari, Laterza, 2011, pp. 115-116.

51. A Roma particolarmente attivo in questo campo fu il Comitato romano aborto e contraccezione, noto come Crac, che dal 1975 coordinò il lavoro dei collettivi femministi della capitale.

52. AUFN, *UFN, Archivio storico*, Verbali Consiglio d'amministrazione, seduta 11 ottobre 1988.

53. AUFN, *UFN, Archivio storico*, Verbali Consiglio d'amministrazione, seduta 5 ottobre 1990.

per chi intenda affrontare i problemi degli adolescenti e per situazioni individuali o familiari particolarmente delicate.

4. *Tra storia, memoria e archivi*

Dopo la Conferenza delle Nazioni Unite di Città del Messico del 1975 si aprì un decennio importante durante il quale l'attenzione dei movimenti delle donne e delle istituzioni nazionali e internazionali si focalizzò vieppiù sui temi del lavoro e della sessualità, dell'aborto e della violenza. Va da sé che l'impulso dall'alto e le innumerevoli straordinarie spinte dal basso agirono da moltiplicatore, avviando una stagione di proposte, incontri culturali e dibattiti politici, di manifestazioni e spettacoli teatrali. Un clima effervescente e appassionato, «dalla grande carica utopica»,[54] che non poteva non contagiare, tanto che le militanti dell'Udi decisero di rompere l'obbedienza verso il Partito comunista, che si era mostrato arretrato sulle questioni che stavano più a cuore alle donne. A quel punto le antiche istanze dell'Unione sembrarono avvicinarsi a quelle del femminismo, fenomeno nuovo, radicale e dirompente. Un incontro reso possibile da alcune dirigenti dalla mentalità aperta come Luisa Mattioli, consigliera dal 1970 e poi presidente più o meno ininterrottamente dal 1984 al 1993, capace

> di tradurre in politica, in azione, le sue competenze professionali: di qui il suo lavoro in tutta la fase preparatoria del nuovo diritto di famiglia, nella riflessione sulle norme relative ai consultori ed all'aborto, per non parlare della sua costante attenzione al tema del diritto al lavoro, dell'indipendenza economica delle donne, della loro integrità di cittadine, della tutela della loro dignità anche da anziane.[55]

54. Così è stato definito da Luisa Passerini, *Storie di donne e femministe*, Torino, Rosenberg & Sellier, 1991, p. 167 in una delle prime ricostruzioni sul femminismo. La storiografia oggi conta svariati contributi, anche di carattere locale e dei quali non è possibile dar conto, tra i tanti si vedano *Il femminismo degli anni Settanta*, a cura di Anna Scattigno, Teresa Bertilotti, Roma, Viella, 2005; Anna Rossi-Doria, *Ipotesi per una storia del neofemminismo italiano*, in *Dare forma al silenzio. Scritti di storia politica delle donne*, Roma, Viella, 2007 oltre ai numeri 1 (2004), 2 (2005), 2 (2011) di «Genesis. Rivista della Società italiana delle storiche», curati rispettivamente da Anna Bravo e Giovanna Fiume; Maria Clara Donato; Teresa Bertilotti, Elisabetta Bini e Catia Papa.
55. Annarita Buttafuoco, *Con occhi nuovi*, in *Luisa Mattioli Peroni 1918-1993*, p. 33.

Per le unioniste, quasi tutte in possesso di un titolo di studio, di un lavoro appagante, di una famiglia "regolare", impegnate in politica, nel sociale e nel mondo culturale, la comparsa del femminismo fu illuminante. Come acutamente notò Anna Del Bo Boffino, socia e consigliera tra le più raffinate, il movimento aiutò a svelare le contraddizioni e i limiti della loro doppia identità:

alle donne "in politica" si concedevano quei settori "materni" che prolungavano nel sociale ruoli femminili. [...] Perché così voleva l'etica della solidarietà socialista e umana della presenza civica, della donazione di sé e del proprio impegno professionale a favore dei "deboli". Era un modo per legittimare la propria autorevolezza di persona/donna? Così si chiedeva alle emancipate prima che l'ondata femminista denunciasse i costi che le donne stavano ancora pagando per acquisire il merito di cittadinanza in un mondo governato dal potere maschile e da un codice virile.

Quella era una strada obbligata, per tutte noi che volevamo (ingenuamente, anche) utilizzare le nostre lauree, i nostri diplomi e tutto quanto avevamo imparato sui libri e nella vita. Ma l'onda lunga del femminismo ci raggiunse, e ci mostrò quanto fossimo divise, tra famiglia e lavoro, tra identità sessuale e identità civile. Il confronto con le figlie, negli anni Settanta, ci rivelò brutalmente a quante autocensure, a quanti edificanti sacrifici ci fossimo sottoposte per ottenere credito, per conquistare un'attendibilità sempre negata.[56]

Nel frattempo alcune riforme urgenti come il diritto di famiglia prendevano corpo attraverso una campagna che, in linea con le battaglie di decenni prima, vide il pieno appoggio dell'Unione e si chiuse con la legge 19 marzo 1975, n. 151.[57] In un quadro di iniziative e di riflessioni, il tema dell'aborto si rivelò decisivo e capace di mobilitare gran parte delle donne, a qualunque generazione e ceto sociale appartenessero. Da sempre considerato reato, ad esso si continuava a ricorrere clandestinamente con esiti a volte drammatici: oltre all'opera di prevenzione,

56. Anna Del Bo Boffino, *Spirito costruttivo*, ivi, pp. 12-13.
57. La norma che garantiva la legittimità dei figli nati fuori dal matrimonio era stata preceduta dalla Corte di cassazione che aveva dichiarato illegittimo l'art. 279 del codice civile col quale si limitavano ai soli alimenti i diritti dei figli naturali. Su questa campagna che in età giolittiana vide l'Unione femminile in prima linea mi permetto di rimandare al mio, *Il movimento delle donne e la filiazione naturale nell'Italia liberale*, in *La ricerca della paternità. Responsabilità, diritti e affetti*, a cura di Stefania Bartoloni, Daniela Lombardi, num. monogr. di «Genesis. Rivista della Società italiana delle storiche», 1 (2018), pp. 81-103.

una vasta rappresentanza dell'associazionismo femminile puntò alla sua regolamentazione, mentre un altro settore vicino ai radicali guardò alla depenalizzazione. Il movimento femminista ne fece una battaglia prioritaria giudicandola questione cruciale per l'affermazione della libertà e della salute delle donne. L'Unione e il Centro per la riforma del diritto di famiglia organizzarono dibattiti e iniziative che si conclusero con l'approvazione della legge 22 maggio 1978, n. 194 sull'interruzione volontaria della gravidanza.[58]

Nel corso degli anni Ottanta, manifestando attenzione verso le esperienze sociali, politiche e culturali delle giovani, nonché verso la storia dei movimenti di rivendicazione appartenenti alla prima ondata otto-novecentesca, il gruppo dirigente dell'Unione femminile (dove nel frattempo era stato cooptato Luigi Majno, nipote di Ersilia) prese alcune decisioni che arricchirono la linea di intervento. Rachele Farina, insegnante impegnata nella ricerca storica, socia e poi presidente dal 1986 al 1988, ideò e coordinò la mostra *Esistere come donna*.[59] Successivamente organizzò corsi e conferenze su temi di storia e di attualità, assecondando un diffuso bisogno di conoscenza. Il cambiamento in atto avvicinava il dialogo tra le associazioni femminili preesistenti impegnate a confrontarsi con le istituzioni e i gruppi di donne che criticavano radicalmente il sistema di potere maschile e le sue espressioni. Anche per questo le femministe avevano cominciato a inaugurare librerie e biblioteche, fondato case editrici e collane editoriali, centri culturali (come il "Virginia Woolf" sorto nella sede occupata dalle donne di Via del Governo Vecchio a Roma) e centri di documentazione.[60] Tutto ciò era espressione di una profonda esigenza di fare cultura, avviare elaborazioni e confronti teorici, andare alla ricerca delle proprie origini, custodire la memoria delle lotte passate e di quelle più recenti, istanze dalle quali erano peraltro nate riviste come «DWF donnawomanfamme» nel 1975 e «Memoria» nel 1981.

58. AUFN, *UFN, Archivio di deposito*, b. 28, fasc. Centro per la riforma del diritto di famiglia.

59. L'esposizione venne allestita nella sala delle Cariatidi di Palazzo Reale, ottenne vari riconoscimenti, riscosse un grande successo di pubblico e Rachele Farina fu insignita del titolo di Cavaliere della repubblica. Il catalogo dal titolo *Esistere come donna*, Milano, Mazzotta, 1983 ebbe ampissima diffusione.

60. Nel 1986 si tenne a Siena il primo convegno nazionale dei Centri di documentazione e ricerca delle donne, si veda, *Le donne al Centro. Politica e cultura dei Centri delle donne negli anni '80*, Roma, Utopia, 1988.

Nel 1988, il ritrovamento di scatoloni pieni di documenti in una soffitta di Corso di Porta Nuova portò alla decisione di riordinare il materiale reputato di grande interesse e in grado di far luce non solo sulla storia dell'Unione. Si trattava del primo nucleo di documenti che dalla nascita dell'associazione arrivava al 1939 e che avrebbe dato vita all'Archivio storico dell'Unione femminile.[61] Questa scelta arricchiva la linea di intervento del gruppo dirigente che nel 1992 decise di aprire i propri locali al Centro di studi storici sul movimento di liberazione della donna in Italia (poi Fondazione Elvira Badaracco) e all'Associazione per una libera università delle donne, con i quali condivideva un ampio progetto culturale.[62] Dal dicembre 1992, la nomina a consigliera di Annarita Buttafuoco, poi presidente nel 1993, diede ulteriore impulso all'impegno verso la ricerca e la trasmissione della storia. Un programma che si arricchì grazie alla collaborazione della Società italiana delle storiche, insieme alla quale vennero organizzati seminari, convegni, pubblicazioni e ancora a mostre. Nell'ex teatro dell'Unione, area da poco recuperata e destinata alle iniziative culturali, venne tra l'altro ospitata l'esposizione di manifesti femministi dal titolo programmatico *Riguardarsi*.[63]

Grazie alla volontà di esponenti della politica e della cultura, dell'arte, del giornalismo e dell'editoria che hanno lasciato le proprie carte, la Soprintendenza archivistica della Lombardia ha dichiarato di «notevole interesse storico» il patrimonio documentario conservato nei locali dell'Unione. L'intera documentazione va dal primo decennio del XIX secolo ai giorni nostri, molti dei suoi fondi sono stati da tempo inventariati e riordinati, per gli altri la sistemazione è in corso. Alla luce di quanto esposto abbiamo ritenuto utile dar vita a una pubblicazione che raccogliesse saggi elaborati

61. Il riordino venne completato nell'ottobre 1989, cfr. AUFN, *UFN, Archivio storico*, Verbali Consiglio d'amministrazione, seduta 11 ottobre 1989.

62. Tra le varie iniziative al riguardo, il 30 marzo 1990 si inaugurò ad Amalfi il convegno *Donne, memoria, libertà* i cui atti furono raccolti nel volume *Donne tra memoria e storia*, a cura di Laura Capobianco, Napoli, Liguori editore, 1993. Qualche anno fa, sono tornate a riflettere sul tema degli archivi e sulla loro rilevanza Lea Melandri, Rosangela Pesenti, Emma Baeri e Alessandra Contini nella rubrica *Fonti*, a cura di Dinora Corsi, in «Genesis. Rivista della Società italiana delle storiche», 2 (2002), pp. 205-234.

63. La mostra si tenne nel febbraio-marzo 1996, fu organizzata dalla Fondazione Elvira Badaracco, dagli Archivi riuniti delle donne, dal Centro culturale Mara Meoni, dall'Unione femminile e produsse il catalogo dal titolo *Riguardarsi. Manifesti del movimento politico delle donne in Italia. Anni '70-'90*, a cura di Emma Baeri, Annarita Buttafuoco, Siena, Protagon editori toscani, 1997.

proprio a partire dalla documentazione conservata presso l'Archivio storico dell'Unione femminile. Il nostro proposito è quello di valorizzare i fondi ivi custoditi, parte dei quali sono già consultati da storiche e storici, da
studenti di varie università italiane e straniere. Su alcuni di essi la ricerca
è dunque iniziata, ma la loro potenzialità non appare esaurita; per altri, si
tratta di avviare indagini che sembrano assai promettenti.

Per ciascuno dei contributi che presentiamo sono in corso ulteriori approfondimenti e grazie alla collaborazione di studiose e studiosi
vedranno presto la luce monografie che andranno a formare la Collana
dell'Unione femminile. Tale progetto si ispira a quello varato da Ersilia
Majno nel 1902 e al quale parteciparono socie e fondatrici. Inaugurare
questa nuova impresa con un primo volume frutto di un lavoro collettivo,
svolto nello spirito che fin dalla sua nascita ha contraddistinto l'Unione,
ci è sembrato il modo migliore per festeggiare un anniversario importante. Restituire senso ai centoventi anni di vita dell'Unione trascorsi
tra accelerazioni e battute d'arresto, tra vittorie e sconfitte, ma sempre
cercando di rimanere fedele agli scopi fondativi, è apparso uno sforzo
che valesse la pena di fare.

I saggi che compongono il volume affrontano vari temi, spesso lontani tra loro, redatti sulla base di domande e chiavi interpretative diverse.
Diverse sono anche le scansioni temporali, le generazioni e i soggetti che
vengono analizzati con i loro specifici modi di affrontare l'attività politica,
sociale e intellettuale. Diversi infine sono gli studiosi che hanno partecipato a questo progetto, ma tutti interessati a tener vivo lo scambio tra passato
e presente. Un filo rosso lega i saggi tra loro e rimanda a quell'intenziona-
lità politica e culturale che ebbero le fondatrici e che si riflette nelle scelte
dell'oggi cercando ancora di fare dell'Unione e dei suoi spazi un luogo
dedicato alla conoscenza, alla cooperazione e allo scambio.

Il contributo di Laura Schettini, basato sul fondo relativo alla tratta
delle bianche, ripercorre trent'anni di battaglie contro la diffusione della
prostituzione, illustra le leggi che la regolamentarono e i commerci internazionali che intorno ad essa prosperarono. A tale campagna, guidata da
Roma, l'Italia prese parte fin dal 1899, ma qualche anno dopo il Comitato
milanese, diretto da Camillo Broglio ed Ersilia Majno, assunse la guida
delle iniziative nazionali, denunciando il nesso che esisteva tra l'immoralità e il vizio da una parte, la miseria, l'oppressione giuridica e sociale
delle donne dall'altra. Le accuse mosse dal Comitato, esito di appropriate
inchieste, consentirono di andare oltre ed individuare un insieme di figu-

re, maschili ma non solo, complici dello sfruttamento. Per questo l'azione dei riformatori si concentrò su una necessaria opera di prevenzione, chiedendo nello stesso tempo misure giuridiche per fermare un traffico sempre più in espansione.

Stefania Bartoloni mette al centro della sua ricostruzione l'impegno di Ersilia Majno e di altre unioniste nella riforma della professione infermieristica, un classico tema di storia delle donne visto attraverso la complessità delle relazioni di potere maschile e la capacità di azione delle donne. Il progetto, a differenza degli esperimenti pionieristici portati avanti in modo autonomo da alcuni gruppi di riformatrici, puntò a coinvolgere direttamente le istituzioni ospedaliere approfittando delle opportunità offerte dall'introduzione della legge Crispi sulle Opere pie varata nel 1890, che prevedeva l'ammissione delle donne nei consigli d'amministrazione di ospedali, orfanotrofi e istituzioni simili. Si trattò di un disegno che nell'immediato ebbe un esito debole, ma che nel lungo periodo produsse effetti importanti fungendo da esempio per altre iniziative più durature.

Nel suo saggio sulla Cooperativa cucine popolari e ristoratori economici Simone Colafranceschi prende le mosse dalla giunta Caldara che, insediatasi nel giugno del 1914 e anticipando le direttive del governo, si impegnò in un'attenta politica di difesa dei consumatori. Nel 1917, per rafforzare tale linea e far fronte alle difficoltà causate dalla guerra, il sindaco socialista decise di inaugurare un servizio cucina diretto a tutti i cittadini e chiamò a collaborare le principali istituzioni locali. L'Unione femminile, ferma nel suo sostegno patriottico in tempo di guerra, aderì all'iniziativa che però incontrò varie difficoltà non solo di natura economica. Infatti, proprio coloro per i quali la struttura era stata pensata non sembrarono entusiasmarsi: conveniente sì, ma atmosfera fredda e disciplinata, quasi un prolungamento della fabbrica. Neppure i tentativi degli anni successivi di rendere più attraente il servizio funzionarono. Dagli anni Cinquanta si pensò di allargare l'offerta ad altri tipi di utenza, come per esempio i turisti in visita alla città, ma inutilmente. Nel decennio successivo, l'emergere di nuovi gusti e stili di vita fecero naufragare definitivamente il progetto e la cooperativa venne sciolta.

Nella ricognizione sulle sorelle Adele e Bianca Ceva, Fiorella Imprenti descrive un mondo familiare governato da affetti profondi e dalla condivisione di valori morali e politici. Le scelte politiche dei suoi membri furono alimentate da senso del dovere che portò ad appoggiare l'intervento del paese nella prima guerra mondiale. L'avvento del fascismo fu particolarmente duro per i Ceva ed ebbe esiti drammatici per il fratello di Adele e Bianca. Ciononostante, le due sorelle non mostrarono ripensamenti e nel corso del secondo conflitto mondiale la loro partecipazione alla lotta antifascista apparve inevitabile. Con la medesima passione divennero socie dell'Unione femminile, considerata fin dagli anni Venti uno spazio di libertà. Nel 2009, memore di ciò, il nipote Lucio Ceva Valla decise di depositare presso l'archivio dell'Unione i documenti della zia Adele, su cui si è in parte basata la ricostruzione qui proposta, e nel 2011 donò quelli della zia Bianca.

Con il saggio di Patrizia Montani si entra nel vivo dell'attività della Scuola dei genitori che riprende, adeguandolo ai nuovi tempi, lo spirito di alcune iniziative precedenti come la Scuola delle madri per lavoratrici e casalinghe delle classi popolari. Avviata negli anni 1902-1903 attraverso semplici conversazioni, lo scopo di quella prima scuola fu coinvolgere le partecipanti sui temi dell'igiene della casa e del carattere del bambino. Preparare la proletaria a un diverso modello di madre, consapevole dei propri diritti e del valore sociale della maternità, implicava elaborare una nuova «pedagogia della famiglia» concepita come educazione dei sentimenti. Fu proprio questo spirito ad esser trasferito più tardi nella Scuola dei genitori che intese stabilire con i figli e con gli studenti rapporti non segnati dall'autoritarismo ancora radicato nella famiglia e nella scuola. Immaginando relazioni basate su autenticità, sincerità e rispetto, l'esperienza è ripercorsa da Montani che riesce contemporaneamente a dar voce alle ansie e ai dubbi delle giovani madri di fronte ai cambiamenti dell'Italia degli anni Cinquanta e Sessanta.

Su Anna Del Bo Boffino, traduttrice e corrispondente da Parigi per «l'Unità» negli anni Cinquanta, si sofferma Alessandra Gissi, che mette a fuoco le ricadute sull'identità e sulla professione della giornalista. A imporle una virata sul suo lavoro intellettuale fu l'impegno nella redazione di «Duepiù», la fortunata rivista uscita nel 1968 e che nel 1973 superò le 400 mila copie. Le lettere dei giovani che arrivavano alla sua rubrica squarciavano il velo sull'ignoranza in tema di sessualità, mettevano al centro i corpi e diventavano un barometro per misurare il cambiamento in atto. Il successivo approdo ad «Amica» consentì a Del Bo Boffino di captare il disagio femminile sul quale si è a lungo interrogata. Un lavoro che la portò a mettersi in gioco in un periodo in cui tutto sembrava in discussione e che ebbe un impatto sulla sua identità politica e culturale avviando un proficuo confronto generazionale.

Se la giornalista ha affrontato come intellettuale, attraverso la carta stampata, i cambiamenti in atto, Tullia Carettoni Romagnoli è stata una protagonista della scena pubblica e politica. Al suo ricco archivio lasciato all'Unione ha attinto Paola Stelliferi, concentrandosi sulla lotta alle discriminazioni sessuali condotta in Senato nella seconda metà degli anni Settanta. Attraverso il dibattito parlamentare emergono le resistenze e i pregiudizi che condizionarono il progetto riformatore immaginato dalla senatrice della Sinistra indipendente e che allungarono incredibilmente i tempi necessari all'eliminazione della "causa d'onore" dal Codice penale.

Infine, il volume è corredato da un'appendice di documenti e di immagini selezionati da Eleonora Cirant e Donata Diamanti, che richiamano temi, personaggi ed eventi trattati nei saggi.

A tutti coloro che con passione e a vario titolo hanno aderito a questo progetto, alla Presidente, ai membri del Consiglio di amministrazione e alla Segreteria dell'Unione femminile che l'hanno reso concretamente possibile, nonché al Comitato editoriale della Collana, va il mio sentito e affettuoso ringraziamento.

LAURA SCHETTINI

Il Comitato italiano contro la tratta: impegno locale e reti internazionali

> È così che certi grandi delitti contro la natura nostra, non potendo ricadere sopra uno solo, perché compiuti da molti collettivamente, non soltanto creano delle vittime, ma riversano sopra di esse anche l'onta del delitto stesso, la quale dura e vive nei colpiti come marchio d'infamia. Portarono quest'onta gli schiavi; la portano tuttora le prostitute, e la condividono tutti quei miserabili che soffrendo d'un'ingiustizia sociale, e non potendo punirla, la subiscono.[1]

Qualche decennio prima l'inizio della storia del Comitato italiano contro la tratta delle bianche, precisamente nel 1878, la giornalista milanese Emilia Ferretti Viola (1844-1929), *nom de plume* Emma, pubblicò *Una fra tante*. Prima donna a scrivere di critica letteraria sulle pagine della *Nuova Antologia*, vicina agli ambienti del movimento per l'emancipazione delle donne e alle posizioni di Anna Maria Mozzoni, con il suo scritto più importante la scrittrice portò nel romanzo sociale ottocentesco un inedito sguardo sulla condizione delle donne e delle più reiette in particolare: le prostitute.[2] La vicenda d'occasione è quella di Barberina, sedici anni, che conosciamo dalla prima pagina ingenua e «ignorante come le pecore e le capre che aveva portato a pascere per tanti anni nei monti ove era nata». Costretta dalle misere condizioni familiari a spostarsi in

---

1. Emma, *Una fra tante*, Milano, G. Brigola, 1878, p. 52.
2. Per approfondire la figura di di Emilia Ferretti Viola cfr. Serena Badalassi, *Emma. Dal salotto all'impegno*, S. Cesario di Lecce (LE), Manni, 2004.

città per impiegarsi come domestica per una famiglia di classe media, quando questa va incontro a un rovescio economico improvviso e si dilegua per non essere raggiunta dai creditori, Barberina si ritrova improvvisamente senza un'abitazione né un impiego, senza alcuna protezione e conoscenze utili. Di lei approfitta immediatamente una vecchia, melliflua e avida, che la sfama per poi condurla in un postribolo. Privata dei suoi laceri panni, condotta in una camera da letto con le finestre sbarrate, cibata e fornita di abiti apparentemente eleganti, la ragazza contrae così il suo debito con la tenutaria, diventandone «schiava». Vittima di uno stupro collettivo, ordito per piegarne la resistenza, la ragazza si ammala e finisce in ospedale, dove un cartello sopra il letto, che la bolla come prostituta, la separa dalle altre donne.

> A capo del letto ove l'innocenza demente lottava e forse sperava ancora, stava inesorabile quel cartello. E le donne per bene, passando dinanzi ad esso, dopo aver guardato in su e dopo aver letto quella parola, volgevano la testa dall'altro lato, ora con disgusto, ora con malizia, talvolta con ira.[3]

A salvarla, violando la legge che l'avrebbe voluta costretta a ritornare al postribolo una volta guarita, sono un prete e delle religiose conosciute in ospedale, commossi dall'innocenza e ingenuità della ragazza, che riconducono clandestinamente al paese d'origine. Scena su cui si chiude il sipario del racconto.

Al centro di vivaci reazioni, considerato scandaloso dai più, del romanzo si parlò anche in Parlamento, dove anticipò la discussione sulla regolamentazione di Stato della prostituzione che si sarebbe infuocata nel decennio successivo.[4]

Ancor più rilevante, per i temi che vorrei discutere in questo contributo, è che a decenni di distanza, quando il Comitato italiano contro la tratta delle donne e dei fanciulli ripercorse la propria storia in occasione del suo convegno nazionale del 1923, l'uscita di *Una fra tante* venne indicata come il momento dello svelamento: quello in cui la società italiana scoprì l'esistenza di un turpe e spietato commercio di donne per il rifornimento delle case di meretricio, della "tratta delle bianche".[5] In quel frangente

---

3. Emma, *Una fra tante*, p. 52.
4. Cfr. Giuliana Morandini, *La Voce che è in lei*, Milano, Bompiani, 1980, p. 122.
5. Relazione Prof. Porro, in *III° Convegno nazionale contro la tratta delle donne e dei fanciulli*, Milano, s.e., 1923, p. 21. Una copia del volume è conservata in Archivio Storico Unione Femminile Nazionale (AUFN), *Unione Femminile Nazionale. Archivio storico,*

molti credettero, come disse in Parlamento il deputato Errico De Renzi –
tra l'imbarazzo e l'ilarità dei suoi colleghi – che questo libro avrebbe rappresentato per la lotta contro la tratta delle bianche, quello che la *Capanna
dello zio Tom* fu per la lotta contro la tratta dei negri.[6]
Nonostante non sia andata proprio così e del libro si sia progressivamente persa memoria nel corso del Novecento, oggi *Una fra tante* è
un utile espediente per introdurci ai temi del primo movimento contro la
tratta delle donne. Nelle sue pagine sono denunciate le questioni sociali
di cui il Comitato si occupò: la piaga della prostituzione giovanile; i pericoli delle città; le condizioni di fragilità e mancanza di tutele della massa
delle lavoratrici domestiche provenienti dalle campagne; le situazioni di
violenza, privazione della libertà, ricatto e sfruttamento economico vissute dalle prostitute nelle case di tolleranza. Ma anche le questioni politiche: la declinazione della tratta come tratta delle bianche e schiavitù,
in esplicito riferimento alla tratta dei negri; l'intenzione di promuovere
un intervento sociale laico e femminile rivolto alle donne delle classi
più povere, che intaccasse il monopolio religioso nell'assistenzialismo;
l'impegno contro la regolamentazione di Stato della prostituzione; la denuncia del legame stringente tra la tratta e lo stato di inferiorità giuridica
e sociale che affliggeva le donne; la necessità di costruire un movimento
politico femminile internazionale.
È proprio questo ampio ventaglio di temi e di processi, intercettati e
incarnati dall'opera del Comitato italiano contro la tratta delle bianche,
a cui saranno dedicate le prossime pagine, che rende lo studio di questa
esperienza un luogo di osservazione privilegiato e originale per comprendere decenni cruciali per la società italiana, durante i quali il processo di
costruzione della nazione si intrecciò con l'irrompere della prima globaliz-
zazione moderna.

busta 10, fascicolo 63 (Comitato contro la tratta delle bianche). Che il movimento italiano
aveva provato a consacrare come propria capostipite Emilia Ferretti Viola, nel solco di
quanto in Gran Bretagna si era fatto con Josephine Butler, la leader indiscussa dell'abolizionismo internazionale, lo testimonia anche il fatto che in appendice agli stessi atti erano
tributati tre medaglioni proprio a Emilia Ferretti, a Josephine Butler e Lucy Re Bartlett,
perché «con convinzione profonda e con instancabile coraggio ci hanno aperta la via che
stiamo percorrendo» (ivi, presentazione).
    6. Atti parlamentari (sessione del 1878), Discussione alla Camera dei deputati, tornata
22 giugno 1878, vol. 60, p. 2045, cit. in Badalassi, *Emma*, p. 98.

1. *Tra abolizionismo e campagna contro la tratta delle bianche*

Le vicende che portarono alla fondazione del Comitato mostrano in modo chiaro come esso si collochi già in una nuova fase dell'associazionismo politico e sociale femminile, caratterizzato da una forte propensione a costruire reti internazionali, dallo scambio (epistolare, ma anche realizzato attraverso visite, congressi e meeting) tra associazioni omologhe dei diversi paesi, dalla messa in cantiere di mobilitazioni transnazionali.[7]

Benché ufficialmente fondato nel 1900, il Comitato affonda le sue origini in quel movimento di opinione, animato da uomini di scienza, igienisti, giuristi, donne e uomini impegnati nell'assistenzialismo, che condivise l'avversità alla cosiddetta legge Cavour, che nel 1860 aveva allargato a tutto il Regno le disposizioni in materia di regolamentazione della prostituzione già vigenti nel Regno Sabaudo. Esempio e guida, per loro, fu l'esperienza del movimento abolizionista inglese, capeggiato da Josephine Butler, che puntò – riuscendoci – a far ritirare i *Contagious Diseases Acts* del 1864. Tanto le disposizioni italiane, quanto quelle inglesi e quelle adottate in tanti paesi europei nel solco delle politiche napoleoniche in materia, era criticate per molteplici – e non sempre concordanti – ragioni. Tra queste, spiccavano quelle medico-igieniche, perché le misure, volute per arginare la diffusione della sifilide, di fatto avevano fallito l'obiettivo dal momento

7. Spunti importanti per una lettura della vocazione internazionale del movimento italiano contro la tratta delle bianche sono in Sara Ercolani, *La tratta delle bianche in Italia e in Gran Bretagna. Dall'associazionismo alla Società delle Nazioni (1885-1946)*, tesi di dottorato in Studi globali e internazionali, ciclo XXX, esame finale 2018. Si veda anche la stessa autrice anche *La battaglia internazionale contro il traffico di donne e di minori nella Società delle Nazioni tra il 1919 e il 1937*, in «Amministrare», 1 (2018), pp. 339-359. L'internazionalismo delle donne ha conosciuto di recente una certa fortuna storiografica, soprattutto grazie ad importanti lavori che hanno contribuito ad una più esaustiva storia della prima guerra mondiale e del pacifismo, in occasione del centenario, o che hanno investigato il suffragismo. Al classico testo di Franca Pieroni Bortolotti, *La donna, la pace, l'Europa. L'Associazione internazionale delle donne dalle origini alla prima guerra mondiale*, Milano, Franco Angeli 1985, si sono aggiunti lavori significativi: Elda Guerra, *Il dilemma della pace: femministe e pacifiste sulla scena internazionale (1914-1939)*, Roma, Viella 2014; ma anche diversi saggi raccolti in *La Grande Guerra delle italiane. Mobilitazioni, diritti, trasformazioni*, a cura di Stefania Bartoloni, Roma, Viella, 2016. Molti spunti per letture che guardano oltre l'Europa e gli Stati Uniti in Karen Offen, *Globalizing Feminisms: 1789-1945*, New York, Routledge, 2009. Per un recente quadro d'insieme del "primo femminismo" italiano si veda Liviana Gazzetta, *Orizzonti nuovi: storia del primo femminismo in Italia (1865-1925)*, Roma, Viella, 2018.

che le case di meretricio finivano con essere dei veri e propri focolai di infezione e di propagazione della stessa; per ragioni etiche, perché costringevano le donne – con la registrazione obbligatoria e il confinamento nei postriboli – ad una carriera che diventava di fatto impossibile abbandonare, creando una classe di sfruttate e semischiave, sottoposte ad ogni genere di abusi; morali, perché attraverso la regolamentazione e tassazione fiscale, lo Stato – o le municipalità, a seconda dei sistemi adottati – istituzionalizzava e legittimava la prostituzione.[8]

A differenza di altri paesi, in Italia il primo movimento abolizionista venne solo parzialmente animato da gruppi e associazioni di donne, mentre ebbe riferimenti importanti tra gli esponenti degli ambienti risorgimentali e, in particolare, mazziniani. Accanto a figure di indubbio rilievo come Anna Maria Mozzoni, in rapporti con Josephine Butler già dal 1870 e pioniera della battaglia contro il regolamento in Italia,[9] furono significative anche figure come quella di Giuseppe Nathan. A lui si deve la fondazione nel 1876 del Comitato centrale italiano per la tutela della moralità e dell'igiene pubblica, federato all'International Abolitionist Federation, voluta nel 1875 da Butler e laboratorio decisivo per la formazione di uno spazio comune transnazionale di militanza politica femminile.[10] Nel solco di questo inizio di campagna italiana per l'abolizione della regolamentazione di Stato, nel 1883 venne nominata una Commissione parlamentare d'inchiesta sulla

8. Per approfondire la storia della regolamentazione della prostituzione e anche dei movimenti contro di essa in Italia, Inghilterra e Francia, si vedano i volumi, ormai classici, Mary Gibson, *Stato e prostituzione in Italia*, Milano, Il Saggiatore, 1995; Judith R.Walkowitz, *Prostitution and Victorian society: women, class, and the state*, Cambridge, Cambridge University Press, 1980; Alain Corbin, *Les filles de noce: misère sexuelle et prostitution (19. et 20. siècles)*, Paris, Aubier Montaigne, 1978. Particolarmente utile, tra le riflessioni più recenti, è Stephanie A. Limoncelli, *The Politics of Trafficking. The First International Movement to Combat the Sexual Exploitation of Women*, Stanford, Stanford University Press, 2010.

9. Cfr. Rina Macrelli, *L'indegna schiavitù: Anna Maria Mozzoni e la lotta contro la prostituzione di Stato*, introduzione di Franca Pieroni Bortolotti, Roma, Editori Riuniti, 1980.

10. Cfr. Anne Summers, *Which Women? What Europe? Josephine Butler and the International Abolitionist Federation*, in «History Workshop Journal», 62/1 (2006), pp. 214-231, nel quale si dà conto anche dell'interlocuzione e conflitto tra esperienze e culture politiche diverse nel corso di questa pionieristica esperienza di network internazionale. Si veda soprattutto il numero monografico *Gender, Religion and Politics; Josephine Butler's Campaigns in International Perspective (1875-1959)*, in «Women's History Review», 17/2 (2008).

prostituzione,[11] i cui lavori confermarono non solo che i regolamenti non contribuivano affatto alla difesa della salute pubblica, ma che legittimavano lo sfruttamento e un vero e proprio commercio di donne per il circuito dei postriboli. È quest'ultima consapevolezza, in Italia datata all'uscita di *Una fra tante*, in Gran Bretagna soprattutto al celebre reportage a puntate del 1885 *The Maiden Tribute of Modern Babylon*[12] secondo cui ogni anno migliaia di ragazzine londinesi venivano vendute alle case di prostituzione, che fece lievitare nell'opinione pubblica e tra le forze politiche la convinzione di trovarsi di fronte ad un nuovo scenario, la cui cifra era l'intreccio tra prostituzione, mobilità, mercato, riduzione in schiavitù: la tratta.

Da questo momento la "tratta delle bianche" – come venne nominata fino agli anni Venti del Novecento – mobilitò un numero crescente di soggetti, assumendo ben presto le forme di un vero e proprio fenomeno di «panico morale», al centro di una battente campagna mediatica.[13]

La lotta contro la regolamentazione di Stato della prostituzione, che in Italia intanto aveva conosciuto nuove elaborazioni con i regolamenti Crispi del 1888 e con quello Nicotera del 1891,[14] in parte scivolò nella ben più

11. Precisamente Regia commissione per lo studio delle questioni relative alla prostituzione e ai provvedimenti per la morale e l'igiene pubblica, presieduta da Ubaldino Peruzzi, *Relazione*, Firenze, Tipografia della Pia Casa, 1885, 2 voll.

12. Considerato generalmente come l'atto di nascita della campagna internazionale contro la tratta, del reportage dell'editore William Stead si è molto scritto e quindi in questa sede rimando, per alcuni commenti, a Cecily Devereux, *"The Maiden Tribute" and the rise of the white slave in the nineteenth century: the making of an imperial construct*, in «Victorian Review», 26/2 (2000), pp. 1-23. Il reportage è consultabile sul sito http://www.attackingthedevil.co.uk/ (ultimo accesso 24 ottobre 2018).

13. Mi riferisco alla categoria del «panico morale» così come elaborata da Stanley Cohen nel 1972 in *Folk Devils and Moral Panics. The creation of the Mods and Rockers* (trad. it. *Demoni popolari e panico morale*, Milano, Mimesis, 2014), Una recente collezione di saggi dedicata alle sue possibili applicazioni ed evoluzioni è *Moral Panic and the Politics of Anxiety*, edited by Sean Hier, London-New York, Routledge, 2011. Esiste un'abbondante storiografia dedicata alla campagna di opinione contro la tratta delle bianche e alle sue implicazioni. Mi limito qui a rimandare al saggio di Devereux, *"The Maiden Tribute"*, cit.; per uno sguardo al modo in cui il tema è stato rappresentato nel cinema degli esordi e recepito dal pubblico vd. Lee Grieveson, *Policing Cinema: Movies and Censorship in Early-Twentieth-Century America*, Berkeley and Los Angeles, University of California Press, 2004, in particolare il capitolo 5.

14. Che aveva il primo allentato il controllo poliziesco sulle prostitute e innalzato l'età minima per essere arruolate nei postriboli e il secondo ripristinato un regime di controlli coatti e segregazione delle prostitute.

visibile campagna contro la tratta delle bianche, ma per altri versi le due battaglie si divaricarono. Facevano riferimento a diverse gerarchie di obiettivi politici che chiamavano in causa il valore dato alla libertà femminile, al rapporto con lo Stato e in generale con le istituzioni, alla questione sociale e, soprattutto, alla preminenza degli interessi nazionali rispetto a ideali di protezione universali. La differenza è ben rappresentata dall'agenda delle due principali organizzazioni internazionali protagoniste della fase iniziale del movimento contro la tratta. Da una parte la International Abolitionst Federation, convinta che l'abolizione della regolamentazione di Stato della prostituzione avrebbe fisiologicamente posto fine alla tratta perché questa esisteva solo in virtù della necessità di rifornire costantemente con "merce nuova" le case di meretricio; che nessuno Stato avesse il diritto di organizzare la prostituzione all'interno dei suoi confini; che andassero difesi e tutelati i diritti civili di tutte le prostitute, senza distinzioni di religione, nazionalità o etnia. Dall'altra, l'International Bureau for the Suppression of the White Slave Traffic, anch'essa di matrice britannica, sorta nel 1899 per impulso decisivo della National Vigilance Association (Nva) e del suo leader William Alexander Coote, che divenne in breve tempo il motore del primo movimento internazionale contro la tratta e che, diversamente, declinò la lotta essenzialmente in chiave nazionalista, preferendo legarla non al sistema della regolamentazione di Stato, ma all'emergenza migrazioni. Secondo la storiografia più recente, infatti, l'International Bureau mise al centro delle politiche antitratta le misure di vigilanza e controllo delle donne, soprattutto delle lavoratrici e delle classi popolari, agendo contemporaneamente nella direzione di impedire l'impiego di prostitute straniere nelle case di tolleranza e di promuoverne il rimpatrio forzato, di vigilare e assistere le donne che si muovevano dalle campagne alle città perché non cadessero nel mercato della prostituzione e nella rete dei "trafficanti stranieri".[15]

In questo panorama il Comitato italiano contro la tratta delle bianche rappresentò un'esperienza originale, che interloquì con le istanze di entrambi i movimenti. Nell'arco di oltre un trentennio di attività, il Comitato

15. Non posso per ragioni di spazio soffermarmi in questa sede sulla storia della Nva e dell'International Bureau e per opportuni approfondimenti delle sue politiche rimando a Rachael Attwood, *Stopping the Traffic: The National Vigilance Association and the International Fight against the "White Slave" Trade (1899-c.1909)*, in «Women's History Review», 24/3 (2015), pp. 325-350.

coniugò infatti la ricerca della collaborazione con le autorità di governo
con politiche di contrasto alla tratta che misero al centro non tanto e non
solo la vigilanza sulle donne e i processi migratori, ma soprattutto l'intervento sulle questioni sociali che erano individuate all'origine della propagazione della prostituzione.

2. *La nascita del Comitato italiano contro la tratta delle bianche e i primi passi del movimento internazionale*

Ufficialmente il Comitato italiano nacque all'indomani dell'*International Congress* on the *White Slave Trade* che si tenne a Londra nel 1899 per
iniziativa della Nva e comunemente considerato l'atto di nascita del movimento internazionale contro la tratta. Dai lavori del congresso, a cui parteciparono rappresentanti di molti paesi europei e degli Stati Uniti, fortemente
supportato anche dalla Jewish Association for the Protection of Girls and
Women, era uscita l'indicazione di quale dovesse essere l'organigramma
del movimento contro la tratta: un organismo internazionale, l'International
Bureau, che avrebbe coordinato il lavoro dei diversi comitati nazionali che
bisognava istituire nel maggior numero di paesi e che, a loro volta, avrebbero coordinato e raccolto il lavoro dei comitati regionali.[16] Arrivato in Italia
prima nel 1899 e poi nel 1900 con questo obiettivo, Coote riuscì a fondare a
Roma il Comitato italiano con il consenso del governo e arruolando alcune
personalità di spicco della politica e della cultura del tempo, tra cui Sergio
Luzzatti, senatore liberale ed ebreo, che ne divenne il presidente, e Alfredo
Garofalo, nominato segretario, che ne fu il vero animatore in questa prima
fase. Di lì a breve vennero costituiti anche alcuni comitati regionali, nelle
città portuali di Napoli, Genova, Messina e a Milano.

Nei primi cinque anni di attività il Comitato nazionale approntò un
lavoro di ricognizione importante, inviando tramite il Commissariato
dell'emigrazione un questionario agli ispettori dei porti e ai medici della Regia marina per «avere notizie attendibili intorno alla Tratta», dette
notizia a tutti i comuni della sua esistenza, organizzò un primo congresso
nazionale, a Roma nel 1904, soprattutto attraversò – pur senza offrire un
contributo rilevante – le prime iniziative intraprese a livello istituzionale

---

16. AUFN, *Unione Femminile Nazionale. Archivio storico*, b. 10, fasc. 63, *III° Convegno nazionale contro la tratta delle donne e dei fanciulli*, Milano, s.e., 1923, p. 21.

e internazionale per combattere la tratta: la Conferenza diplomatica che si tenne a Parigi nel 1902 e che per la prima volta raccolse i rappresentanti di sedici paesi intorno all'emergenza, il secondo e terzo Congresso internazionale dell'International Bureau (Francoforte 1902, Parigi 1906).[17]

Certamente, come testimonia la varietà dei materiali riportati indietro da questi appuntamenti, essi furono occasioni importanti per confrontarsi con organizzazioni analoghe di altri paesi e, soprattutto, partecipare alla messa a punto di politiche comuni internazionali e migliorare l'inquadramento del fenomeno. Alla Conferenza ufficiale di Parigi l'Italia partecipò con il marchese e diplomatico Raniero Paolucci di Calboli, futuro ambasciatore a Lisbona e Berna e soprattutto incaricato italiano a seguire la questione della tratta nei decenni successivi, anche presso la Società delle Nazioni. Accanto a lui, fortemente voluto dal Comitato milanese, di cui era consulente, Giulio Cesare Buzzati, professore di diritto internazionale a Pavia.

Al ritorno, Buzzati redigeva un dettagliato resoconto per il Comitato milanese, poi pubblicato sul bollettino «Schiave bianche».[18] Nel testo sono raccontate in particolare le posizioni espresse dai due delegati italiani nelle commissioni di lavoro a cui parteciparono, circostanza che permette tra le altre cose di comprendere quale fosse il mandato che Buzzati aveva ricevuto dal Comitato milanese. Si ritrovano qui espressi, infatti, molti dei temi intorno a cui ruoteranno le attività del Comitato nei decenni seguenti, così come emerge una lettura della tratta che per certi aspetti caratterizzò l'esperienza italiana distinguendola dall'interpretazione *main stream*. Accanto alla necessità di riformare il diritto penale, perché fosse in grado di tutelare la società da un fenomeno nuovo e che configurava inediti

---

17. In più occasioni il Comitato stesso ricostruì la sua storia e le sue attività. In questo caso mi sto riferendo a Gemma Muggiani Griffini, *L'opera del Comitato contro la tratta delle bianche*, relazione presentata al II Convegno nazionale contro la tratta delle bianche (Milano, 30 maggio 1908), AUFN, *Comitato italiano contro la tratta delle bianche*, b. 71, fasc. 3, s.f. II Convegno nazionale. Le impressioni di Gemma Muggiani relative invece al Congresso di Francoforte, al grande spirito di collaborazione tra attivisti di diverse nazionalità e religioni da lei incontrato, si trovano in «Schiave bianche. Bollettino del Comitato di Milano contro la Tratta delle bianche», suppl. al n. 19-20 del «Bollettino dell'Unione femminile», p. 160. Tutti i numeri di «Schiave bianche» sono conservati in AUFN, *Comitato italiano contro la tratta delle bianche*, b. 77, fasc. 2.

18. *Conferenza internazionale di Parigi per la repressione della Tratta delle bianche. Relazione del Prof. G.C. Buzzati al Segretario del Comitato milanese*, in «Schiave bianche. Bollettino del Comitato di Milano contro la Tratta delle bianche», suppl. al n. 15-18 di «Unione femminile», pp. 137-139.

profili di reato, così come di elaborare nuove disposizioni amministrative per prevenire e contenere la diffusione della tratta, prima di tutto nell'area dell'emigrazione e del meretricio, emerge come al centro delle preoccupazioni del Comitato milanese ci fosse «la necessità di studiare la tratta non solo in quanto si esercita da uno in un altro Stato, ma anche in quanto venga compiuto entro i confini di un solo Stato».[19]

Nella campagna stampa, così come nell'agenda di questi primi incontri internazionali – sia quelli diplomatici che delle associazioni di volontariato – la tratta era rappresentata prevalentemente come un fenomeno internazionale, come arruolamento di donne e giovani minorenni dei paesi europei per mano di un fantomatico trafficante o di un'organizzazione di trafficanti che poi le costringeva con la forza o con l'inganno a prostituirsi nelle case di tolleranza all'estero: in altri paesi europei, in centro e sud America, nelle colonie. Così, nel terzo Congresso dell'International Bureau (Parigi, 1906) gran parte della relazione di Coote fu un report della sua visita in Egitto, dove si registrava un aumento notevole di prostitute europee e il transito continuo di donne dirette sulle piazze di Bombay e Shanghai.[20] A questo orientamento faceva da *pendant* la priorità assegnata tra le politiche di contrasto alle misure di sorveglianza indirizzate alla mobilità, soprattutto femminile, da attuare sulle rotte delle grandi migrazioni,[21] in particolare sui piroscafi transoceanici, ma anche nei porti e nelle stazioni.

Per il Comitato milanese, e per quello nazionale in una seconda fase, era invece fondamentale rubricare come tratta anche i fenomeni di schiavitù sessuale di cui erano largamente vittime le giovani che si muovevano dalle campagne alle città all'interno dei confini di uno stesso Stato, le storie alla Barberina in definitiva.[22] La posta in gioco era alta: portare nella mobilitazione la sensibilità per la questione sociale, sancire che il mercato

---

19. Ivi, p. 138.

20. Cfr. la ricostruzione redatta da Gemma Muggiani dei vari appuntamenti internazionali a cui il Comitato, soprattutto tramite la sua presenza, partecipò: Muggiani Griffini, *L'opera del Comitato contro la tratta delle bianche.*

21. Mi sono occupata più approfonditamente di questi temi in Laura Schettini, *La tratta delle bianche in Italia tra paure sociali e pratiche di polizia (XIX-XX secolo)*, in «Italia contemporanea», 288 (2018), pp. 286-308.

22. Il Comitato italiano tornò in molti opuscoli a stampa a insistere sulla necessità di considerare la tratta non solo come un fenomeno internazionale e a difendere le ragioni di «giustizia sociale» che sottendevano questa scelta. Particolarmente esplicito il passaggio in AUFN, Unione Femminile Nazionale, b. 10, fasc. 63, *III° Convegno nazionale contro la tratta delle donne e dei fanciulli*, pp. 32-33.

dello sfruttamento sessuale si fondava non solo sull'avidità e l'immoralità, ma anche sulle condizioni di miseria che spingevano le donne a vendersi. La scelta di declinare il tema in questo modo, d'altro canto, racconta molto bene come la storia del Comitato milanese contro la tratta e, più in generale, dell'Unione femminile, sia anche intrecciata e debitrice di esperienze politiche più precoci. Una relazione speciale, in particolare, è quella con la Società umanitaria, di stampo laico e socialista, tra le prime ad aver avviato a Milano un progetto di emancipazione delle classi popolari attraverso azioni in campo educativo, assistenziale, giuridico.[23] È nell'alveo delle iniziative di assistenza medica, legale, sociale intraprese dall'Umanitaria e in generale dall'area socialista e democratica a favore delle masse proletarizzate provenienti dalle campagne e dei lavoratori e delle lavoratrici in lotta, così come delle vittime della repressione dei moti del 1898, che molte delle donne che poi si mobilitarono contro la tratta fecero il loro apprendistato politico. Non solo, è in questi ambienti che si strinsero e solidificarono legami tra militanti, uomini e donne che poi formarono un importante capitale sociale e una fonte indispensabile di contributi ed elargizioni per il Comitato contro la tratta: avvocati, giuristi, medici, tra cui Luigi Majno, Camillo Broglio, Edoardo Porro, lo scultore Domenico Ghidoni (autore dell'opera *Le nostre schiave*, la cui riproduzione campeggiava sul numero unico «Le schiave bianche», pubblicato dal Comitato nel 1902).

Sin dai suoi esordi, dunque, il Comitato milanese aveva insistito perché venisse presa in considerazione la dimensione sociale della tratta, anziché esclusivamente le sue implicazioni morali. Di tale istanza si fece fedele portavoce Buzzati già durante i lavori della conferenza diplomatica del 1902, laddove gran parte dei convenuti spingevano invece per una definizione della tratta solo come fenomeno internazionale, che poco aveva a che vedere con le condizioni di vita delle donne all'interno dei singoli paesi. Proprio questo sembra sia stato uno dei nodi che rallentò la elaborazione e firma della prima Convenzione internazionale per la repressione della tratta delle bianche. Dal consesso, infatti, uscì solo il primo Accordo internazionale per la repressione della tratta delle bianche (siglato nel 1904), di natura amministrativa, che stabiliva tra le altre cose che gli Stati firmatari si impegnavano ad istituire nel proprio territorio autorità centrali governa-

---

23. Si veda ad esempio *Alle origini dell'Umanitaria: un moderno concetto di assistenza nella bufera sociale di fine '800*, a cura di Morris L. Ghezzi e Alfredo Canavero, Milano, Società Umanitaria e Cooperativa Raccolto, 2013.

tive preposte alla repressione della tratta e a collegarsi tra loro per scambiare informazioni. Non si giunse, invece, che a una bozza di Convenzione, definita solo nella successiva conferenza diplomatica del 1910.[24] Con l'art. 1 si offriva finalmente la prima definizione istituzionale e condivisa della tratta delle bianche: era imputabile di tratta «chiunque, allo scopo di favorire l'altrui libidine, arruola, sottrae o rapisce una donna o una fanciulla minorenne, sia pure col loro consenso» oppure chiunque, sempre per favorire l'altrui libidine, «con inganno, violenza, minaccia, abuso di autorità o altro mezzo di costrizione, arrola, sottrae o rapisce, una donna o una maggiorenne». La distinzione tra arruolamento per l'estero o interno, dunque, era caduta.[25] Veniva stabilito, al contrario, un distinguo tra maggiorenni e minorenni, frutto della necessità di fare i conti con l'esistenza in molti paesi di sistemi di regolamentazione della prostituzione che permettevano lo spostamento su base volontaria o comunque non coercitiva di donne all'interno del circuito delle case di tolleranza e sanciva la separazione tra la campagna contro la tratta e quella abolizionista, almeno in questa prima fase e a livello diplomatico.

3. Da Roma a Milano: la seconda vita del Comitato tra questione sociale e battaglie giuridiche

Nel 1906 la presidenza del Comitato italiano contro la tratta delle bianche passò da Luzzatti al senatore Alfredo Baccelli «in cui certamente mancava la fede necessaria nell'utilità dell'opera poiché ebbe a dichiarare in Parlamento che la Tratta non esisteva che nelle fantasie di donne sentimentali e che le sue presunte vittime erano felicissime di lasciarsi rapire».[26]

Alle dimissioni del segretario Garofalo, seguì lo scioglimento del Comitato nazionale.

24. I testi dei due documenti si trovano anche in appendice a *Stato attuale della legislazione italiana circa la tratta delle bianche e la prostituzione in generale*, Milano, Tipografia nazionale di V. Ramperti, 1911, conservato in AUFN, *Comitato italiano contro la tratta delle bianche*, b. 72, fasc. 1.

25. Diversi materiali relativi alla partecipazione dell'Italia al congresso del 1902, compreso il resoconto dei lavori ad opera della delegazione governativa sono in Archivio centrale dello Stato di Roma (ACS), *Ministero dell'Interno, Direzione generale Pubblica Sicurezza* (DGPS), *Divisione Polizia Giudiziaria*, 1913-1915, cat. 10900.21, b. 53 bis, fasc. *Congressi*.

26. Muggiani Griffini, *L'opera del Comitato contro la tratta delle bianche*.

Dopo due anni di incertezze, in cui sopravvissero i comitati regionali, il Comitato nazionale venne nuovamente fondato da Coote, arrivato in Italia per prendere parte ai lavori del secondo Convegno nazionale contro la tratta delle bianche che si celebrò a Milano nel maggio 1908, messo comunque in cantiere dai comitati locali, in particolare da quello milanese.

Si consumò, in quest'occasione, un passaggio politico decisivo. Sede del Comitato nazionale diventò Milano, presidente il medico Camillo Broglio e segretaria Ersilia Bronzini Majno, fondatrice e più volte presidente dell'Unione femminile. Majno era una delle figure più riconosciute dell'assistenzialismo laico e socialista cittadino, leader del Comitato regionale contro la tratta e fondatrice del celebre Asilo Mariuccia, rivolto a bambine, fanciulle, donne provenienti da famiglie in forte disagio o da condizioni di violenza, prostitute o a rischio di diventarlo.[27]

Il cambiamento non fu solo formale e organizzativo. Scelta obbligata dal ruolo guida che aveva avuto nel movimento italiano contro la tratta fino a quel momento e dalle garanzie che offriva in termini di tenuta, il passaggio del timone al Comitato milanese impresse alla lotta contro la tratta in Italia una nuova direzione, per certi aspetti anche lontana dagli orientamenti dell'International Bureau a cui continuò comunque a fare capo.

Sensibilità alla questione sociale, attenzione alla prevenzione piuttosto che alla repressione della tratta, critica al sistema della regolamentazione di Stato del meretricio, enfasi sul legame profondo che intercorreva tra diffusione della prostituzione e condizioni di oppressione e sfruttamento patiti dalle donne nel lavoro e nella famiglia, intervento in campo giuridico, sono alcuni dei punti intorno a cui si mosse l'esperienza milanese sin dal

---

27. Testo di riferimento per ricostruire le vicende dell'Asilo e della sua fondatrice, nel contesto dell'esperienza dell'assistenzialismo milanese, rimane Annarita Buttafuoco, *Le Mariuccine. Storia di un'istituzione laica: l'asilo Mariucca*, Milano, Franco Angeli, 1985. Utile anche Bruno Bortoli, *Lavoro sociale e movimento femminile. Ersilia Bronzini Majno*, in «Lavoro sociale», 1 (2006), pp. 125-134, anche all'Url https://unionefemminile.it/wp-content/uploads/2016/07/Bruno-Bortoli-Ersilia-Majno-web.pdf (ultimo accesso 26 nov. 2018). La rievocazione della nuova fondazione del Comitato nazionale del 1908, oltre che nella relazione di Muggiani già citata, è anche in AUFN, *Comitato italiano contro la tratta delle bianche*, b. 71, fasc. 6, *Attività del Comitato dopo la guerra, Pratiche presso il Ministero dell'Interno per mettersi in rapporto con il Comitato centrale per la repressione della tratta*, p. 2.

suo esordio e che dal 1908 diventarono le parole d'ordine del movimento a livello nazionale.

Si potrebbe dire che gran parte dello sforzo compiuto dal movimento guidato da Ersilia Bronzini Majno sia stato quello di affrontare la questione della tratta non come un fenomeno esogeno, che sarebbe arrivato a guastare i costumi e la vita di migliaia di giovani donne per opera di oscure organizzazioni di trafficanti, meglio se straniere o ebree, ma come un fenomeno che era profondamente annidato nelle condizioni di miseria e oppressione giuridica e sociale vissute dalle donne. Molte volte il Comitato italiano tornò a deplorare la costruzione quasi immaginifica del losco trafficante internazionale come figura che serviva ad offuscare le «molteplici cause morali, sociali ed economiche, [e] le varie responsabilità» della tratta[28] e intorno a questa lettura politica del fenomeno costruì le sue attività. In questo senso, mise sotto osservazione non solo il trafficante e i *souteneurs*, oggetto di diversi meeting internazionali e destinatari di disposizioni penali e amministrative *ad hoc*,[29] ma anche tutte le altre figure che erano determinanti nella "caduta" delle fanciulle e delle donne nella prostituzione: genitori inadempienti, mariti sfruttatori, giovani che seducevano e abbandonavano, datori di lavoro che esigevano servizi sessuali.

Perplessa per l'approccio interclassista e a suo avviso troppo astratto propugnato dal Comitato nazionale e dall'International Bureau, non sorprende dunque che sin dal momento in cui accettò di aprire la sezione milanese, ufficialmente istituita nel dicembre 1901, Ersilia Bronzini Majno avviò un'ampia azione di indagine e intervento sociale. Se era sotto gli occhi di tutti che si era di fronte ad una nuova fase della storia della prostituzione – caratterizzata dal suo aumento vertiginoso, da un grado elevato di organizzazione (in senso capitalistico, disse qualcuno, o di tipo industriale,

---

28. AUFN, *Unione Femminile Nazionale. Archivio storico*, b. 10, fasc. 63, Comitato italiano contro la tratta delle donne e dei fanciulli, *Relazione per gli anni 1902-1922*, Milano, Ditta Perola, 1923, p. 19. Corsivo nell'originale.

29. La Società delle Nazioni e l'international Bureau hanno dedicato molta attenzione allo studio del modus operandi dei *souteneurs* e dei mezzi per contrastarli. Molto materiale, anche di studio del profilo del trafficante, prodotto in occasione della risoluzione adottata dall'ottavo congresso dell'International Bureau a Varsavia nel 1930, si trova in AUFN, *Comitato italiano contro la tratta delle bianche*, b. 73, fasc. C, International Bureau, Corrispondenza 1924-1933. Da parte sua, la Società delle Nazioni elaborò e propose nel 1931 un Protocollo addizionale alla Convenzione contro la tratta delle donne siglata a Ginevra nel 1921 per precisare le misure repressive nei confronti di trafficanti e *souteneurs*. Cfr. ACS, *Ministero dell'Interno, Interpol*, Tratta delle bianche, b. 2. fasc. 19.

secondo altre)[30] e da una accentuata mobilità di prostitute, procacciatori, trafficanti, – era necessario allora iniziare a quantificare il fenomeno e raccogliere storie di vita per individuarne cause, responsabilità, regole e metodo. D'altro canto, tra i quattro scopi statutari del Comitato milanese figurava esplicitamente quello di «fare inchieste, denunce, assumere informazioni, provocare provvedimenti intorno ai casi di tratta, corruzione o seduzione che venisse a conoscere».[31]

Ersilia Bronzini Majno raccontò in più occasioni la sua "scoperta" delle prostitute, delle condizioni in cui vivevano, alla vigilia della fondazione della sezione milanese del Comitato: una visita al reparto dermosifilopatico (il cosiddetto reparto celtico) dell'Ospedale Maggiore, dove bambine e ragazze ammalate erano abbandonate in un palazzo vetusto e fatiscente a via Lanzoni, segnò a lungo i suoi ricordi. Seguì la pressione per far nominare stabilmente due visitatrici da parte del Consiglio degli Istituti Ospitalieri (di cui Ersilia faceva parte) perché monitorassero il reparto celtico e vi approntassero iniziative per la riabilitazione delle ricoverate.[32] Parallelamente, interpellando gli uffici di polizia e le strutture sanitarie, diede inizio a quel puntuale lavoro di censimento delle prostitute o delle bambine e fanciulle a rischio di diventarlo, che poi avrebbe assunto sistematicità con l'apertura dell'Asilo Mariuccia e dell'Ufficio del Comitato nel 1902. Quest'ultimo, allestito nell'allora sede dell'Unione Femminile a via Monte di Pietà 9, era pensato proprio come punto di raccolta informazioni e sportello a cui le donne potevano rivolgersi liberamente – senza formalità burocratiche e di-

---

30. Si veda ad esempio Vincenzo Montesano, *Abolizionismo e prostituzione*, in *III° Convegno nazionale contro la tratta delle donne e dei fanciulli*, p. 87, oppure le considerazioni espresse in Muggiani Griffini, *L'opera del Comitato contro la tratta delle bianche*. Per una storia del nuovo volto assunto dal mercato della prostituzione a partire dalla fine dell'Ottocento si veda, tra gli altri, Liat Kozma, *Global Women, Colonial Ports. Prostitution in the Interwar Middle East*, New York, Suny Press, 2017.

31. Gli scopi e l'organigramma del Comitato compaiono in coda a tutti gli opuscoli stampati dall'associazione. Si veda ad esempio Comitato italiano contro la tratta delle bianche [ma Comitato di Milano, n.d.a.], Relazione per gli anni 1902-1903 e 1904-1905, in ACS, *Ministero dell'Interno, DGPS, Divisione Polizia giudiziaria*, 1910-12, Cat. 10900.21.

32. Le prime due visitatrici incaricate furono Alessandrina Ravizza e Bambina Venegoni, attive componenti del Comitato milanese e anch'esse figure di spicco del movimento emancipazionista cittadino. Nel reparto procedettero ad una riorganizzazione degli spazi, all'istituzione di una biblioteca e di una scuola-laboratorio. Cfr. Emma Scaramuzza, *Una filantropa di professione: Alessandrina Ravizza. La collaborazione con la Società umanitaria*, in «Storia in Lombardia», 3 (1986), pp. 46-96.

stinzioni religiose – e gratuitamente. Aperto tutti i pomeriggi, per facilitare
«il ricorso all'Ufficio, fu diramato fin dal 1902, ai Sindaci e ai maestri della
Provincia un *avviso* recante l'indicazione degli scopi del Comitato, con una
circolare per invitare ad informare il Comitato stesso dei casi di donne o
fanciulle indotte a lasciare il paese ed a recarsi in città».[33] Nel 1903, il Comitato predispose un questionario sulla prostituzione a Milano rivolto agli
uffici di Pubblica sicurezza, che venivano interrogati sul numero delle case
di tolleranza esistenti e di prostitute registrate e "clandestine", sulla percentuale delle minorenni, sulla occupazione prima della prostituzione, sulla nazionalità (dato ritenuto importante «per farsi una idea dei luoghi di importazione e perché si afferma che una delle arti dei mercanti è lo scambio della
merce»).[34] Dalle risposte fornite, e fermandoci per ora solo alla dimensione
quantitativa, emergeva che in città esistevano 28 case di tolleranza dichiara-
te che impiegavano circa 250 prostitute, mentre approssimativamente erano
il doppio le donne dedite alla «prostituzione libera». Ogni anno, inoltre, la
Questura traeva in arresto circa mille prostitute o presunte tali, composte
per l'80% da "regolari". Un'altra fonte di informazioni, a partire compiutamente dal 1910, divenne il Tribunale di Milano che in caso di vicende che
interessavano minori prese l'abitudine di rivolgersi al Comitato per dare e
far raccogliere informazioni.[35] La rete si ampliò ancora nel biennio 1913-
14, quando fu stretto un accordo con l'autorità giudiziaria secondo cui «il
Comitato poté svolgere un'utile azione presso le infelici tradotte in questura
o che a questa ricorrevano per avere assistenza».

A partire dal primo opuscolo pubblicato sulle attività svolte nel biennio 1902-1903 e per i due decenni a seguire questa mole di informazioni
venne elaborata e messa a disposizione con la pubblicazione di resoconti
che documentavano il numero di fanciulle e donne assistite dal Comitato, con notizie della loro età, professione, del luogo di provenienza
(dalla famiglia, dalla questura, dagli istituti di assistenza, ecc.), del luogo

---

33. Comitato italiano contro la tratta delle donne e dei fanciulli, *Relazione per gli anni
1902-1922*, Milano, Tip. Pirola, 1923, p. 8 (corsivo nell'originale). Nell'opuscolo ancora
una volta è rievocata nel dettaglio la storia del Comitato.
    34. *La prostituzione a Milano*, in «Schiave bianche», 3 (1903).
    35. Cfr. *Relation sur l'action du Comité Italien contre la traite des blaches présentée
au IV Congres international pour la repression de la traite des blanches (Madrid 24-28
octobre 1910)*, in AUFN, *Comitato italiano contro la tratta delle bianche*, b. 71, fasc. 3, s.f.
IV Congres international pour la repression de la traite des blacnhes (Madrid 24-28 octobre
1910).

di nascita, delle cause del ricorso al Comitato (traviamento, corruzione, mancanza di mezzi, ecc.).[36]

Non meno rilevante, sia in termini di raccolta di notizie e analisi sociale, sia in termini di informazione resa, fu l'uscita per tre anni del bollettino «Schiave bianche», prima come inserto e poi come supplemento al periodico «Unione femminile».[37] Il giornale, che si componeva di editoriali firmati dalle esponenti del Comitato, notizie di casi di tratta ricavati dalle cronache giudiziarie, resoconti di congressi e convegni nazionali e internazionali, relazioni sul lavoro svolto dagli altri comitati regionali, rappresentò anche il luogo, forse l'unico prima del passaggio del 1908, in cui si costruì una dimensione nazionale della campagna contro la tratta. Oggi costituisce una miniera di informazioni preziose, che aiutano a precisare i principi e le convinzioni che muovevano le donne impegnate nel Comitato milanese, poi Comitato nazionale. Sembra rilevante, a questo proposito, richiamare con quanta determinazione e acutezza Ersilia Bronzini Majno difese sulle pagine del bollettino una concezione della vittima della tratta che fosse libera da paternalismo, moralismi o pregiudizi di classe. Aprì il numero di marzo del 1904 polemizzando con «l'illustre scrittrice di romanzi» Neera, che in un articoletto pubblicato su «Marzocco» di Firenze aveva ritratto in modo derisorio una giovane domestica che «vana, bugiarda, oziosa e impudente» e preoccupata solo di mettersi in ghingheri si sarebbe data ad uno dei tanti uomini generosi di false promesse, rimanendo incinta. Sbeffeggiava, inoltre, «l'illustre scrittrice» anche le associazioni caritatevoli votate a salvare donne che non volevano affatto essere salvate. In questo, come in altri casi, Ersilia colse l'occasione per affermare uno dei principi forse più radicali del Comitato: l'idea che le donne e le bambine non dovevano necessariamente essere ingenue e innocenti per essere considerate

---

36. Si vedano ad esempio i dati relativi alle 869 assistite del periodo 1902-1910 pubblicati in appendice alla relazione suddetta o quelli relativi alle 1649 assistite nel primo ventennio di attività presentati nell'opuscolo Comitato italiano contro la tratta delle donne e dei fanciulli, *Relazione per gli anni 1902-1922,* Milano, Tip. Pirola, 1923.

37. Una raccolta dei numeri è conservata in AUFN, *Comitato italiano contro la tratta delle bianche,* b. 77, fasc. 2. L'uscita del bollettino fu preceduta dalla pubblicazione di un numero unico «Schiave bianche», in formato più grande, pubblicato nel 1902 in occasione della conferenza pubblica che Buzzati tenne a maggio nella sede dell'Unione femminile. È conservato in AUFN, *Comitato italiano contro la tratta delle bianche,* b. 71, fasc. 3.

vittime e che a spingerle a «cadere» erano la miseria e il degrado, non l'avidità e la lascivia.[38]

D'altra parte, questa convinzione nasceva proprio da quel lungo e puntuale lavoro di ricognizione e ricerca sul campo che era stato a fondamento delle attività del Comitato. L'insieme dei dati raccolti, infatti, mostrava in modo inequivocabile che la grandissima maggioranza delle donne e bambine intercettate proveniva dalle classi popolari, per lo più stiratrici, cucitrici, sarte, ricamatrici, domestiche o in età scolare o senza professione per l'età. Delle 1649 assistite dal Comitato nel periodo 1902-1922, ad esempio, solo 46 erano di ceto medio, impiegate o commesse, prima di "cadere". Altrettanto determinante era la condizione familiare: 729 assistite erano figlie di ignoti, orfane di madre o padre. Se questi dati restituivano la matrice di classe della diffusione della prostituzione, il Comitato studiò e organizzò le informazioni raccolte anche per comprendere le strutture sociali e gli istituti giuridici che favorivano la tratta o ne ostacolavano la lotta. Elaborò sin dal 1904-1905 un modello di suddivisione delle assistite in 4 categorie che faceva emergere di fatto quali circostanze e situazioni rappresentassero particolari fattori di rischio.[39] Il primo gruppo raccoglieva le bambine tra i 5 e i 9 anni che «hanno genitori miserabili o degenerati nell'impossibilità di dare loro assistenza», a cui non è possibile sottrarle e che spesso sono quelli che le vendono a «vecchi libertini». Il secondo gruppo è delle ragazze dai 9 ai 15 anni, in parte composto da quelle provenienti dal gruppo precedente, in parte costituito da giovani operaie corrotte «nella promiscuità del laboratorio» e che per questo tendevano a scappare di casa, diventando preda di una immancabile «megera che l'agguanta e la fa scomparire nei vortici della mala vita – essa ha pronta la sua clientela ed eccoci in piena tratta delle bianche». Nel terzo gruppo erano le giovani donne tra i 15 e 21 anni, giovani donne "cadute" e soprattutto malate, infette, che pativano lunghi periodi nei sifilicomi. La quarta categoria, dai 21 anni in avanti, «comprende ogni specie di naufraghe [...] misere abbandonate dall'amante e dal marito, che una sala della maternità dovrà accogliere,

---

38. Ersilia Majno Bronzini, *L'educazione di Rosina*, in «Schiave bianche», 2 (1904). Con Neera e riguardo la convinzione della scrittrice che fosse la perversione morale e non la miseria la causa della prostituzione, Ersilia aveva già duramente discusso l'anno prima con *Le schiave bianche e le altre*, in «Schiave bianche», 3 (1903).

39. Questo modello è stato presentato in più occasioni nel corso degli anni. Per un esempio si veda Muggiani Griffini, *L'opera del Comitato contro la tratta delle bianche*.

donne calate in città con il miraggio di più lauti guadagni, che chiedono appoggio per conservarsi oneste».[40]

4. *Luoghi pericolosi*

Da questo lavoro di mappatura delle vittime o potenziali vittime della tratta delle bianche, dunque, emergeva come ci fossero luoghi e spazi sociali particolarmente pericolosi: la famiglia, il posto di lavoro, lo spazio urbano delle *new comers*. Gran parte delle mobilitazioni e delle azioni intraprese dal Comitato milanese e da quello nazionale possono essere lette anche come il tentativo di intervenire in questi ambiti, privilegiando una politica di prevenzione e rimozione delle cause della tratta, piuttosto che semplicemente repressiva.

La piaga della corruzione, delinquenza e prostituzione minorile, spesso infantile, che andava aumentando a vista d'occhio nelle realtà urbane ed era testimoniata anche dall'alta percentuale di bambine accolte dal Comitato e dall'Asilo Mariuccia, è stato il fenomeno che forse più di altri ha attirato l'attenzione del Comitato sulla famiglia – il suo ordine, statuto giuridico, le sue mancanze –, diventando il motore di iniziative importanti. Nella memoria delle protagoniste del tempo, ebbe particolare rilievo una vicenda del 1903, quando «venivano a sua conoscenza [del Comitato regionale lombardo, n.d.a.] fatti veramente terrificanti perché vittime, con inganno e violenza, ne erano state bambine, fanciulle innocenti».[41] Il Comitato appoggiò in sede giudiziaria le vittime e l'istruttoria accertò i fatti, ma prima che si arrivasse ad una condanna dei responsabili furono gli stessi genitori delle bambine a ritirare le querele in cambio di denaro. Mosso da «viva indignazione», il Comitato regionale lombardo e quello nazionale organizzarono a Milano una affollatissima discussione pubblica, che andò avanti per due sere e fu presieduta dal marito di Ersilia, l'avvocato Luigi Majno, intitolata *I reati sessuali e la legge*. Vi presero parte esponenti di spicco della vita politica e culturale cittadina, ma anche rappresentanti delle autorità, avvocati, magistrati. Prendendo parola, il Procuratore del Re Luigi Maggi riassumeva la questione: «ogni reato sessuale contro mi-

40. *Ibidem*.
41. Relazione Prof. Porro, in *III° Convegno nazionale contro la tratta delle donne e dei fanciulli*, p. 23.

norenni si risolve sempre in una torbida liquidazione pecuniaria». Dalla
discussione si uscì con due voti, consegnati al Governo, con cui si chiedeva
che venisse innalzato da 16 a 18 anni il limite di età per il reato di corruzione di minorenni e che venisse stabilito che per i reati di violenza carnale,
corruzione di minorenni, ratto, lenocinio, la procedibilità fosse d'ufficio e
non a querela di parte, remissibile.[42] Le storie di vita raccolte dal Comitato
tra le sue assistite, quelle intercettate attraverso il Tribunale o lette sui giornali, avevano messo in luce il ruolo speciale che i genitori, in particolare i
padri, giocavano nella dinamica di "corruzione" delle bambine e fanciulle.
Uomini che avevano per primi usato violenze sulle figlie, che le vendevano
per denaro, che in caso di reati sessuali erano più che disponibili a rimet-
tere la querela dietro una compensazione. Sono queste le responsabilità,
e non quelle di oscuri trafficanti che semmai intervenivano in un secondo
momento a trarre profitto, additate dal Comitato nella *Petizione per la protezione giuridica dell'infanzia e della donna* avviata nel 1906 in tutto il
paese e che rappresentò una delle iniziative più visibili intraprese.[43]

Sostenuta da più di settemila firme, discussa e fatta propria dal VI
Congresso nazionale giuridico (Milano, 1906) e presentata in Parlamento
nel 1908 in occasione della discussione sulla proposta di legge dedicata
agli esposti e all'infanzia abbandonata, la petizione ribadiva la richiesta di
innalzamento dell'età per il reato di corruzione, quella per la procedibilità
d'ufficio nel caso dei reati sessuali, ma interveniva pure sulla ricerca della
paternità – il cui divieto era considerato da una buona parte del movimento
delle donne del periodo una delle principali cause di miseria sociale delle
donne –[44] sulla patria potestà e la potestà maritale, chiedendo da una parte
che venissero sospese in caso di «reati infamanti», dall'altro che nel codice
civile si allargassero anche alle donne gli uffici tutelari. Altre due richieste
della petizione, inoltre, interrogavano il mondo del lavoro e le condizioni

42. Ivi, p. 24.
43. La petizione e i fogli con le firme raccolte sono conservati in AUFN, *Comitato italiano contro la tratta delle bianche*, b. 75. Molti materiali di lavoro relativi alla campagna per la riforma dei codici in materia di reati sessuali sono conservati in AUFN, *Comitato italiano contro la tratta delle bianche*, b. 72, fasc. 2.
44. Al tema della ricerca della paternità è dedicato un recente numero di «Genesis» (XVII/1, 2018, *La ricerca della paternità*, a cura di Stefania Bartoloni e Daniela Lombardi). Si veda in particolare il saggio di Stefania Bartoloni, *Il movimento delle donne e la filiazione naturale nell'Italia liberale*, dedicato alla mobilitazione delle donne per l'abrogazione dell'articolo 189 del codice civile.

di impiego dei fanciulli e delle fanciulle, auspicando il divieto per legge di fatiche eccessive e di utilizzo di fanciulle minori di 16 anni nei mestieri dello spettacolo e dell'intrattenimento.

Andando oltre la petizione, il Comitato continuò a lavorare e insistere su questi temi anche negli anni successivi e proprio intorno ad essi si era inizialmente progettato il terzo convegno nazionale dell'ente che si sarebbe dovuto tenere a novembre 1914, poi annullato per lo scoppio della guerra e celebrato nel 1923.

Anticipando di molti anni un passaggio che a livello istituzionale e internazionale sarebbe avvenuto solo molto dopo, quando finalmente la Società delle Nazioni abbandonò la dizione "tratta delle bianche" a favore di "tratta delle donne e dei fanciulli" con la nuova convenzione in materia siglata a Ginevra nel 1921, il Comitato italiano contro la tratta pose quindi sin dal 1903 al centro della sua campagna la tutela dell'infanzia.

Questa attenzione non era estranea ad una nuova sensibilità verso i diritti dei bambini e delle bambine che in quegli anni andava affermandosi in molte culture politiche e che si confrontava con fenomeni di sfruttamento del lavoro minorile e di abbandono dell'infanzia che avevano assunto dimensioni di massa nel solco dei processi di industrializzazione e mobilità dell'Ottocento. Non a caso in diversi documenti prodotti dal Comitato il coinvolgimento consistente di minori, spesso bambine, nel nuovo mercato della prostituzione era trattato insieme alla questione dell'arruolamento «di fanciulli e fanciulle miserabili fatto da agenti inumani che li conducevano all'estero per sfruttarli in ogni guisa più crudele e ignobile» nel mondo dei mestieri girovaghi, nelle sale da ballo e negli spettacoli dal vivo, ma anche negli opifici e nei laboratori, come aveva svelato l'inquietante inchiesta dell'opera Bonomelli sui «fanciulli inviati, in condizioni di vera schiavitù, a rovinarsi il corpo e lo spirito nelle vetrerie francesi». Così, nel terzo Convegno nazionale del Comitato del 1923, uno dei temi all'ordine del giorno, discusso dall'avvocato e deputato Stefano Jacini, già celebre per le sue inchieste sulle condizioni economiche del paese, e dal deputato e sindacalista Angiolo Cabrini, era dedicato a *Il lavoro delle donne e dei fanciulli, l'emigrazione interna ed all'estero, gli uffici di collocamento in rapporto alla tratta*.[45]

L'attenzione alla tratta nei suoi nessi tanto con i fenomeni di mobilità che con le condizioni lavorative ed economiche delle donne e delle sue

45. Ivi, pp. 34-39.

vittime più giovani, è il filo rosso che lega le attività del Comitato dal suo
esordio fino al suo tramonto. Anzi, proprio nell'ultima apparizione pubblica dell'ente di cui abbiamo traccia, a Parigi nel 1937 al decimo Congresso
internazionale per la soppressione del traffico delle donne e dei fanciulli,
sembrò trovare una delle formulazioni più alte, anche in termini di modernità della lettura e delle soluzioni proposte.

Dopo il terzo convegno del 1923 che ritesseva le fila del movimento
all'indomani della pausa forzata provocata dalla guerra, il Comitato italiano proseguì le sue attività nel campo dell'assistenza, con l'Asilo Mariuccia, e per la riforma dei codici penale e civile. Si mantenne costantemente
in contatto con l'International Bureau, partecipò ai principali incontri internazionali e si confrontò con una nuova fase della lotta alla tratta, segnata
dal ruolo guida assunto in materia dalla neonata Società delle nazioni.

Seppure nell'archivio del Comitato abbondino i materiali rispetto ai
congressi dell'International Bureau tenuti a Graz nel 1924 e a Londra nel
1927, così come quelli riferiti ai più importanti passi intrapresi dalla Società delle Nazioni, quali l'istituzione di un Comitato permanente dedicato
alla tratta e di un Comitato di esperti con il compito di svolgere un'inchiesta sui traffici a livello mondiale,[46] dai record di questi incontri e lavori
non emerge un ruolo particolarmente attivo del Comitato. Questo sembrò
interessato a rimanere costantemente informato sulla situazione internazionale, ma più concentrato a proseguire la sua opera in patria, nel solco di
quella originaria convinzione che il contrasto alla tratta si giocasse prima
di tutto aggredendo gli squilibri nei rapporti sociali. A questo va sicuramente aggiunta la considerazione che mantenere e alimentare un profilo
internazionale aveva dei costi, e il Comitato si mosse sempre in una situazione di cronica insufficienza di mezzi e scarse sovvenzioni da parte delle
istituzioni. Basti pensare che nel decennio intercorso tra la fondazione e
il 31 dicembre 1912 le entrate del Comitato furono di circa 17.600 lire, di
cui 14.300 di elargizioni private. In dieci anni il Comune di Milano versò
al Comitato solo 800 lire e dal Governo ricevette solo nel 1910 500 lire
per stampare un opuscolo intitolato *Cenni sulla legislazione italiana circa*

---

46. Cfr. AUFN, *Comitato italiano contro la tratta delle bianche*, b. 74, fasc. 2 e b. 73,
fasc. A, con materiale relativo alla Società delle Nazioni, tra cui una relazione di Anne Baker sui lavori del Comitato di esperti della SdN. Si vedano anche b. 73, fasc. C, che contiene
molti documenti sulle attività svolte dall'International Bureau negli anni 1924-33, tra cui
alcune relazioni indirizzate a Ersilia Bronzini dalla stessa Baker.

la tratta delle bianche e la prostituzione in generale, fiore all'occhiello delle attiviste italiane, che venne presentato e distribuito in diverse lingue al quarto congresso internazionale per la repressione della tratta a Madrid nel 1910.[47]

La scarsezza di mezzi, che già aveva obbligato il Comitato ad interrompere anni addietro la pubblicazione di «Schiave bianche», comportò la mancata partecipazione delle sue esponenti ai principali appuntamenti internazionali degli anni Venti e Trenta. Rappresentò un'eccezione il congresso internazionale di Parigi del 1937, dove il Comitato intervenne con una solida relazione sul primo tema all'ordine del giorno, servizio domestico e pericolo morale, mettendo sul tavolo una *expertise* maturata in più di trent'anni di lavoro sul campo e indagine sociale.[48]

Il tema si era imposto da solo, frutto di «una constatazione universale»: la gran parte delle ragazze madri ricoverate negli asili materni o negli ospedali di Milano proveniva dal lavoro domestico, così come tra le prostitute rilevate da un'inchiesta sulla prostituzione della Società delle Nazioni del 1935-36 il numero delle ex domestiche era tra i più alti.

Le ragioni di tale prossimità tra lavoro domestico e tratta, risiedevano secondo il Comitato italiano nello statuto fragile del mestiere: si reclutavano le giovanissime, soprattutto delle campagne, perché era opinione diffusa che per fare le domestiche non fosse necessaria alcuna preparazione professionale, perché bastava quello che si assorbiva naturalmente nella casa materna. A questa impreparazione iniziale, si aggiungevano poi i pericoli annidati nell'ambiente e nel modo di lavoro. Esso si svolgeva in case private, senza alcuna separazione tra vita privata e vita di lavoro, in molti casi senza che le giovani avessero a disposizione uno spazio personale dove ritirarsi, in un regime di incessante comunione di vita con i "padroni" a cui erano legate non da una precisa determinazione di obblighi e diritti, ma da un generico stato di soggezione che spesso sfociava nella pretesa di servizi sessuali o nel raggiro per ottenerli, anticamera della "caduta".

---

47. L'opuscolo, stampato a Milano nel 1911 presso la Tipografia Ramperti, è conservato in AUFN, *Comitato italiano contro la tratta delle bianche*, b. 72, fasc. 1. Le notizie circa la situazione economica del Comitato sono riprese dal dattiloscritto relativo alle attività del biennio 1912-12 raccolto in AUFN, *Comitato italiano contro la tratta delle bianche*, b. 77, fasc. 3.

48. La relazione è in AUFN, *Comitato italiano contro la tratta delle bianche*, b. 77, fasc. 7.

Senza arrestarsi al piano dell'analisi e della denuncia, il Comitato italiano portava in un contesto internazionale anche suggerimenti circa le iniziative da intraprendere, frutto dell'esperienza accumulata a Milano. Prioritario era promuovere azioni legislative per disciplinare questa forma di lavoro (diritti, doveri, orari, mansioni), ma anche avviare percorsi professionalizzanti per cambiare la percezione sociale del lavoro domestico e, parimenti, la coscienza di categoria tra le domestiche, ma anche mettere in atto una serie di dispositivi di salvataggio: uffici di collocamento pubblici e abolizione delle agenzie private, esclusivamente interessate ai guadagni e del tutto indifferenti alla sorte delle bambine e giovani donne collocate; dormitori-pensioni per quelle che si trovavano, come Barberina, all'improvviso senza casa e senza lavoro o che erano appena giunte in città; un servizio sociale incaricato di monitorare le minorenni una volta mandate a servizio.

Occupandosi di lavoro domestico e tratta il Comitato chiudeva idealmente un cerchio, che teneva dentro i diversi luoghi di rischio individuati (famiglia, posto di lavoro, città), il nesso tra tratta e condizione economica e quello con la mobilità, ma anche l'importanza dell'intervento legislativo e, soprattutto, di un assistenzialismo capace di costruire processi di emancipazione personali e sociale.

STEFANIA BARTOLONI

Interpretare un sogno. Le unioniste e la riforma infermieristica

La rivendicazione dei diritti civili e politici e il tema del lavoro femminile furono centrali nella linea politica delle unioniste e a tali obiettivi affiancarono un'intensa attività sociale. Attraverso questo programma, le dirigenti cercarono di conquistare alle idee di progresso, di giustizia e di uguaglianza le altre: le meno fortunate, le distratte, anche le indifferenti. Il lavoro fu inteso come fonte di autonomia, di realizzazione e si batterono per migliorare le condizioni di sarte, domestiche e operaie, di maestre, telegrafiste e impiegate. Quando possibile le unioniste prefigurarono una nuova occupazione, come la delegata dell'Ufficio indicazioni e assistenza, servizio da poco istituito presso la loro sede, o ridefinirono attività già conosciute come l'assistenza ai malati. Su questo specifico settore decisero che era giunto il tempo di immaginare un modello basato su competenze e qualità, che a loro parere solo una donna era in grado di offrire. Dare valore all'attività femminile svolta in famiglia e fuori fu un altro degli obiettivi qualificanti.

Probabilmente delineare il profilo della nuova infermiera non fu nei programmi di Ersilia Majno, ma una volta chiamata nel Consiglio degli Istituti ospedalieri di Milano decise che, nell'ambito di un'adeguata riforma, la presenza femminile nelle corsie fosse indispensabile per seguire nel modo migliore i ricoverati. La nomina giungeva dieci anni dopo il varo della legge sulle Opere pie, con la quale era prevista l'ammissione delle donne nei consigli di ospedali, orfanotrofi, carceri e istituzioni simili. L'applicazione della norma contribuì a caratterizzare la stagione delle giunte popolari grazie alle quali ad alcune esponenti della politica e della filantropia venne offerta la possibilità di accedere a prestigiose cariche pubbliche. Nel capoluogo lombardo, a Padova, Firenze, Roma, Napoli e

Catania le consigliere cercarono di ottemperare a quanto richiesto e sostennero l'esperienza del municipalismo, considerata un'importante occasione di cambiamento e di visibilità femminile. Le pagine che seguono ripercorrono la vicenda che vide protagonista la fondatrice dell'Unione femminile impegnata a dar vita alla scuola per infermiere presso l'ospedale di cui era consigliera.

1. *La giunta Mussi, una buona occasione*

Le ricerche hanno più volte sottolineato la debolezza del femminismo dell'Italia liberale nonostante l'impegno di attiviste appassionate e infaticabili, ricche di inventiva e pronte a percorrere strade impervie pur di vedere aprirsi qualche possibilità in favore delle donne.[1] Un indizio dello scarso radicamento è stato individuato nel mancato ricambio ai vertici del loro movimento, segno che anche il numero delle militanti non dovette essere poi così consistente. Tra le cause della poca forza e della limitata estensione del femminismo sono stati indicati i molti pregiudizi provenienti dal mondo scientifico e della cultura, l'irrilevante appoggio delle forze politiche e l'influenza della Chiesa cattolica. Non aiutarono neppure il tipo di educazione impartito a bambine e giovinette, l'indifferenza delle altre donne e la forte personalità di esponenti che non sempre furono disposte a collaborare con altri sodalizi femminili. Tutto ciò produsse risultati insoddisfacenti, specie se si confrontano ai tanti sforzi. Credo occorrano ancora indagini per avere non solo il quadro completo delle attività, ma per valutare le effettive ricadute sull'immagine del movimento, sulle identità femminili e sulle relazioni con gli uomini. Certo è che alcune battaglie furono affrontate con determinazione, e se nell'immediato non riscossero successo, nel lungo periodo produssero risultati significativi e, come nel caso che si sta analizzando, contribuirono a preparare la strada a una riforma che si dispiegò rapidamente subito dopo la Prima guerra mondiale.

1. Lo hanno rilevato le pionieristiche indagini di Franca Pieroni Bortolotti, *Socialismo e questione femminile in Italia, 1892-1922,* Milano, Mazzotta, 1974 e quelle di Annarita Buttafuoco tra cui, *La filantropia come politica. Esperienze dell'emancipazionismo italiano nel Novecento,* in *Ragnatele di rapporti. Patronage e reti di relazioni nella storia delle donne,* a cura di Lucia Ferrante, Maura Palazzi, Gianna Pomata, Torino, Rosenberg & Sellier, 1988, pp. 166-187.

Avanzando le loro richieste, le femministe constatarono i tentennamenti dei partiti, anche di quelli considerati amici. Nel frattempo, alcune leggi erano state varate e si trattava di applicarle, come quella voluta da Crispi nel 1890 sulle Opere pie. Detta normativa prevedeva l'ammissione delle donne nei consigli delle istituzioni di beneficenza ma rimase sulla carta, tanto che nel 1895 il programma della Lega per la tutela degli interessi femminili inserì tra i suoi obiettivi «lo studio degli istituti di pubblica beneficenza femminili (orfanotrofi, case di ricovero e di correzione, collegi e convitti, ecc.) [..e..] l'ammissione delle donne nei nostri Consigli d'amministrazione delle opere pie e di tutte quelle istituzioni in cui la donna può esercitare il suo mandato».[2] Successivamente il Comitato Pro suffragio incluse nel suo statuto la preparazione della donna «all'esercizio delle sue speciali attitudini nelle amministrazioni delle Opere Pie e negli Istituti di pubblica assistenza, di educazione, di previdenza».[3] Infine, nel corso del conflitto mondiale, Clara Roghi, in qualità di presidente dell'Unione, reclamò l'inserimento di rappresentanze femminili in tutte le istituzioni, le commissioni e i comitati che sarebbero sorti per l'assistenza, in particolare quelli per la tutela degli orfani e delle vedove di guerra.[4]

Dopo il successo elettorale alle elezioni amministrative del 1899, grazie a un cartello formato da socialisti, repubblicani e radicali, Giuseppe Mussi venne posto alla guida di Palazzo Marino.[5] Nelle sedute dell'1 e 2 febbraio, la giunta comunale, rispondendo alle pressanti richieste dell'Associazione generale delle operaie e della Lega per la tutela degli interessi femminili, sostenute dai consiglieri socialisti, prese la decisione di nominare Ersilia Majno nel Consiglio degli Istituti ospedalieri, Rebecca Calderini Berettini in quello della Congregazione di carità e Carlotta Clerici nel

---

2. *Lega per la tutela degli interessi femminili in Milano*, in Stefano Merli, *Proletariato di fabbrica e capitalismo industriale. Il caso italiano, 1880-1900*, vol. 2, *Documenti*, Firenze, La Nuova Italia, 1973, pp. 404-405.

3. Cit. in Annarita Buttafuoco, *Vie per la cittadinanza. Associazionismo politico femminile in Lombardia tra Otto e Novecento*, in *Donna lombarda. 1869-1945*, a cura di Ada Gigli Marchetti, Nanda Torcellan, Milano, Franco Angeli, 1992, p. 38.

4. Archivio storico Unione femminile nazionale (AUFN), *Unione femminile nazionale (UFN), Archivio storico*, Verbali Consiglio d'amministrazione, sedute 19 ottobre e 11 novembre 1916.

5. In proposito, cfr. Maurizio Punzo, *Socialisti e radicali a Milano. Cinque anni di amministrazione democratica (1899-1904)*, Firenze, Sansoni, 1979, pp. 75 ss.

Consiglio degli orfanotrofi e luoghi annessi. Scelte per fama e competenza, garantiva per loro la consolidata militanza di Clerici nel Partito socialista, la carica di consigliere comunale di Luigi Majno, marito di Ersilia, e di consigliere provinciale di Achille Calderini, marito di Rebecca, entrambi esponenti del Psi.[6]

Era la prima volta che un gruppo di donne entrava con un mandato politico nelle istituzioni della città più importante del paese e per di più con l'accordo che una donna sarebbe stata sostituita da un'altra donna. Così, sull'onda dell'ottimismo e della novità, le consigliere si misero all'opera. Per il sindaco Mussi non fu facile tenere unita una coalizione composita, attraversata da dissensi tra alleati e tra riformisti e rivoluzionari nel Psi, con urgenti questioni da risolvere, proprietà e rendite da amministrare. Di lì a poco, l'entusiasmo sarebbe scemato facendo apparire il mandato precario, sottoposto come era al ricatto delle lotte partitiche e di corrente, oltre che da potenti interessi in grado di influenzare la durata della giunta. Per l'Unione femminile andava registrato un successo perché col suo pungolo «rese professionale ed istituzionalizzò la tradizionale presenza delle donne nel campo della beneficenza, ridisegnandone le caratteristiche e facendone un lavoro moderno, condotto con criteri scientifici – e non più soltanto per puro sentimento – pagato».[7] Dunque, la nomina di queste prime consigliere significò riconoscere le loro capacità, la possibilità di formare le altre donne alla gestione delle istituzioni benefiche e assistenziali ottenendone in cambio congrua remunerazione.

Va ricordato che la legge n. 242 del 19 giugno 1902 sul divieto di lavoro notturno per le donne e la tutela delle lavoratrici madri prevedeva ispezioni nelle industrie al fine di verificare l'applicazione delle norme. A questo scopo Nina Rignano, esponente di primo piano dell'Unione, propose al ministro Rava di creare un Dipartimento femminile nell'Ispettorato delle industrie su modello di quello inglese.[8] L'idea era di affidare al personale femminile adeguatamente preparato i controlli negli stabilimenti con una manodopera a prevalenza femminile e infantile in quanto, a parere di Rignano, le ispettrici avrebbero più facilmente conquistato la fiducia delle

6. Fiorella Imprenti, *Riformiste. Il municipalismo femminile in età liberale*, Soveria Mannelli, Rubbettino, 2012, pp. 91 ss.
7. Annarita Buttafuoco, *Nina Rignano Sullam. Una filantropa politica*, in «Il Risorgimento», 2 (giugno 1989), p. 151.
8. Ivi, pp. 150 ss.

operaie rispetto a ispettori uomini. Inoltre, per mettere l'Ufficio indicazioni e assistenza creato dall'Unione in condizione di funzionare si dovettero formare delegate capaci di indirizzare gli utenti verso gli sportelli giusti e seguire poi le richieste che erano tra le più varie.[9]

Nell'orizzonte del sodalizio erano comprese le visitatrici nelle carceri e negli ospedali, nonché le delegate del Comune, una sorta di assistenti sociali alle quali affidare indagini sulle condizioni di vita e di lavoro nei quartieri poveri. E fu ancora Rignano a organizzare, con criteri moderni, i corsi teorico-pratici per le domestiche, settore che iniziò a seguire nel 1905 e portò avanti a lungo dando vita a una specie di scuola-convitto che si occupò anche del collocamento delle giovani presso famiglie affidabili. Dietro questa attenzione alle domestiche, assai numerose ma perlopiù isolate nelle case dei padroni, impossibile non vedere la speranza di un loro inserimento nel movimento dei lavoratori. Infine, alla creazione di nuove professioni e alla riqualificazione delle vecchie occorre aggiungere un altro obiettivo delle unioniste: sviluppare la creatività delle bambine attraverso la Scuola di disegno professionale per le piccole lavoratrici diretta dal pittore Giuseppe Mentessi.[10]

In buona sostanza, alle denunce e alla propaganda che avevano caratterizzato il femminismo di Anna Maria Mozzoni e della Lega promotrice degli interessi femminili, le unioniste cercarono di affiancare un'azione tesa a consolidare le potenzialità, l'estro e l'autostima delle donne in quanto individue e come genere. Alcune scelte, l'assunzione di ruoli e l'occupazione di determinati spazi a tutta prima potevano sembrare poco opportune o un dispendio di energie, ma le unioniste pensarono che il consenso si potesse ottenere mostrando anche di saper gestire una istituzione così come si era capaci di mandare avanti una casa e una famiglia. Il valore aggiunto era dato dalle specifiche qualità sulla base delle quali le donne agivano per rendere migliore l'ambiente che le circondava, vale a dire sensibilità, perspicacia, altruismo, dedizione. Tuttavia, se nel breve periodo sembrava impossibile femminilizzare la società portandovi quanto di meglio le donne sapevano

---

9. Sul successo di questi Uffici, che nel 1902 accolsero 1.368 domande arrivate a 4.688 nel 1904, si veda Annarita Buttafuoco, *Tra cittadinanza politica e cittadinanza sociale. Progetti ed esperienze del movimento politico delle donne nell'Italia liberale*, in *Il dilemma della cittadinanza. Diritti e doveri delle donne*, a cura di Gabriella Bonacchi, Angela Groppi, Roma-Bari, Laterza, 1993, pp. 104-127.

10. Per un riepilogo delle tante attività si veda Unione femminile nazionale, *I primi cinque anni di vita (1900-1905)*, Milano, Tip. Nazionale Ramperti, 1906.

esprimere e fare, si poteva intanto provare a "femminilizzare" l'ospedale. Ed era proprio quello che Ersilia Majno si apprestava a fare.

2. Nel Consiglio a tempo pieno

Il mandato di Ersilia Majno come consigliera degli Istituti ospedalieri iniziò nel febbraio 1900, fu riconfermato alla fine del 1901 e si concluse di fatto nel maggio 1902.[11] Negli oltre due anni di incarico l'unionista lavorò intensamente accanto al presidente del Consiglio, il radicale Mario Martelli, e agli altri membri, in particolare Achille Manfredini e Camillo Broglio, attivo pure nel Comitato contro la tratta delle bianche. Durante i loro incontri, di norma dai quattro ai sei al mese, le discussioni andarono dalla gestione e alienazione delle proprietà del nosocomio (terreni, negozi, abitazioni), alle vertenze in atto, alle invocazioni di aiuto dei ricoverati, alle richieste di vitalizi del personale in pensione, di sussidi per conto delle vedove degli infermieri, ecc. L'Ospedale Maggiore era una grande realtà al servizio di una città di 500 mila abitanti, 26 mila dei quali ogni anno venivano ricoverati nei suoi locali dove, per l'eccessiva affluenza, si erogavano cure giudicate insufficienti e inadeguate.[12] Al nosocomio del capoluogo lombardo, tra le più importanti strutture espressione della «carità legale», si aggiungevano numerose iniziative private o legate alla chiesa e alla filantropia laica.

A leggere i verbali del Consiglio, Ersilia impiegò parte del primo anno per studiare il funzionamento di una macchina antica e complicata. Cominciò ispezionando i locali, poi a ogni seduta avanzò richieste di letti,

---

11. La prima lettera che le conferiva la carica di membro del consiglio ospedaliero è del 23 febbraio 1900, quella che le confermava l'incarico è datata 27 dicembre 1901. Cfr. AUFN, *Famiglia Majno*, busta 20, fascicolo 1. Le convocazioni con gli odg. del consiglio iniziano il 27 marzo 1900, l'ultima riporta la data del 5 ottobre 1902 e sono conservate ivi, fasc. 2. Un accenno a quanto svolto in proposito si trova in Annarita Buttafuoco, *Le Mariuccine. Storia di un'istituzione laica. L'Asilo Mariuccia*, Milano, Franco Angeli, 1985, pp. 379-380, più diffusamente in Fiorella Imprenti, *Alle origini dell'Unione Femminile. Idee, progetti e reti internazionali all'inizio del Novecento*, Milano, Biblion, 2012, pp. 223-237 oltre a Graziella Gaballo, *Il nostro dovere. L'Unione femminile tra impegno sociale, guerra e fascismo (1899-1939)*, Novi Ligure, Il Periplo, 2015, pp. 33-36.

12. Giorgio Cosmacini, *La Ca' Granda dei Milanesi. Storia dell'Ospedale Maggiore*, Roma-Bari, Laterza, 1999, p. 191. Si veda anche Id., *Biografia della Ca' Granda. Uomini e idee dell'Ospedale Maggiore di Milano*, Roma-Bari, Laterza, 2001.

stufe, tavolini e armadietti per rendere confortevoli i locali dei degenti, quelli del personale, i bagni e le cucine. Propose di affidare a Elisa Norbel, esponente della Federazione lombarda delle Opere di attività femminile, il ruolo di visitatrice, alla quale in seguito venne affiancata Cornelia Strazza. Suggerì la collaborazione di Angelo Celli per condurre esperimenti sulla malaria, offerta che il medico accettò ma che non riuscì a concretizzarsi.[13] Scrisse sulla rivista dell'Unione appena fondata richiamando il problema del sovraffollamento delle camerate e la necessità di una riforma radicale che avesse come base il decentramento ospedaliero.[14] Aprì il periodico alla collaborazione di esperti come Anna Celli, infermiera di professione e moglie dell'illustre malariologo.[15] La questione che più l'appassionò fu l'istituzione di «una scuola pratica per infermieri e infermiere», cosa che propose nella seduta del 6 dicembre 1901 e rilanciò più volte fino a quando riuscì ad ottenere l'incarico di stendere una proposta articolata.

In quei mesi studiò con la serietà che la caratterizzava ed entrò in contatto con chi aveva inaugurato scuole private, come la Croce azzurra, voluta a Napoli dalla principessa Pignatelli nel 1896, o con chi aveva dato vita a esperimenti di formazione presso ospedali pubblici, come quello che i coniugi Celli portavano avanti dal 1900 presso l'Istituto di igiene dell'Università di Roma.[16] Grazie a tali ricognizioni, l'unionista si convinse che proprio il programma di questa scuola fosse il più pratico, chiaro e preciso e che sarebbe stato utile «accordarsi con il presidente

---

13. Lo scambio di lettere si trova in AUFN, *Famiglia Majno*, b. 23, fasc. 23.
14. Si veda per esempio Ersilia Majno Bronzini, *Notizie e proposte sull'Ospedale Maggiore*, in «Unione femminile», 3-4 (maggio 1901).
15. Anna Fraentzel Celli, diplomata in Germania, si stabilì in Italia e si impegnò nelle scuole per contadini dell'Agro romano dove il marito stava conducendo la campagna antimalarica. Dopo essere entrata in contatto con Ersilia Majno, divenne socia dell'Unione femminile e animò la sezione di Roma. Su di lei, cfr. Sibilla Aleramo, *La donna e il femminismo*, a cura di Bruna Conti, Roma, Editori Riuniti, 1978, pp. 107-125; Enzo Santarelli, *Anna Fraentzel Celli e le scuole per i contadini dell'Agro romano. Tra femminismo e socialismo*, in *Marxismo democrazia e diritti dei popoli. Scritti in onore di Lelio Basso*, a cura di Giuliano Amato, Milano, Franco Angeli, 1979, pp. 547-564 e Giovanna Alatri, *Anna Fraentzel Celli (1878-1958)*, in «Parassitologia», 40 (1998), pp. 377-421.
16. Su questi primi tentativi mi permetto di rinviare al mio *Al capezzale del malato. Le scuole per la formazione delle infermiere*, in *Per le strade del mondo. Laiche e religiose fra Otto e Novecento*, a cura di Stefania Bartoloni, Bologna, il Mulino, 2007, pp. 215-247, oltre a Cecilia Sironi, *L'infermiere in Italia: storia di una professione*, Roma, Carocci, 2012, pp. 97-114.

dell'ospedale perché conceda di entrare nelle sale per le esercitazioni pratiche fatte negli ambulatori».[17] Memore che la chiusura temporanea della Croce azzurra era stata dovuta proprio al mancato accordo con l'ospedale Gesù Maria, Ersilia era giunta alla conclusione che il tirocinio degli aspiranti infermieri presso una grande struttura dotata di reparti differenti, sale chirurgiche e con un'ampia casistica di malati, fosse la cosa migliore per un'adeguata istruzione.

L'incontro con Anna Celli fu determinante e la consigliera propose all'autorevole esponente di pubblicare un primo articolo nel quale si ricordavano le tappe e i protagonisti che avevano contribuito allo sviluppo della pratica infermieristica.[18] I punti essenziali dell'intervento (laicizzazione e femminilizzazione della professione, miglioramenti economici e normativi, ridefinizione di incarichi e competenze) confluirono nella piattaforma che Majno stava preparando. Il suo modello di assistenza pubblica prevedeva la pressoché esclusiva presenza di personale laico, linea condivisa dai socialisti e dai radicali della giunta Mussi uniti nel tentativo di sottrarre all'influenza clericale gli ospedali, ma anche la scuola, le carceri, i riformatori e in generale la beneficenza. Oltre a secolarizzare la cura dei malati, per il Psi vi era poi l'ambizione di razionalizzare i servizi mantenendo il controllo degli interessi politici ed economici che ruotavano attorno all'antica istituzione. Occorreva però dare una risposta al personale che si stava organizzando chiedendo migliori condizioni economiche e una diminuzione delle ore di lavoro che a volte raggiungevano le diciotto giornaliere.

Accanto alla laicizzazione degli addetti, nei piani della consigliera era prevista la femminilizzazione di quella che sarebbe divenuta una professione qualificata: offrire un'occasione a donne rispettabili, che con la loro presenza, delicatezza e preparazione avrebbero reso rispettabile la nuova occupazione, era in sintonia col programma dell'Unione e con quello del movimento di riforma sanitaria che stava muovendo i primi passi. Forse Ersilia non immaginava che la sua battaglia sarebbe stata ardua. Le sembrava che specialmente nel caso delle infermiere, come per le maestre e le insegnanti, identità di genere e identità lavorativa fossero un tutt'uno e che la nuova occupazione potesse dar da vivere a tante giovani appartenenti al ceto medio che non aspiravano a metter su famiglia. Solo

17. Biglietto senza data scritto di suo pugno in AUFN, *Famiglia Majno*, b. 24, fasc. 1.
18. Anna Celli, *La donna infermiera*, in «Unione femminile», 3-4 (maggio 1901) e 7-8 (luglio 1901).

più tardi il nubilato sarebbe divenuto un requisito essenziale per alcune unioniste, le quali, in occasione del loro congresso del 1908, su questo punto si sarebbero spaccate.[19]

Al momento, molte delle energie della consigliera vennero concentrate nella raccolta di informazioni, nell'intrecciare relazioni e nel ricercare alleanze che trovò nei colleghi Broglio e Manfredini, nominati insieme a lei membri della Commissione deputata alla specifica indagine. Come è stato notato, la competizione tra uomini e donne sul mercato del lavoro, visibile anche in epoche passate, ha rappresentato un elemento costante nella storia di mestieri, impieghi, professioni e si è fondata su «un lavorio costante e pervasivo per sminuire le attività femminili, considerarle non specializzate anche quando lo erano, rendere difficile o impedire alle donne l'accesso alla formazione, all'educazione e all'apprendistato, per mantenerle in uno stato di minorità e subordinazione reale e psicologica, per persuaderle insomma del loro minor valore sociale, intellettuale, lavorativo».[20] Le organizzazioni del personale dei nosocomi, come la Federazione italiana degli infermieri degli ospedali e dei manicomi e le varie leghe, comprendevano al loro interno anche le infermiere, ma guidati prevalentemente da uomini questi sodalizi erano portati a rappresentare per lo più interessi maschili. Seppure il mestiere non era nato con una decisa connotazione di genere, alle donne era stato riservato un accesso limitato e una posizione subalterna: erano le suore che dirigevano le corsie mentre le serventi – spesso il primo passo col quale cominciare il servizio in ospedale – pulivano, riordinavano e lavavano la biancheria.

Qualche apertura in questo senso era stata tentata negli anni Settanta e proprio nel 1874 l'Ospedale Maggiore aveva varato un regolamento che prevedeva la sostituzione degli infermieri con infermiere, misura rimasta sulla carta.[21] Forse, in seguito all'indagine che la Commissione stava redigendo, infermieri, addetti alle cucine, lavandai e spazzini decisero di presentare nuovamente le richieste avanzate a inizio secolo: aumento dei

---

19. Per questo dibattito cfr. Stefania Bartoloni, *«Due milioni di senza-marito»: occupazioni femminili e politiche sociali*, in *La Grande Guerra delle italiane. Mobilitazioni, diritti, trasformazioni*, a cura di Stefania Bartoloni, Roma, Viella, 2016, pp. 347 ss.

20. Anna Bellavitis, *Il lavoro delle donne nelle città dell'Europa moderna*, Roma, Viella, 2016, p. 9.

21. Cit. in Casimira Grandi, *Le attività assistenziali sanitarie nell'ambito dell'Opera dei Congressi*, in «Bollettino dell'archivio per la storia del movimento sociale cattolico in Italia», 2 (1978), p. 216.

salari, diminuzione delle ore di lavoro, venti giorni di vacanze all'anno e la sostituzione di «infermiere nel comparto maschile con infermieri sotto gli ordini di un infermiere anziano».[22] I motivi per cui si proponeva l'estromissione delle infermiere erano indicati nella loro insufficiente resistenza fisica e nell'esser «trattenute dalle intime cure da pregiudizi religiosi» col risultato che gli ammalati venivano trascurati. Il documento si premurava di ricordare che, pur comprendendo le ragioni economiche che portavano a preferire le infermiere agli infermieri, per «un vero sentimento di filantropia» era da preferirsi il servizio degli uomini a quello delle donne.[23]

Tra le corsie era in corso pure un altro scontro: quello per la piena affermazione dei medici sul personale di assistenza, medici esclusivamente uomini perché le donne medico non erano ammesse. L'ambizione dei «professionisti della salute» era riformare l'ospedale introducendo uno stile di lavoro razionale, moderno, basato su tecniche diagnostiche e terapeutiche avanzate. Sulla trasformazione dei nosocomi da luogo di deposito in attesa di una guarigione miracolosa o di un più probabile decesso, in luogo di cura e di recupero degli ammalati anche le direzioni e i consigli ospedalieri sembrarono d'accordo. Ma per realizzare il cambiamento occorreva la collaborazione degli addetti all'assistenza, anch'essa battaglia assai difficile. Furono allora i medici, facendo proprio il modello Florence Nightingale varato presso il St. Thomas Hospital di Londra, ad organizzare la formazione ridefinendo i compiti, preparando i programmi e selezionando le candidate. E per i medici non vi erano dubbi che al posto degli uomini si dovessero arruolare giovani donne del ceto medio, considerate più disciplinate e motivate. Restava il fatto che per autonomizzarsi dagli infermieri, le infermiere «riformate» si sarebbero dovute alleare coi medici, ricadendo così sotto il controllo e la protezione di altri uomini.

Mentre signorine istruite e di buona famiglia si avviavano a sacrificare parte della propria indipendenza in cambio di un'opportunità lavorativa che prometteva grandi soddisfazioni, i giornali cittadini cominciarono a riportare la notizia che l'Ospedale Maggiore stava provvedendo a varare un nuovo organico. Un opportuno intervento di Luigi Carcano, a capo dell'associazione di mutuo soccorso fra gli infermieri di Verona,

---

22. *Memoriale degli Infermieri e Personale addetti agli Istituti Ospitalieri di Milano presentato all'Onor. Consiglio d'Amministrazione*, Milano, Tip. G. Ghezzi, 1902, p. 6.
23. *Ibidem*.

ricordò allora che gli emolumenti delle infermiere erano decisamente al di sotto della media.[24] Dalle pagine del suo giornale Ersilia Majno, sperando in un ampio consenso verso l'azione istruttoria che stava svolgendo, scriveva:

Chi non ebbe mai ad assumere l'ufficio d'amministratore di un'opera pia qualsiasi, non immagina nemmeno che accada talvolta questo. Che l'autorità tutoria cioè possa opporsi o ritardare, non solo le grandi, radicali riforme, alle quali si deve pur metter mano, se si vuole che un'istituzione corrisponda ai bisogni dei tempi, ma possa anche intralciare l'azione normale dell'opera pia, in quanto riflette i suoi doveri più semplici ed elementari, verso gli infelici che ha l'obbligo di soccorrere, nella loro sventura materiale e morale. [...] Certamente non si può ad un tratto tutto distruggere né tutto rinnovare. Ma fra lo stato attuale e la meta ideale sta il *possibile* e questo si deve raggiungere iniziando con fermezza tutte quelle riforme che devono condurre alla trasformazione della beneficenza. Non più *carità* ma *assistenza* e *coordinazione* nell'opera dei vari istituti.[25]

La polemica della consigliera non si fermò alla scarsa volontà di riformare l'ospedale di cui poco alla volta aveva dovuto prendere atto. Dietro una firma fittizia quanto generica, Ersilia decise di denunciare un articolo del regolamento igienico sanitario che escludeva le donne dal corpo medico, misura che a suo parere ledeva il diritto al libero esercizio della professione e quello umanitario. L'assurda disposizione, avanzata in nome di un finto riguardo, a suo parere doveva sparire:

Leggendolo ci siamo domandate. Non esiste forse la gravezza e la promiscuità del servizio per le infermiere?
Queste cessano d'esser donne per fatto d'appartenere ad una classe che deve lavorare per necessità assoluta e prestare servigi d'un genere meno elevato?
E le sorveglianti cessano d'esser donne per fatto di vestire un costume speciale?
E per tutte le donne che hanno dovuto, vincendo ripugnanze angosciose e soffrendo vere torture morali, farsi curare da uomini non esisteva l'offesa al sentimento che si vuol invocare oggi a danno di altre donne?[26]

---

24. Luigi Carcano, *Alcuni cenni sulle condizioni degli Infermieri in Italia*, Verona, Tip. Annichini, 1901, p. 8.
25. Ersilia Majno Bronzini, *Il momento attuale nelle Opere* Pie, in «Unione femminile», 5-6 (giugno 1901).
26. Una donna, *L'art. 121 del Regolamento igienico sanitario dell'Ospedale Maggiore di Milano*, ivi, 12 (dicembre 1901).

Intanto partiva il secondo corso di formazione indetto dalla Scuola di
Angelo Celli, aperto anche a coloro che intendevano arricchire la propria
formazione per farne non un uso professionale bensì personale. Con piacere Ersilia ne diede l'annuncio, ricordando che i medici coinvolti erano
Tullio Rossi-Doria e Alfredo Garofalo, affiancati da due insegnati «colte e vivaci nel volere l'elevazione della donna», vale a dire Anna Celli e
Angelica Devito Tommasi. Un po' amaramente aggiungeva: «Invidiamo
a Roma questa iniziativa e soprattutto facciamo voti che nei programmi
dell'educazione femminile, carichi di tanta coltura ornamentale e inutile,
trovi il posto d'onore quest'insegnamento dalla parvenza così semplice e
famigliare, mentre la sua base scientifica è tale da distruggere molti dei
pregiudizi che oscurano l'intelletto della donna e ne atrofizzano l'energia
e l'attività».[27]

Dopo tanto lavoro, il 2 maggio 1902 la proposta sottoscritta dai tre
membri della Commissione veniva licenziata e portata alla discussione che
però fu rimandata al 23 maggio e proseguì nella seduta del 1° luglio. I
punti salienti che si proponevano per migliorare il servizio di assistenza
consistevano: nell'innalzare l'età per le aspiranti infermiere a 20 anni senza oltrepassare i 32; nel possesso di buona condotta e di un attestato di
quinta elementare; nella frequenza di un corso teorico-pratico di due anni,
il primo anno con vitto e alloggio ma senza paga, il secondo retribuito. Le
ore di servizio venivano fissate in un massimo di dieci con una giornata
di riposo a settimana, era prevista l'assicurazione presso una cassa di previdenza e l'esonero dall'opera di lavanderia. Veniva poi inserito un punto
qualificante per i commissari, ma per alcuni controverso e per altri troppo
impegnativo:

> Al servizio d'assistenza verranno adibite solo le donne riservando agli uomi-
> ni gli altri servizi di sala, trasporti ammalati, pulizia, bagni, ecc.
> Verranno dimesse tutte le infermiere che toccano il 30° anno di servizio e il
> 50° anno d'età.
> Una casa dell'Ospedale verrà adibita a casa di ricovero delle infermiere col-
> locate a riposo che non avessero famiglia o parenti nella possibilità di acco-
> glierle *(disposizione transitoria).*[28]

---

27. E.M. [Ersilia Majno], *Corso teorico pratico di assistenza ai malati*, in «Unione
Femminile», 1-2 (gennaio 1902).
28. *Proposta per l'istituzione d'una Scuola per le Infermiere. Relazione della Commissione*, p. 12, in AUFN, *Famiglia Majno*, b. 24, fasc. 1.

Infine, si chiedeva l'istituzione nel giro di poco tempo di una scuola per infermiere con annesso convitto dotato di tutti i comfort del caso, anche questa della durata di due anni, aperta a chi avesse compiuto i 18 anni di età e non oltrepassato i 35. Pur con qualche ritardo e vari tentennamenti si era giunti in porto toccando un traguardo importante. Quanto sarebbe stato accolto e messo in pratica del pacchetto di proposte rappresenta un altro capitolo della storia dell'Ospedale Maggiore. Certo è che il nosocomio avrebbe impiegato un quindicennio a farle proprie. Nel frattempo Ersilia Majno era entrata in rotta di collisione col partito e aveva presentato le sue dimissioni, stavolta irrevocabili.

3. I richiami del Psi

Non era la prima volta che questo avveniva. Nell'aprile 1901 si era già verificato un episodio che aveva prodotto una frizione tra la consigliera e il Psi. Vicina all'idea socialista ma non iscritta al partito, l'unionista teneva alla sua indipendenza, nella certezza che il principio di un buon lavoro in favore della collettività, svolto con profondo senso del dovere, venisse prima di quello dell'appartenenza a un gruppo politico. Questo è quanto espose il 17 marzo e il 18 aprile 1901 durante gli incontri riservati ai consiglieri delle Opere pie indetti dalla Federazione socialista.

Qualche tempo dopo, diversamente da ciò che era stato deciso nel Consiglio comunale, dai socialisti al suo interno e dall'assessore democratico Corrado Carabelli, Ersilia si trovò a votare insieme a tutto il Consiglio dell'Istituto ospedaliero contro il distacco dell'Opera pia Santa Corona dall'Ospedale Maggiore. Procedere al riordino di tutto il settore dell'assistenza pubblica era stato un impegno assunto in campagna elettorale e Carabelli intendeva sostituire il buon funzionamento alle pratiche clientelari di cui era accusata la passata amministrazione.[29] Il Santa Corona, il cui compito era fornire cure e medicinali gratuiti ai poveri, andava a suo parere riorganizzato per consentire di allargare a tutta la città il servizio di assistenza al domicilio degli indigenti. Nel tempo, l'Opera pia aveva accumulato un grave disavanzo e lo scorporo, sostenevano i compagni socialisti, avrebbe consentito di non appesantire il già «mastodontico» bilancio dell'ospedale cittadino.

29. Punzo, *Socialisti e radicali a Milano*, pp. 80-81.

Chiamata a dar conto in merito al «voto eccezionale per la sua gravità
e contrario ad una riforma armonizzante coi nostri principi», la Commissione esecutiva del Psi intendeva capire i motivi della sua scelta.[30] L'unionista, come richiesto, rispose con una lettera specificando che non consi-
derava utile e razionale una separazione che avrebbe aggravato il bilancio
e portato al servizio uno scarso guadagno.[31] La polemica proseguì sui giornali locali e per questo atto di insubordinazione la Federazione socialista
cominciò a nutrire meno la fiducia verso la consigliera. Alla durezza di
quei mesi si aggiunse la malattia della figlia Mariuccia, che peraltro non
sarebbe sopravvissuta. Per questo Ersilia decise di rinunciare all'incarico
presso l'Ospedale Maggiore che le stava dando più amarezze che soddisfazioni. Il 12 febbraio 1902 inviò una lettera al presidente del Consiglio degli
Istituti ospedalieri con la quale comunicava le sue dimissioni dichiarandosi
non più in grado di fare l'interesse della struttura. Per tutta risposta i colleghi la pregarono di desistere dalla decisione, riuscendo a convincerla a
riprendere il lavoro.[32] Dopo poco più di un mese, il 19 marzo, giunsero le
dimissioni del consigliere socialista Valsecchi della corrente riformista del
partito. A lui era toccata la relazione sugli Istituti ospedalieri scontentando
una parte dei compagni e mettendo la giunta Mussi in difficoltà.[33]
     Il 23 maggio 1902, giorno fissato per la discussione della proposta di
scuola per le infermiere al Consiglio dell'ospedale, la Federazione del Psi
convocò Ersilia per chiederle pubblicamente conto del suo operato. L'unionista decise di non presentarsi e inviò una lunga missiva in cui espose le
sue idee, le misure per migliorare la complessa macchina dell'assistenza
cittadina e tornò sulla questione del Santa Corona precisando che «solo
una volta io mi trovai apparentemente in conflitto coll'opinione prevalente
nel nostro partito e mi spiegai allora anche per scritto colla Commissione Esecutiva».[34] L'occasione le tornava però utile per illustrare i proble-

     30. Lettera della Federazione milanese del Psi datata 28 aprile 1901 a Ersilia Majno,
in AUFN, *Famiglia Majno*, b. 20, fasc. 8 (si veda il documento n. 3 in appendice).
     31. Copia della lettera di Ersilia Majno datata il 29 aprile 1901 si trova in AUFN,
Famiglia Majno, b. 20, fasc. 8.
     32. La minuta della lettera di Ersilia Majno e le missive dei consiglieri si trovano in
AUFN, *Famiglia Majno*, b. 20, fasc. 3.
     33. Il 3 aprile 1902 Valsecchi scriveva a Majno comunicandole che la sua decisione
era irrevocabile, AUFN, *Famiglia Majno*, b. 20, fasc. 5.
     34. Copia di quella che si può considerare la memoria difensiva di Ersilia Majno data-
ta 27 maggio 1902 si trova in AUFN, *Famiglia Majno*, b. 20, fasc. 5., [p.2]

mi incontrati durante il mandato e ricordare la fatica che aveva fatto per
cambiare un po' le cose: «si ha tanto bisogno – scriveva ai compagni – di
conservare energia e fede, soprattutto quando si lavora con tutto il buon
volere»[35] e faceva appello alla loro solidarietà:

> Ma tutto, anche il più piccolo movimento che si voglia imprimere al colosso
> ospitaliero su altra via da quella fin qui seguita e sempre accolta da critiche
> anche talvolta ingiuste da quanti credono senza fondamento di praticità che
> tutto si possa fare in un momento, basta volere.
> Il lavoro al quale sono chiamati i consiglieri dell'ospedale è eccessivo dati i
> loro impegni professionali e di famiglia. Il loro numero è troppo esiguo per la
> vastità dell'opera e troppo complesse sono le loro attribuzioni. Io credo che
> sarebbe utile dividere l'opera del consiglio in due commissioni: commissione
> amministrativa e commissione di beneficenza. Questa studierebbe i bisogni e
> le riforme da introdurre nell'Ospedale, e quella darebbe l'attuazione pratica.
> Ma anche i compagni dovrebbero persuadersi che nessuno ambisce e sta a
> quel posto per soddisfazione di vanità come ebbe a dire in una riunione un
> egregio compagno. [...]
> Ad ogni modo io continuerò sempre la modesta opera mia qualunque possa
> essere la decisione della Comm.ne Esecutiva animata dal desiderio di lavora-
> re utilmente per il nostro ideale.[36]

In realtà la decisione era già stata presa e la mozione di censura al suo
operato fu presentata alla Commissione esecutiva da Linda Malnati, esponente della Lega per la tutela degli interessi femminili con cui Ersilia aveva
avuto occasione di lavorare in diverse occasioni.[37] Il dolore più grande fu
sapere che nessuno tra i partecipanti l'aveva sostenuta e di suo pugno ap-
puntò su copia della memoria conservata tra le sue carte: «Dopo la lettura
di questa lettera fatta in assemblea fu votato un voto di biasimo per la mia
condotta e nemmeno uno [sottolineato nel testo] dei compagni presenti, e
fra questi vi erano amici che vennero poi a narrare a me e criticare l'operato, disse una sola parola di difesa».
Il 1° luglio 1902, giorno fissato per la discussione al Consiglio ospedaliero, nonostante le condizioni della figlia, trovò ancora l'energia per
scrivere al presidente Martelli raccomandandogli il varo della scuola per
infermiere: «Qualunque sia la spesa che l'Ospedale dovesse incontrare

---

35. Ivi, [p. 3].
36. Ivi, [pp. 9-10].
37. Buttafuoco, *Le Mariuccine. Storia di un'istituzione laica*, p. 380.

per la riforma del servizio d'assistenza noi dobbiamo affrontarla perché in coscienza [sottolineato nel testo] non possiamo più permettere che questo importante servizio proceda come oggi».[38] Di lì a qualche giorno il rinnovo parziale della giunta comunale portò a un cambiamento dei membri del Consiglio ospedaliero e nel giro di pochi mesi anche il sindaco Mussi decise di uscire di scena.

4. Fine di un sogno?

Come da accordi presi a suo tempo, al posto di Ersilia venne nominata un'altra donna, l'unionista Elisa Boschetti, giovane militante del Psi che fin dai primi mesi del suo incarico tenne al corrente colei che l'aveva preceduta su quanto avveniva nel Consiglio ospedaliero e nella Federazione socialista. Anche un'altra unionista, Bice Cammeo, scriveva a Ersilia, in quel periodo fuori Milano, per aggiornarla sul lavoro che Boschetti cercava di portare avanti «in "quel putiferio" dell'Ospedale Maggiore».[39] Nonostante le difficoltà incontrate, l'ex consigliera non intendeva però bloccare il suo progetto e per la verità decise di andare avanti anche un gruppo di cittadini che avevano dato vita a un comitato provvisorio. Tra loro vi era l'assessore comunale Garibaldi Arcelaschi, il primario dell'Ospedale Maggiore Annibale Bertazzoli e i consiglieri in carica Camillo Broglio ed Elisa Boschetti, oltre a Bice Cammeo, a primari, medici ed esponenti delle istituzioni cittadine.

L'opinione pubblica si era poco alla volta persuasa che occorreva riformare la professione infermieristica, ma sulla sua femminilizzazione il dibattito sembrava aperto e necessariamente doveva tener conto degli interessi di una categoria connotata dal genere, abbastanza forte e organizzata sindacalmente. Il manifesto di convocazione di un primo incontro, redatto nel gennaio 1903, riprendeva per grandi linee le proposte di Ersilia, a ulteriore conferma che i tempi erano maturi, ma stavolta si parlava di una scuo-

38. Minuta della lettera di Ersilia Majno a Mario Martelli datata 1 luglio 1902 in AUFN, *Famiglia Majno*, b. 24, fasc. 1.
39. Cit. in Patrizia Guarnieri, *Tra Milano e Firenze: Bice Cammeo a Ersilia Majno per l'Unione Femminile*, in *De Amicitia. Scritti dedicati ad Arturo Colombo*, a cura di Giovanna Angelini, Marina Tesoro, Milano, Franco Angeli, 2007, p. 511.

la infermieri per uomini e donne. Invocando un po' di orgoglio nazionale il comitato provvisorio pregava di far presto:

Altre nazioni civili di gran lunga ci hanno preceduto in quest'opera sociale di assistenza: l'Inghilterra con Florence Nightingale che diede il primo esempio di una scuola di ambulanza, e più tardi l'America, la Germania, la Francia e la Svizzera. – In Italia i primi tentativi per l'istruzione degli infermieri, vennero fatti a Napoli, a Roma, a Firenze, ma sempre sotto gli auspici di donne straniere; spetta ora a noi di sfatare il pregiudizio, che manca alla nostra tempra la forza e la costanza di seguire con profonda coscienza ed amore, una professione nobile ed utile, ma di lotta e di sacrificio.[40]

Nel frattempo l'Unione decise di strutturarsi in cooperativa anonima e dopo aver aperto sedi in altre città scelse di denominarsi Unione femminile nazionale. Con questa veste si tenne la prima assemblea davanti a cinquanta socie impegnate ad ascoltare una lunga relazione su quanto svolto nel corso del 1904. Nel resoconto si menzionava la partecipazione della delegata Bice Cammeo al congresso internazionale femminista di Berlino, dove, a nome di Anna Celli, aveva esposto la situazione delle infermiere in Italia e preannunciato l'apertura di una scuola.[41] Passato un anno da quell'annuncio senza che nulla fosse successo, Ersilia investì il Consiglio di amministrazione dell'Unione affermando di avere appoggi morali autorevoli per avviare una scuola con annesso internato. Si trattava di rispondere a una nuova necessità che, aggiungeva, avrebbe aperto alla donna una via di indipendenza economica «corrispondente alle sue attitudini ed è giusto che sorga per opera dell'Unione».[42] A tale scopo chiese alle consigliere di poter raccogliere fondi, richiesta che il consiglio approvò. In realtà, sarebbe trascorso ancora del tempo ed Ersilia dovette ribadire in una successiva assemblea il desiderio di aprire la famosa scuola, che proprio non riusciva a decollare.[43]

Il fatto davvero nuovo fu un'inchiesta indetta dal ministero dell'Interno al fine di registrare attraverso le prefetture la presenza femminile nei consigli di amministrazione delle Opere pie sparse sul territorio na-

40. *Scuola professionale per gli infermieri*, lettera di convocazione inviata a Ersilia Majno in AUFN, *Famiglia Majno*, b. 24, fasc. 1.

41. AUFN, *UFN, Archivio storico*, Verbali assemblee, seduta 12 marzo 1905.

42. AUFN, *UFN, Archivio storico*, Verbali Consiglio d'amministrazione, seduta 30 giugno 1905.

43. AUFN, *UFN, Archivio storico*, Verbali assemblee, seduta 24 marzo 1906.

zionale. Nel corso degli anni Dieci, le rappresentanze femminili negli enti comunali, nelle commissioni municipali, nei comitati degli istituti cittadini erano molto aumentate e la loro presenza era divenuta visibile. Del fenomeno si stavano interessando non solo le forze politiche, ma anche giuristi, giornalisti e parte dell'opinione pubblica. La documentazione relativa a questa indagine è purtroppo andata perduta, ma, come è stato ricordato, il fenomeno riguardava migliaia di donne presenti ovunque e principalmente in Piemonte e in Lombardia.[44] Il dato da rilevare resta l'appassionata partecipazione femminile a quella sorta di esperimento promosso dalla legge sulle Opere pie, evento affrontato con una buona dose di ingenuità. Infatti, furono in parecchie a pensare, compresa Ersilia Majno, che fosse sufficiente entrare in una di quelle sedi per cambiare ciò che era governato da antiche consuetudini, da interessi di parte e da delicati equilibri politici. Sta di fatto che nel 1903 l'Opera pia Santa Corona venne scorporata dagli Istituti ospedalieri e fu eretta in ente autonomo,[45] mentre il Comune di Milano nel 1907 attivò dei propri Uffici Mandamentali di assistenza su modello di quelli impiantati dall'Unione femminile senza minimamente riconoscerne il contributo ideale e di pratica concreta.[46]

Tuttavia, grazie all'esperienza acquisita, nel 1908 proprio Ersilia venne chiamata a partecipare ai lavori della Commissione reale incaricata di scrivere il codice dei minori. Si trattava di una soddisfazione ottenuta senza l'intervento di un partito e grazie al suo impegno nell'Asilo Mariuccia, la struttura che offriva un rifugio per le prostitute bambine e adolescenti.

Nello stesso anno, Anna Celli diede alle stampe alcune riflessioni per rilanciare il tema della formazione nell'assistenza ai malati,[47] ma dovettero passare cinque anni per leggere della nomina di una nuova Commissione voluta dal Consiglio ospedaliero. Stavolta la Commissione non solo riuscì a varare un regolamento per la Scuola infermieri, ma adottò alcune delle indicazioni proposte a suo tempo dalla consigliera Majno. Nell'articolo redatto dal dottor Gaggi erano illustrati i caratteri del corso e stabilita la distinzione fra mansioni di servizio e di assistenza, fissato l'abbassamento dell'età per l'ammissione (17 anni per le allieve e 18 per gli allievi) e confermata la pra-

---

44. Imprenti, *Riformiste. Il municipalismo femminile in età liberale*, p. 86.

45. Giorgio Cosmacini, *Milano capitale sanitaria. Modelli ideali, organizzativi, assistenziali, scientifici (1881-1950)*, Firenze, Le Monnier, 2002, p. 33.

46. Buttafuoco, *Tra cittadinanza politica e cittadinanza sociale*, p. 124.

47. Anna Celli, *Scuola per signorine infermiere a Roma*, in «Unione femminile», 2 (luglio 1908), Ead., *Per le scuole delle infermiere*, in «Nuova antologia», 1 ottobre 1908.

tica dell'assistenza mista, svolta cioè tanto dagli uomini quanto dalle donne.[48] Il regolamento chiedeva inoltre un «attestato per le aspiranti infermiere comprovante il loro stato di nubile o di vedovanza senza prole».[49] La misura si giustificava per il timore che le infermiere dall'ospedale potessero portare morbi pericolosi in famiglia, pericolo che evidentemente la Commissione pensava non corressero gli infermieri uomini.

Il consenso verso la proposta dovette essere alto perché in suo favore si espressero la direzione medica, il collegio dei primari e l'associazione dei medici ospedalieri. Però, anche stavolta il sogno di tanti riformatori sembrò dissolversi nel nulla. Passati pochi mesi, le unioniste decisero di organizzare una conferenza per rilanciare il tema. Enrico Ronzani commentò per loro le cifre sugli addetti presso l'Ospedale Maggiore: 180 medici di ogni ordine e grado, 150 suore, 300 infermieri e 500 infermiere a fronte di poco meno di 32.500 malati l'anno.[50] Dati poco incoraggianti ai quali l'oratore aggiunse quelli sui 1.310 ospedali distribuiti sul territorio per un totale di 68.287 letti, circa un letto ogni 500 abitanti a fronte di un letto per 409 francesi e per 265 tedeschi. «È tempo dunque – esortò Ronzani – che uomini di Stato, rappresentanti politici, cittadini tutti si interessino veramente della grave questione ospedaliera che incombe su tutto il nostro paese».[51] In effetti, qualcosa incombeva e non solo sull'Italia ma sull'intera Europa: si era alla vigilia dello scontro più sanguinoso e devastante che avesse visto l'umanità. Proprio quell'evento catastrofico avrebbe rivelato i limiti dell'assistenza ospedaliera e di quella infermieristica in particolare contribuendo, grazie a strade impervie e casuali, a gettare le premesse per il concretizzarsi del sogno.

---

48. Il regolamento era stato approvato nel novembre 1913 dal presidente della Commissione Filippo Mezzi insieme all'onorevole Filippo Meda, ai medici Enrico Arienti e Giovanni Gaggi al quale spettò scrivere l'articolo. Cfr. il suo *La nuova Scuola Infermieri dell'Ospedale Maggiore di Milano*, in «L'Ospedale Maggiore. Rivista mensile illustrata», 12 (dicembre 1913).

49. *Testo del Regolamento per la Scuola Infermieri dell'Ospedale Maggiore*, ivi, p. 778.

50. Enrico Ronzani, *L'Assistenza Ospitaliera (III Conferenza del Corso sull'Assistenza pubblica milanese tenuta all'Unione Femminile Nazionale in Milano il 9 marzo 1914)*, Milano, Stab. Tip. Ceretti, 1914, p. 6.

51. Ivi, p. 8.

SIMONE COLAFRANCESCHI

Attorno ad una tavola.
La Cooperativa cucine popolari e ristoratori economici

"Ti mostrerò l'inferno", disse il Signore, e condusse il rabbino in una stanza che conteneva un gruppo di persone affamate e disperate sedute intorno ad un grande tavolo rotondo. In mezzo al tavolo c'era un enorme pentola di stufato più che sufficiente per tutti. Il profumo dello stufato era delizioso e tuttavia nessuno mangiava. Ogni commensale teneva in mano un cucchiaio con un manico abbastanza lungo da poter raggiungere la pentola e tirare su una cucchiaiata di stufato, ma troppo lungo per portare il cibo alla bocca. Il rabbino vide che la loro sofferenza era davvero terribile e chinò la testa con compassione. "Ora ti mostrerò il paradiso", disse il Signore, ed entrarono in un'altra stanza, identica alla prima, con lo stesso tavolo rotondo, la stessa enorme pentola di stufato, gli stessi cucchiai dai lunghi manici. Tuttavia, c'era allegria nell'aria, e tutti apparivano ben nutriti, ridevano e chiacchieravano. Il rabbino non riusciva a capire. "È semplice – disse il Signore – ma richiede una certa capacità. Le persone che sono qui hanno imparato a darsi da mangiare l'un l'altro".[1]

Il 17 marzo del 1917 per iniziativa del Comune di Milano veniva costituita una società cooperativa mista, pubblica e privata, per dare vita ad una «cucina popolare» e ad un «ristorante cooperativo economico» con l'obiettivo di «rendere meno gravoso alla classe media e a quella operaia il costo dell'alimentazione derivante dalle difficoltà degli

---

1. Traggo la citazione da Irvin D. Yalom, *Il senso della vita*, Vicenza, Neri Pozza, 2016, pp. 39-40. Il racconto, presentato dallo scrittore e psichiatra americano come appartenente alla tradizione chassidica è in realtà di origine non certa ed attribuito spesso a personalità o tradizioni culturali diverse.

approvvigionamenti».[2] L'iniziativa si iscriveva con coerenza nell'ambito delle politiche sociali portate avanti dal sindaco Emilio Caldara sin dal 1914 e intensificatesi poi con lo scoppio del conflitto: dal calmiere sui generi di prima necessità, alla sottoscrizione per un fondo di assistenza ai disoccupati fino alla creazione di un Comitato centrale di assistenza che riuniva attorno ad un tavolo le principali personalità cittadine a prescindere dalle diverse appartenenze partitiche. La storia della Cooperativa cucine popolari e ristoratori economici – poi ABC Cooperativa per Ristoratori a Prezzi Fissi – ha inizio attorno a questo tavolo, presieduto dallo stesso Caldara,[3] e si snoda attraverso due guerre mondiali per terminare di fatto negli anni del "miracolo economico". I due termini cronologici appaiono significativi: un'origine legata alla Grande guerra, alla sofferenza ma anche alla solidarietà cooperativa, e un epilogo connesso al progressivo emergere di un primato dell'iniziativa individuale e privata rispetto a quella pubblica collettiva. Vista da questa prospettiva la storia della Cooperativa ABC è la storia di un progetto economico e sociale fondato su presupposti alternativi alla stretta logica dell'economia di mercato e alla rigida contrapposizione tra iniziativa pubblica e quella privata, tra sfera individuale e dimensione sociale. La storia, per usare le parole di Clara Roghi Taidelli, grande protagonista di queste vicende,

2. Archivio Storico Unione Femminile Nazionale (AUFN), *ABC*, Rapporto del Collegio dei Sindaci sul rendiconto del primo esercizio. Milano, 29 marzo 1918. L'Archivio dell'Unione Femminile custodisce un'interessante fondo archivistico sulla cooperativa in oggetto. Per un quadro della documentazione presente si veda Ermis Gamba, *Dalle cucine popolari ai ristoranti a prezzo fisso. Storia della Cooperativa ABC nelle carte conservate presso l'Unione Femminile Nazionale*, intervento svolto in occasione dell'iniziativa *Domenica di carta. Gli archivi raccontano il cibo*, Milano, ottobre 2015. Per un inquadramento storiografico sul movimento cooperativo in Italia si rimanda a *Verso una nuova teoria economica della cooperazione*, a cura di Enea Mazzoli e Stefano Zamagni, Bologna, il Mulino, 2005, Fabio Fabbri, *L'Italia cooperativa. Centocinquant'anni di storia e di memoria. 1861-2011*, Roma, Ediesse, 2011 e Tito Menzani, *Il movimento cooperativo fra le due guerre. Il caso italiano nel contesto europeo*, Roma, Carocci, 2009.
3. AUFN, *Unione Femminile Nazionale. Archivio storico*, b. 11, fasc. 71. Circolare del Sindaco Emilio Caldara. Milano, 1 marzo 1917. Aderendo a questo invito il 3 marzo si trovavano nel gabinetto del Sindaco, e sotto la sua presidenza, l'assessore Giani, presidente, e la signora Carnelli, consigliera dell'Ufficio III del Comitato di assistenza; la signora Ferri, presidente, e la signora Roghi, consigliera dell'Unione Femminile; il prof. Osimo, segretario generale della Società Umanitaria; il dottor Minguzzi, presidente della Federazione delle cooperative milanesi di consumo; l'ingegnere Garutti, presidente del Ristorante Cooperativo; il dottor Schiavi, consigliere dell'Unione Cooperativa.

di una «cooperazione fra le persone di buona volontà, che hanno saputo vedere, al di sopra ed al di là del bastione dell'egoismo del singolo, un orizzonte più vasto per il bene del prossimo [...]».[4]

1. *«Una provvida iniziativa»*

Le parole con cui il sindaco socialista presentava ai suoi potenziali sottoscrittori tale iniziativa appaiono significative delle finalità e del clima che caratterizza tale «provvida iniziativa cooperativa».

Il rincaro crescente dei prezzi dei generi alimentari e del combustibile, e la occupazione professionale nelle industrie alle quali sono adibite molte donne fin qui casalinghe, mostrano la necessità di provvedere all'allestimento di speciali cucine dove i cibi siano cotti in tutto o in parte, venduti al prezzo minimo, e asportati per consumarli in famiglia, e ristoranti dove le vivande possano essere consumate in luogo, sopprimendo affatto le spese di servizio. La guerra ha già provocato il sorgere di siffatti organismi e servizi in diversi paesi. In Germania le cucine ambulanti che distribuiscono minestra calda e vivande sono frequenti nelle grandi città. A Parigi, e in parecchie città della Francia, si moltiplicano i ristoranti popolarissimi, appositi baracconi posticci, organizzati dalle cooperative nelle vicinanze dei grandi stabilimenti che lavorano per la guerra. A Venezia sono stati creati dei ristoranti popolari dove per una lira e quaranta centesimi si fa una colazione sana, gustosa e sufficiente. A Milano un progetto simile sta per essere tradotto nella realtà sotto la forma di cooperativa.[5]

Erano coinvolti nel progetto importanti esponenti del mondo associazionista e cooperativo milanese e tra questi, con un ruolo di primo piano, le rappresentanti dell'Unione Femminile Nazionale, invitate a partecipare all'iniziativa sin dai suoi primi momenti. «Per tradurre in atto, mercé un consorzio tra diversi Enti, l'idea dei Ristoranti popolari sopra un progetto concreto già predisposto – aveva scritto Caldara a Clara Ferri, Presidente dell'Unione – invito la S.V. ad una riunione che avrà luogo nel mio gabinetto sabato 3 corrente alle ore 16».[6] L'invito del Comune ebbe immediato

---

4. AUFN, *ABC*, verbale dell'Assemblea Generale, Milano, 9 maggio 1953.
5. AUFN, *Unione Femminile Nazionale. Archivio storico*, b. 11, fasc. 71. Circolare del Sindaco Emilio Caldara. Milano, 6 marzo 1917.
6. Ivi. Sindaco Emilio Caldara a Clara Ferri, Milano, 1 marzo 1917.

riscontro all'interno dell'Unione poiché incontrava pienamente il sentire e l'agire di quel mondo così profondamente partecipe delle urgenze sollecitate dal conflitto e amplificatesi nel drammatico autunno di quello stesso 1917 in seguito alla rotta di Caporetto. La mobilitazione civile delle donne dell'Unione si articolava in quei difficili anni in un ventaglio di attività che andavano dalla creazione presso il teatro dell'associazione di un laboratorio di maglieria per il confezionamento di indumenti militari e corredi antiparassitari all'allestimento di una casa materna per offrire assistenza ai bambini fino a tre anni, in prevalenza figli di richiamati, fino alla realizzazione di scalda rancio artigianali (ne saranno prodotte ben 5 milioni di unità).

Emblematico di questo impegno l'appello lanciato a novembre alle donne italiane per organizzare attività e «aiutare la resistenza con la calma, il coraggio, l'aiuto a chi più soffre».[7]

Donne Italiane!
L'ora triste che passa sopra di noi non è e non deve essere ora di debolezza e di sgomento. Noi che nei campi, nelle officine, negli Uffici, negli Ospedali, nelle mille opere di Assistenza Civile abbiamo lavorato finora in silenzio sopportando il peso delle cresciute responsabilità, soffocando l'ansia per i cari lontani, superando le gravi difficoltà della vita quotidiana, sapremo conservare di fronte al pericolo che ci sovrasta il cuore saldo e sereno, ferma la volontà di operare, di resistere ad ogni costo. Donne di ogni partito e di ogni condizione – contadine, operaie, impiegate, insegnanti, professioniste, volontarie del lavoro sociale – uniamoci tutte in un solo pensiero: salvare la nostra terra, le vostre case, l'avvenire nostro e dei nostri figli. [...] Ai nostri soldati lassù il compito di frenare l'invasione; a noi donne qui ferme ognuna al suo posto senza tremare, comprimendo e dimenticando nel dolore e nel pericolo comune lo strazio per i nostri cari, quello di aiutare la resistenza con la calma, il coraggio, l'aiuto a chi più soffre [...].[8]

Significativo dei toni e del carattere di quelle attività anche il successivo tentativo della Commissione di Propaganda dell'Unione di coinvolgere nella causa comune il personale di servizio delle consuete interlocutrici; personale che «spesse volte o per leggerezza o per ignoranza o, purtroppo, anche per indifferenza verso quanto non riguarda come suo proprio interesse non porta nessun contributo alla causa comune».

7. Ivi. Circolare dell'Unione Femminile nazionale alle donne italiane. Milano, 3 novembre 1917.
8. *Ibidem.*

Gentilissima Signora,
il momento difficile che attraversiamo per la limitazione dei consumi e per la difficoltà di trovare tutto quanto è necessario alla vita materiale, esige da noi donne specialmente, non solo la scrupolosa osservanza dei decreti e dei regolamenti delle Autorità, perché questo è un dovere di cui tutte siamo convinte, ma ancora la diligente attenzione perché nulla vada disperso e sciupato. Il personale di servizio che vive così intimamente con noi può cooperare validamente all'economia domestica, ma spesse volte o per leggerezza o per ignoranza o, purtroppo, anche per indifferenza verso quanto non riguarda come suo proprio interesse non porta nessun contributo alla causa comune, che è infine quella resistenza interna del Paese non meno necessaria oggi del valore dei soldati, alla Vittoria. Per questo noi abbiamo pensato di riunire qui domenica 10 corrente alle ore 14 e 1/2 un buon numero di domestiche per convincerle della necessità del momento e dar loro quei consigli che sono del caso. Ella quindi, Egregia Signora, è pregata a voler concedere il permesso alla Sua domestica e di sollecitarle a non mancare alla riunione consegnandole l'accluso invito.[9]

La richiesta di partecipare ad una nuova iniziativa assistenziale sembrava insomma iscriversi perfettamente nel solco delle attività patriottiche intraprese dall'Unione per sollecitare la partecipazione, interclassista e apartitica, delle donne[10] ed è in questo clima, così sinteticamente ricordato, che prendeva vita la Cooperativa di ristorazione.

L'appello per la raccolta di sottoscrizioni trovò rapidamente un ampio e trasversale riscontro saldando istituzioni pubbliche, mondo associazionista e importanti realtà industriali. Tra i principali azionisti – oltre al Comune di Milano e all'Unione Femminile Nazionale – vi erano infatti, da un lato, la Società Umanitaria, la Federazione delle Cooperative di consumo, l'Unione Cooperativa e la Lega Nazionale delle Cooperative ma, dall'altro, anche industrie cittadine interessate a realizzare mense per i propri operai: Pirelli, Breda, la Società Anonima Edoardo Bianchi e la Società Anonima Fonderia Milanese di Acciaio.

9. Ivi. Circolare della Commissione di propaganda dell'Unione Femminile nazionale alle donne italiane. Milano, 5 febbraio 1918. Le attività di formazione volte a razionalizzazione il lavoro domestico erano caratteristiche dell'azione dell'UFN e saranno portare avanti con continuità anche negli anni a venire.

10. Aderirono all'iniziativa non solo l'Unione Femminile quale associazione (sottoscrivendo quaranta azioni) ma anche molte singole sue esponenti a titolo individuale e tra queste Ersilia Majno ed Edvige Gessner.

Ad Alessandro Schiavi,[11] assessore e funzionario della Società Umanitaria, fu affidato il ruolo di Presidente, mentre a Clara Roghi Taidelli quello di membro del Consiglio di Amministrazione in rappresentanza dell'Unione Femminile: i due furono protagonisti di un aspro e significativo scontro che segna la stessa nascita della Società e, simbolicamente, un nodo centrale dell'intera sua parabola.

Nel marzo del 1918, infatti, Clara Roghi Taidelli rassegnava le sue dimissioni da consigliera della Società cooperativa denunciando di essere «toccata nei propri sentimenti d'italiana dal contegno antipatriottico tenuto dal Presidente di detta società nel recente convegno socialista di Londra»[12] e dichiarandosi «insofferente di continuare una collaborazione di lavoro con persona decisamente avversa al compimento dei destini nazionali».[13]

Non si trattava di una polemica personale ma di un gesto studiato che aveva alle spalle la solidarietà dei vertici dell'Unione Femminile Nazionale e ne rispecchiava le posizioni identitarie. Del resto, la stessa Unione soltanto pochi mesi prima, in un comizio svoltosi nel salone della Borsa a Milano, il 27 dicembre del 1917, aveva espressamente chiesto al governo di sopprimere l'Avanti e con esso tutta la stampa "disfattista".[14]

All'interno dell'Unione tendeva a prevalere in quegli anni una scelta moderata, volta ad alimentare soprattutto lo sviluppo di attività assistenziali. Una posizione non priva di significati politici che diverranno visibili negli anni a venire nel progressivo slittamento, da parte di alcune componenti dell'Unione, verso posizioni apertamente nazionalistiche.

Ad ogni modo, tale linea trovava accordo anche all'interno dello stesso Consiglio di amministrazione della cooperativa, dimissionario anch'esso nei giorni a seguire, e alimentava una vera e propria campagna di comunicazione tesa a coinvolgere l'opinione pubblica locale. La lettera di dimissioni

11. Sulle vicende biografiche e sull'attività politica di Alessandro Schiavi si veda Carlo De Maria, *Alessandro Schiavi. Dal riformismo municipale alla federazione europea dei comuni. Una biografia 1872-1965*, Bologna, Clueb, 2008.
12. AUFN, *Unione Femminile Nazionale. Archivio storico*, b. 11, fasc. 71. Clara Roghi Taidelli a Presidenza del Consiglio della Cooperativa Cucine Popolari e Ristoranti economici, Milano, 4 marzo 1918.
13. *Ibidem.*
14. Si veda Stefania Bartoloni, *Donne di fronte alla guerra. Pace, diritti e democrazia (1878-1918)*, Roma, Laterza, 2017, pp. 166-171.

veniva infatti mandata al «Corriere della Sera» che pubblicava la notizia.[15] A giudizio dell'Unione, tuttavia, non le veniva dato il giusto rilevo.

L'Unione F. N. è dolente che la comunicazione da essa trasmessa al Corriere della Sera sulle dimissioni della propria Consigliera [...] sia stata dallo stesso giornale comunicata in modo, sia per l'aggiunta delle condizioni familiari di detta signora sia per la forma riassuntiva della lettera, da far ritenere questo atto ispirato dal sentimentalismo; mentre l'importanza era di rilevare l'approvazione che il Consiglio dell'Unione F. N. aveva dato alle dimissioni suddette.[16]

Si trattava del resto di un conflitto più ampio, tanto che nell'aprile dello stesso anno, in nome della difesa del patriottismo, un'accesa assemblea dell'Unione cooperativa di consumo proclamava la decadenza di Schiavi a membro di quella Associazione[17] – Schiavi, già assessore al Comune, ne faceva parte sin dal 1915.

Parallelamente, Roghi organizzava con successo le elezioni del nuovo Consiglio di amministrazione della Cooperativa cucine popolari sensibilizzando i soci sulla polemica in corso.

È evidente la necessità che il maggior numero di soci intervenga all'assemblea giacché non si tratta come si vuol far credere di una questione politica nel più puro senso della parola – affermava a proposito di questa vicenda Maria Giovanardi, Vice Presidente Unione femminile – e sarà di gran conforto a chi ha provocato la crisi una larga e serena manifestazione di italianità che

15. «La signora Clara Roghi Taidelli, i cui due figli sono ufficiali al fronte dal principio della guerra, dove riportarono gloriose ferite e il cui marito avv. Angelo Roghi è volontario pur egli al fronte, ha mandato una lettera alla presidenza del Consiglio della Cooperativa cucine popolari e Ristoranti Economici in cui rassegna le dimissioni dalla carica di consigliera perché offesa nei più sacri sentimenti di italiana dal contegno antipatriottico tenuto dal presidente dott. Schiavi nel Convegno a Londra». *Proteste contro il dott. Schiavi*, in «Corriere della Sera», 7 marzo 1918.

16. AUFN, *Unione Femminile Nazionale. Archivio storico*, b. 11, fasc. 71. Maria Giovanardi, Vice Presidente Unione femminile a Direzione del Corriere della Sera. Milano, 7 marzo 1918.

17. Al congresso della Lega nazionale delle cooperative, che si tenne il 15 luglio, Schiavi ribadì invece che fine dei cooperatori doveva essere la lotta di classe e la socializzazione della proprietà. Si veda Ferdinando Cordova, *Cooperazione e fascismo nella crisi dello stato liberale (1918-1925)* pp. 255 e ss. In *la cooperazione di consumo in Italia: centocinquant'anni della Coop consumatori: dal primo spaccio a leader della moderna distribuzione,* a cura di Vera Zamagni, Patrizia Battilani, Antonio Casali, Bologna, il Mulino, 2004.

affermi la santità e la verità della causa per cui si è affrontata questa situazione. L'Unione F.N. che La conta fra i soci azionisti raccolti dalle proprie socie fa appello al suo sentimento patriottico perché non abbia a mancare [...]. Per non errare tenga presente che la lista concordata comincia col nome della signora Clara Roghi Taidelli e chiude con quella dell'ing. Giulio Ceretti.[18]

L'allontanamento di Schiavi dal Consiglio di Amministrazione e l'assunzione della presidenza della Società da parte di Giulio Ceretti pose fine alla vicenda ma le contrapposizioni evocate erano, come vedremo, destinate in qualche modo a riemergere sotto altre forme.

2. *Commensali*

Superate queste prime difficoltà l'iniziativa ebbe un grande sviluppo in termini di aperture di nuovi locali. Nel primo anno furono realizzati ben otto esercizi: sette cucine popolari destinate agli operai delle ditte industriali coinvolte nell'iniziativa e un ristorante destinato ad un pubblico più ampio.[19] La Cooperativa inoltre aveva gestito per conto della Società Umanitaria una cucina alla Stazione Centrale e fornito le vivande alla cucina gratuita per i profughi istituita a Milano dalla Croce Rossa Americana.

L'apertura di molti locali, e dunque il successo dell'iniziativa, conviveva tuttavia con le difficoltà economiche.

Il Bilancio che noi vi proponiamo – si legge nei verbali del Consiglio di Amministrazione – ove lo si consideri sotto l'aspetto puramente finanziario, non appare troppo roseo, dal momento che non consente una retribuzione al capitale azionario [...], noi però riguardando indietro al lavoro compiuto in questo primo anno d'esercizio, sentiamo di non aver mancato a quei fini

---

18. AUFN, *Unione Femminile Nazionale. Archivio storico*, b. 11, fasc. 71. Circolare dell'Unione Femminile nazionale, Milano, 12 aprile 1918.

19. Tra le cucine destinate agli operai vi erano la cucina interna alla Manifattura Tabacchi, quella dello stabilimento della Società Anonima Robinetterie Milanesi in via Solari, una grande cucina (in grado di fornire 1000 pasti al giorno) nei pressi degli stabilimenti Pirelli & C. e Ernesto Breda, poi una cucina per la ditta Edoardo Bianchi, un'altra per la Fonderia Milanese di Acciaio ed una per la ditta Marelli & C. Il ristorante economico fu aperto in via Dante 18. Furono poi aperte le cucine di via Farini e di viale Lodovica. Cfr. AUFN, *Unione Femminile Nazionale. Archivio storico*, b. 11, fasc. 71.

che rappresentano veramente la ragione d'essere della nostra Società, né alla fiducia dei soci e degli Enti che vollero concorrere alla sua creazione.[20] La logica cooperativa dell'iniziativa metteva in conto il perseguimento di obiettivi sociali accanto e prima di quelli economici e tuttavia questi ultimi risultavano marcatamente al di sotto delle aspettative essendo ogni utile di fatto azzerato: dopo undici mesi di attività si registrava un incasso totale di 771.440 lire e un avanzo netto di esercizio di sole 929 lire.[21] Il nodo centrale risiedeva nel fatto che i ristoranti stentavano a trovare una qualche peculiare connotazione in grado di intercettare maggiormente i desideri di lavoratori e cittadini milanesi in genere. Nonostante, infatti, la situazione alimentare in città negli anni di guerra fosse fortemente critica per il caro viveri[22] i servizi della cooperativa sembravano riscuotere poco successo.

I ristoranti servivano piatti semplici a prezzi contenuti, in genere un «piatto unico di carne e verdura, oltre la minestra, con una lista settimanale», ma il problema era di altro ordine e semmai più legato al bere che al mangiare. Uno dei punti di maggiore criticità risiedeva, infatti, nella somministrazione del vino, che era stata limitata ad un solo quinto di litro a pasto. Questa scelta influiva direttamente in modo negativo sull'utile ma soprattutto contribuiva a dare a quei locali un carattere informe, molto distante da quello identitario tipico delle osterie, proletarie, o per altri versi dei caffè borghesi.[23]

Problemi analoghi, del resto, incontrava la ristorazione destinata agli operai degli stabilimenti industriali dove si recava soltanto dal 5 al 15% dei lavoratori, in prevalenza donne.[24]

Il trattamento è buono, non lo negano i consumatori e più che proporzionato alla spesa, i locali sono adatti, ma gli operai in massima parte si distribuiscono negli esercizi vicini, e non frequentano il nostro! Sembra che essi abbiano l'impressione che trattasi ancora di una istituzione padronale; per alcuni

20. Ivi. Relazione al Consiglio di Amministrazione. Milano, 5 maggio 1918.
21. *Ibidem*.
22. Per un quadro sintetico della storia dell'alimentazione in Italia si veda ad esempio Emanuela Scarpellini, *A Tavola. Gli italiani in 7 pranzi*, Roma, Laterza, 2012 p. 119.
23. Su questi temi si veda ad esempio Maria Malatesta, *Il caffè e l'osteria*, in *I Luoghi della memoria. Strutture ed eventi dell'Italia Unita*, a cura di Mario Isnenghi, Roma, Laterza, 1997, pp. 53-66.
24. AUFN, *Unione Femminile Nazionale. Archivio storico*, b. 11, fasc. 71. Rapporto del Collegio dei Sindaci sul rendiconto del primo esercizio. Milano, 29 marzo 1918.

approfittarne diminuisce la loro indipendenza anche fuori dell'esercizio. Per altri è motivo d'avanzare pretese circa ad un trattamento migliore senza tener conto della conseguente spesa. La nostra Società Cooperativa per essi è un esercente che si accontenta di un limitato guadagno, ma il risparmio ottenuto sembra che non compensi l'operaio dalle limitazioni che le vengono imposte, anche se dirette al maggior utile. Può essere che ciò dipenda dal fatto che l'operaio è un consumatore che non fa parte diretta della Cooperativa di consumo, e che i soci di questa Cooperativa non sono consumatori con lui.[25]

L'analisi condotta dalla stessa azienda appare estremamente significativa e lascia intravedere come all'interno del Consiglio di amministrazione permanessero punti di vista anche assai diversi sul carattere da dare a quell'iniziativa (in bilico tra l'istituzione padronale e la cooperativa sociale) e sulle modalità con cui rivolgersi agli operai: soci o semplici consumatori? Di certo gli operai percepivano la struttura come qualcosa di estraneo e finanche un prolungamento della dirigenza della fabbrica. In questo contesto il rigido controllo della somministrazione del vino[26] veniva percepito come simbolo di una mancanza di indipendenza e libertà e anche all'interno del Consiglio di amministrazione vi era chi caldeggiava un moderato aumento della vendita che, senza contraddire i principi dell'iniziativa, permettesse di ricavare maggior utili facilitando «l'intervento della massa operaia».[27]

La rottura con il mondo socialista prima e la difficoltà di intercettare la classe operaia, magari aprendo la partecipazione alla cooperativa anche ai lavoratori delle aziende coinvolte, illuminano circa la difficoltà di tenere assieme attorno a quella tavola realtà così diverse e ricordano la tendenza comune ai luoghi di consumo, compresi quelli destinati ad una ristorazione economica, di trasformarsi «da luoghi specifici e materiali in luoghi simbolici e immateriali, per certi versi indipendenti dalla loro funzione originaria».[28]

---

25. *Ibidem.*

26. Si veda, ad esempio, quanto scrive Paolo Capuzzo a proposito delle culture del consumo della classe operai, Paolo Capuzzo, *Culture del consumo*, Bologna, il Mulino, 2006.

27. AUFN, fondo *Unione Femminile Nazionale. Archivio storico*, b. 11, fasc. 71. Rapporto del Collegio dei Sindaci sul rendiconto del primo esercizio. Milano, 29 marzo 1918.

28. Emanuela Scarpellini, *L'utopia del consumo totale. L'evoluzione dei luoghi di consumo*, in Stefano Cavazza, Emanuela Scarpellini, *Il secolo dei consumi. Dinamiche sociali nell'Europa del Novecento*, Roma, Carocci, 2007, p. 22.

3. Nomen Omen

La fine del conflitto comportò poi per la cooperativa l'esplodere di queste contraddizioni interne. Se le difficoltà alimentari indotte dalla guerra avevano comunque fornito una cornice identitaria all'iniziativa, sotto il segno dell'assistenzialismo patriottico, si trattava ora di definire obiettivi, caratteri e persino denominazione di quella attività di ristorazione. Una questione, questa ultima, che si trascinerà per un decennio. Particolarmente significativa di questi aspetti è l'Assemblea dei soci del 5 giugno 1923, dove si propose, con successo, di eliminare dal nome della Società l'espressione "cucine popolari" per assumere quella di "alberghi economici". Il passaggio da "popolare" a "economico" rimandava anche all'idea, che poi non ebbe corso, di estendere un ramo delle attività al settore alberghiero, rivolgendosi ai turisti in cerca di strutture a prezzi contenuti, ma alle spalle della questione semantica riemergeva il problema più ampio relativo al definire il carattere di quell'offerta, individuando con chiarezza i destinatari a cui rivolgersi. In tal senso il passaggio da "popolare" ad "economico" lascia intravedere uno slittamento dalla politica sociale all'attività più propriamente commerciale ma ancora cinque anni dopo si continuava a discutere lo stesso tema considerandolo evidentemente irrisolto e pervenendo ad un nuovo cambio di denominazione della Società.

> Il Presidente riferisce all'Assemblea come si sia con ogni mezzo tentato di trovare una nuova denominazione di facile assimilazione da parte del pubblico, e che riassumesse nella breve formula di un nome o di una sigla quelli che sono i principi e gli scopi che la Società tenta di conseguire attraverso la propria attività [...]. Non avendo dato alcun esito il referendum rivolto specialmente agli azionisti, la Presidenza è venuta nella determinazione di sostituire alla denominazione legale della Società [...] l'altra denominazione "A.B.C. Cooperativa per Ristoratori a prezzi fissi".[29]

Si passava così nell'arco del decennio dal popolare all'economico e poi dall'economico ai prezzi fissi nella convinzione che l'aggettivo economico riuscisse «ingrato ad una larga parte della clientela».[30] I destinatari dei servizi sono ora divenuti una clientela il più ampia possibile, una porzione sociale composita accomunata soltanto dalle medesime possibilità di spesa e pure desiderosa di differenziarsi al proprio interno. La denomi-

29. AUFN, *ABC*, b.1 Verbale Assemblea Generale, seduta del 15 giugno 1928.
30. *Ibidem.*

nazione "ABC" si riferiva infatti alla differenziazione, tra differenti locali ma anche interna al medesimo punto vendita, di tre tipologie di offerta ristorativa, dove la "A" indicava la categoria di prezzo più basso e la "C" permetteva anche a classi non propriamente popolari di fruire di una ristorazione economica che non fosse riconoscibile come tale.

Un *dépliant* pubblicitario prodotto da Marcello Dudovich del 1930 fornisce qualche indicazione aggiuntiva su questo tentativo di diversificazione dell'offerta: nel ristorante di tipo C, aperto al quarto piano in via Spadari 2, è possibile mangiare al costo di 8,80 lire un pasto composto da «minestra, piatto di carne guarnito, frutta e formaggio o dolce e pane a volontà»; nel ristorante di tipo B, invece, sito a Largo Cairoli 2, il costo scende a 6,80 lire ma non è compreso il dolce. Infine, nel ristorante di tipo A, attivo al secondo piano di via dei Spadari 2 e a Piazzale Oberdan il prezzo scende a 4.80 lire, ma il cliente dovrà scegliere tra la frutta o il formaggio e il piatto guarnito non prevede la carne. In tutti e tre casi è comunque previsto "pane a volontà" e il divieto assoluto delle mance per non mettere in imbarazzo il commensale.

Anche la piccola borghesia impiegatizia, avventori della Fiera Campionaria, scolaresche legate alle iniziative del Touring Club avrebbero potuto in tal modo mangiare un pasto completo economico senza per questo sentirsi persone bisognose di assistenza sociale. Molto significativo di tali aspetti è un articolo pubblicato dal «Corriere della Sera» dedicato a «L'organizzazione dei pasti a buon mercato» che commenta esplicitamente il cambio di denominazione definendola «un'inezia formale che ha la sua brava importanza».

> Un problema che riguarda le moltitudini poco abbienti, le quali tuttavia non vogliono ne debbono far ricorso ad opere pie. E d'altronde ci potrà sempre essere l'uomo superiore, di condizione civile, a corto di mezzi che superando pregiudizi e rispetti umani varca tranquillamente e fieramente le soglie delle cucine economiche, tanto più da quando sono conferiti loro dignità pulizia e decoro. Si è soppressa dunque la parola economici e con ciò si è anche eliminata ogni parvenza di patronato e di beneficienza che comunque potesse turbare la suscettibilità dei clienti più sensibili.[31]

In attesa di dare ai ristoranti una connotazione maggiormente riconoscibile diveniva importante svincolarli da un'immagine di assistenziali-

---

31. *L'organizzazione dei pasti a buon mercato*, in «Corriere della Sera», 30 maggio 1931.

smo, certamente poco gradita alle composite «moltitudini poco abbienti». Tale strategia, tuttavia, non trova grande riscontro. La Società, infatti, deve sempre più rivolgersi ai turisti in vista alla città, per altro in quegli anni in netta diminuzione, mentre il milanese, si afferma,

> trova ormai nelle pensioni familiari, nelle mense dopolavoristiche, nei refettori di fabbrica il modo di provvedere ai bisogni della alimentazione a condizioni ancor più vantaggiose di quelle che la stessa Cooperativa può offrire, e ciò per un complesso di agevolazioni che la natura stessa delle istituzioni soprarichiamate comportano e consentono.[32]

All'Assemblea Generale del 12 marzo 1932 vengono poste in luce le difficoltà crescenti della Cooperativa, ostacolata dalla diminuzione del potere di acquisto e dall'aumento della concorrenza:

> Notata la contrazione degli utili d'esercizio – si afferma all'Assemblea – se ne identifica la causa nella notevolissima contrazione delle frequenze di tutti i ristoratori sociali; dovuta in parte alla crisi generale che investe ogni forma di attività ed in parte alla concorrenza esercitata dai molti ristoratori con prezzi fissi e modesti sorti un po' dovunque e specialmente numerosi nel centro della città [...].[33]

Per contrastare gli effetti negativi prodotti dalla diminuzione delle attività vengono apportate modifiche volte a contenere i costi dei pasti e del lavoro ma l'anno successivo i toni non cambiano, tanto che viene istituita la formula del "piatto unico" e quella degli "abbonamenti", per cercare di "fidelizzare" la clientela.[34] Nessuna strategia però sembra fermare le difficoltà strutturali della cooperativa ora amplificate dagli effetti indotti della crisi economica generale. La politica di contenimento salariale portata avanti dal fascismo ha fortemente ridotto il potere di acquisto dei consumatori e i consumi alimentari pro capite tra il 1923 e il 1939 sono in netta contrazione. Tutto il settore della ristorazione ha un andamento fortemente critico: nel 1930, ad esempio, se la rendita lorda di bar e caffè è mediamente compresa tra le 16.000 e le 21.000 lire annue, quella delle trattorie – ed a Milano se ne contano oltre 2.000 – si attesta sulle sole 10.000 lire.[35]

32. AUFN, *ABC*, Verbale Assemblea Generale. Milano, 9 marzo 1939.
33. AUFN, *ABC*, Verbale Assemblea Generale. Milano, 12 marzo 1932.
34. AUFN, *ABC*, Verbale Assemblea Generale. Milano, 1 marzo 1933.
35. Vera Zamagni, *La distribuzione commerciale in Italia fra le due guerre*, Milano, Franco Angeli, 1981, p. 21.

Il punto è che la cooperativa ha strutture per offrire circa 4.500 pasti al giorno ma ne serve appena la metà non riuscendo a mettere in campo economie di scala che compensino i costi del personale e le altre spese fisse. Sono perciò chiusi progressivamente tutti i ristoranti (Largo Cairoli, Piazzale Oberdan e via Spadari) concentrando le attività nel solo locale di via Verdi ma in questo scenario a dare nuovo significato all'attività della cooperativa sarà poi drammaticamente soltanto il ritorno della guerra. Con lo scoppio del conflitto si assiste infatti ad un nuovo crollo dei consumi e alla crescente difficoltà di reperire generi alimentari. Già nel 1940 vengono razionati caffè, zucchero, olio, strutto, lardo, farina, pasta e riso, l'anno successivo anche il pane.[36] Nell'Assemblea generale del febbraio del 1942 si rilancia l'idea originaria con la quale nel 1917 era nata l'iniziativa: offrire sostegno alla popolazione attraverso un'attività sussidiaria dell'assistenza pubblica al di là delle logiche di mercato.

> come venticinque anni or sono alcuni enti milanesi gettarono le basi della costituzione della nostra Cooperativa, per offrire alle varie categorie di cittadini il mezzo per consumare cibi sani in ambienti decorosi e a prezzi limitati, anche oggi – che il problema si ripresenta nella sua totalità, complicato da tutte le norme relative al razionamento e al tesseramento – esula dai nostri scopi qualunque carattere speculativo ed unica nostra meta è il pareggio del bilancio.[37]

Ben presto, tuttavia, si paleserà l'impossibilità di ripetere l'esperienza degli anni della Prima guerra mondiale e del resto il vissuto dei civili diviene tra il 1943 e il 1945 assai più drammatico: anche il ristorante di via Verdi a causa dei danni subiti nei bombardamenti cessa le proprie attività nel 1943. Spetta a Clara Roghi – chiamata alla presidenza della Cooperativa dal 1934, dopo la morte di Giulio Ceretti – traghettare l'attività attraverso difficoltà divenute insormontabili e riprendere poi le fila dell'iniziativa alla fine del conflitto:

> il fatto di potere oggi riunirci – afferma all'Assemblea generale – nel seno della nostra Società in un clima di pace e col largo respiro di una libertà così a lungo negata ed a così caro prezzo riconquistata sembra un sogno! Profondo immenso sollievo, anche se non possiamo abbandonarci ad un

---

36. Paolo Sorcinelli, *Per una storia sociale dell'alimentazione. Dalla polenta ai crackers*, in *L'alimentazione*, a cura di Alberto Capatti, Alberto De Bernardi, Angelo Varni, Torino, Einaudi, 1998 (Storia d'Italia. Annali, 13), pp. 453-459.
37. AUFN, *ABC*, verbale dell'Assemblea Generale, Milano, 12 febbraio 1942.

moto di gioia. L'umanità straziata, tanti orrori, tanti lutti, ancora tante trepidazioni e le ore tragiche che viviamo, inevitabili conseguenze di tanti dolori e sofferenze [...].[38]

In realtà, la Società non riuscirà più a trovare una qualche stabilità. Inizialmente, nel primissimo dopoguerra, non potendo riorganizzare le attività per le difficoltà generali (danni agli edifici, impossibilità di reperire le materie prime alimentari, ecc.) poi negli anni della ricostruzione per la sempre più pressante concorrenza delle aziende a conduzione familiare «che pullulano nella zona» e che – si afferma – non sono «gravate da tutti quei contributi che premono sulle aziende sociali, che operano nel rispetto della legge e nei contratti di lavoro».[39]

Le perdite di esercizio si susseguono senza che si riesca a trovare una nuova formula ristorativa efficace. L'affluenza del pubblico è sempre inadeguata in rapporto alle spese generali ed agli oneri fissi. Il prezzo del pasto viene portato a 600 lire per il pasto tipo B ed a 500 lire per il tipo A, ma nonostante questo si soffre la concorrenza delle tante «tavole calde le quali hanno incontrato il favore del pubblico per la loro larga diffusione che le rende raggiungibili in qualsiasi punto della città e consentono di consumare solo quanto il Cliente desidera, in un tempo ristrettissimo».[40] Si giunge così alle pagine finali di questa avventura cooperativa.

Egregi soci, col 31 dicembre 1963 si è chiuso il 46° esercizio sociale e sarà probabilmente l'ultimo esercizio di questa tornata nel quale il ristorante rimarrà aperto al pubblico. Il Consiglio è venuto nella determinazione di cessare l'attività del ristorante, essendosi dimostrato impossibile rimanere nell'ambito dello scopo sociale e perseguire i fini per l'aggravarsi sempre più crescente delle spese: i dati del bilancio rispecchiano la realtà della crisi [...] non è possibile, pur non avendo la Società scopo di lucro, ottenere risultati economici quanto meno in pareggio [...].[41]

Nel novembre del 1972 l'Assemblea straordinaria dei Soci delibererà di provvedere alla fusione dell'ABC Cooperativa per Ristoratori a prezzi fissi nell'Unione Femminile Nazionale Società Cooperativa, mediante

---

38. AUFN, *ABC*, verbale dell'Assemblea Generale, Milano, 17 maggio 1945.
39. AUFN, *ABC*, verbale dell'Assemblea Generale, Milano, 7 maggio 1955.
40. AUFN, *ABC*, verbale del Consiglio di Amministrazione, Milano, 9 gennaio 1964.
41. AUFN, *ABC*, verbale dell'Assemblea Generale, Milano, 23 maggio 1964.

incorporazione della prima nella seconda.[42] Il legame tra la cooperativa è l'Unione – confermato dall'atto finale della cooperativa stessa – è esplicitamente ricordato nell'ultima Relazione del Consiglio di amministrazione:

> L'Unione Femminile Nazionale fu nel lontano 1917 uno degli enti fondatori della nostra istituzione e la maggioranza dei nostri soci faceva e fa parte del nucleo sociale dell'Unione Femminile Nazionale. [...] Escluso in entrambe lo scopo di lucro, esse hanno fini sociali, non solo ma l'Unione Femminile Nazionale prevede nel suo statuto la gestione di mense, come lo è nel nostro, in modo che se un giorno vi sarà la possibilità economico finanziaria [...] di aprire un esercizio con queste caratteristiche potremo riprendere l'attività ora interrotta.

4. «L'illusione non si mangia, ma alimenta»[43]

Tra il 1917 e il 1963, anno in cui il progetto giunge di fatto a termine, si svolge la parabola di questa interessante iniziativa di ristorazione sociale, voluta inizialmente dal Comune ma poi guidata principalmente dall'Unione femminile. La storia della Cooperativa è in fondo soprattutto la storia di una difficile commensalità, perché la sua riuscita rimandava alla possibilità di tenere attorno ad una tavola storie ed identità differenti a tre livelli distinti, anche se strettamente connessi.

A livello direttivo, vi è il tentativo di incontro tra amministrazione pubblica e associazioni private ma anche tra queste e il mondo industriale e si pensi alle difficoltà che segnano l'inizio di tale avventura ristorativa per ciò che concerne la rottura con il socialista Schiavi che ne aveva assunto la presidenza e poi alla ricerca di un equilibrio economico come mediazione tra finalità sociali e di mercato. Un equilibrio mai del tutto trovato e divenuto impossibile proprio negli anni del boom economico, quando la proliferazione di un'offerta ristorativa parcellizzata, spesso a gestione familiare, mette in campo una concorrenza assai più agile nell'affrontare gli oneri finanziari e le adempienze burocratiche tanto che matura all'interno della Cooperativa l'amara convinzione che il successo dell'iniziativa sia minato dal fatto di esser tra i pochi soggetti a

---

42. AUFN, *ABC*, verbale dell'Assemblea straordinaria dei Soci, Milano, 29 novembre 1972.
43. Gabriel García Márquez, *Nessuno scrive al colonnello*, Milano, Feltrinelli 1969.

dover «alimentare contemporaneamente la clientela, lo Stato, il Comune e gli enti parastatali».[44]

Ad un ulteriore livello, ancor più difficile è poi la possibilità di trovare un incontro tra i promotori dell'iniziativa e i suoi destinatari in relazione alla forte valenza identitaria della socialità ristorativa. Come si è visto gli operai vedevano in quei ristoranti una propaggine della fabbrica e questa proiezione tendeva a tenerli lontano da quelle tavole. Il passaggio di denominazione aziendale dal "popolare" all'"economico" e poi al "prezzo unico" accompagna questa difficile ricerca identitaria che tuttavia appare probabilmente frenata proprio dell'eterogeneità del tavolo direttivo e dal mancato – seppure auspicato da componenti della cooperativa – coinvolgimento dei fruitori dei ristoranti quali soci della cooperativa stessa. Abbandonata la matrice popolare, socialista e operaia risulterà impossibile costruirne un'altra alternativa e la cooperativa tenderà a rivolgersi ad una moltitudine di consumatori poco abbienti, piuttosto che ad una determinata categoria sociale, non riuscendo dunque a veicolare in quei locali un'immagine in grado di attrarre una popolazione progressivamente affascinata dalle nuove vetrine della società dei consumi anche attraverso meccanismi di "socializzazione anticipatoria".[45]

Infine, vi è un ulteriore piano commensale, quello che concerne la capacità di ideare, realizzare e gestire quotidianamente tali attività di ristorazione. Attività che, al di là delle loro difficili vicende economiche, hanno senza dubbio alimentato un grande risultato in termini di socialità e, per questa via, di maturazione di una coscienza civile. Da questo punto di vista la storia della Cooperativa cucine popolari è, infatti, la storia di una socialità tra molte donne. Donne che hanno partecipato alla creazione della cooperativa e ne hanno preso la direzione nei momenti più complessi, ma anche le tante donne attive quotidianamente nelle gestione nei ristoranti.[46] A loro, «trattenute da un esagerato senso dei propri doveri famigliari, o dall'inerzia o spesso anche svalutando per modestia

44. AUFN, *ABC*, verbale dell'Assemblea Generale, Milano, 8 maggio 1954.

45. Su questi aspetti rimando al mio Simone Colafranceschi, *Luoghi di consumo e identità nel boom economico italiano* in *Cibo e società, una relazione da esplorare*, a cura di Marusca De Castris, Roma, Roma Tre-Press, 2018, pp. 163-178.

46. La predominanza del personale femminile nei punti vendita fu motivo di aspre polemiche e vere e proprie vertenze sindacali conclusesi soltanto nel 1937 quando il Ministero delle Corporazioni diede parere favorevole alla sostituzione del personale femminile con quello maschile.

il proprio contributo, non sono ancora uscite dalle pareti domestiche per affacciarsi alla terribile realtà che s'impone a tutti indistintamente»[47] si era rivolta l'Unione femminile in quel drammatico e ormai lontano 1917. La storia di questa avventura cooperativa è dunque sotto questo profilo la storia di una socialità emancipativa che si realizza proprio attorno ad un tema, come quello dell'alimentazione, spesso foriero di dinamiche di subordinazione all'interno di dimensioni domestiche.[48]

47. AUFN, *Unione Femminile Nazionale. Archivio storico*, b. 11, fasc. 71. Circolare dell'Unione Femminile nazionale a firma Clara Ferri Benetti. Milano 21 novembre 1917.
48. Fiorenza Tarozzi, *Donne e alimentazione tra pubblico e privato*, in *L'alimentazione*, pp. 647-679. Si veda anche Anna Colella, *Figura di Vespa e leggerezza di farfalla. Le donne e il cibo nell'Italia borghese di fine Ottocento*, Firenze-Milano, Giunti 2003.

FIORELLA IMPRENTI

Adele e Bianca Ceva dal pensiero all'azione.
Diario intimo e politico di due sorelle

I fondi archivistici delle carte di Adele e Bianca Ceva, sorelle, antifasciste, esponenti della cultura repubblicana e azionista novecentesca, insegnanti, suggeriscono una lettura biografica che attraversa gran parte del secolo e ne esplora le passioni politiche, le culture, le trasformazioni sociali, la dimensione di genere; che si snoda nelle case di città e in quelle di campagna, nei viaggi, nelle traversate fredde sui monti negli anni di guerra, nelle aule scolastiche, nelle associazioni e nei partiti. Ci rimandano una biografia intensamente famigliare, con storie, pensieri, valori e relazioni continuamente intrecciati, sebbene non sovrapponibili; una biografia intima e insieme politica, con rinvii continui da una dimensione all'altra.

Di tale ricchezza, questo saggio ha scelto di indagare i primi cinquanta anni del Novecento, dalle sue certezze alla crisi, dal totalitarismo alla guerra, dalla ribellione alla ricostruzione, tutto attraverso gli occhi e le parole di due sorelle molto diverse e legatissime, che crebbero e si formarono in anni di transizione e che ebbero come compagni di viaggio alcuni dei più noti esponenti politici del tempo. Oltre ai famigliari, che occorre introdurre perché comprimari del racconto. In primo luogo i genitori, Lucio Ceva e Maria Lucini, originari del pavese, entrambi mazziniani e repubblicani, esponenti di una piccola borghesia degli uffici ansiosa di ascesa sociale. Lucio Ceva, nato nel 1868, fece per alcuni anni la carriera militare, promosso nel 1887 al grado di sergente del 1° reggimento del Genio, per poi impiegarsi nella Società Adriatica di assicurazioni; fu iscritto alla massoneria.[1]

---

1. Archivio Storico Unione Femminile Nazionale (AUFN), *Bianca Ceva*, b. 2, fasc. prov. b. 8. Sul ruolo della massoneria nello sviluppo del pensiero democratico e socialista

Lucio e Maria ebbero tre figli, nati tutti tra il 1897 e il 1900: la maggiore, Bianca, letterata e storica, poi Adele, matematica e poetessa, e Umberto, giovane chimico che visse trent'anni e finì suicida a Regina Coeli. Arrestato insieme al gruppo di Giustizia e Libertà e accusato con gli altri di terrorismo, si tolse la vita come atto di denuncia per accendere i riflettori su di un processo costruito ad arte per portare alla fucilazione la cellula antifascista. Vi riuscì, come vedremo, lasciando una moglie, Elena Valla,[2] anch'essa antifascista, originaria di Bobbio, vicino Piacenza, e laureatasi in lettere a Torino, dove all'Università aveva collaborato con la rivista «Energie Nove» di Piero Gobetti e Ada Prospero per poi laurearsi nel 1920 con Gaetano De Sanctis. Elena Valla incontrò Umberto Ceva a Bobbio, mentre lui passava le estati con le sorelle nella casa di campagna della vicina Varzi, lo sposò nel 1925 e lo seguì a Milano, dove iniziò a insegnare al liceo Manzoni e dove nacquero i due figli Edoardo e Lucio, nipoti prediletti per le zie Bianca e Adele.[3]

Adele sorridente, riservata, a tratti introversa. La poesia, più che la matematica come forma espressiva, la contemplazione e la trascendenza come parte della propria giornata, nessuna propensione all'attività fisica; Bianca esplosiva, grande scalatrice, amante dei viaggi, un'aspirazione all'azione trattenuta in un contegno austero, con tratti di ironia corrosiva e scoppi di allegria. La politica come cifra di lettura del mondo, un totale disinteresse per gli aspetti materiali. La libertà – individuale e collettiva

rimando a Fulvio Conti, *Massoneria e radicalismo in Europa dall'Età dei Lumi alla Grande Guerra*, in Maurizio Ridolfi, *La democrazia radicale nell'Ottocento europeo*, Milano, Feltrinelli, 2005, pp. 33-56. Cfr. Marco Novarino, *Tra squadra e compasso e sol dell'avvenire. Influenze massoniche sulla nascita del socialismo italiano*, Torino, Università Popolare di Torino editore, 2013.

2. Elena Valla nacque a Bobbio, in provincia di Piacenza, nel 1898. Approdò a Torino con una borsa di studio e frequentò l'università collaborando alla rivista «Energie Nove». Si laureò in lettere nel 1920 con Gaetano De Sanctis, firmatario nel 1925 con Benedetto Croce del Manifesto degli intellettuali antifascisti e poi tra i professori che nel 1931 rifiutarono di firmare il giuramento di fedeltà al fascismo. Elena Valla mantenne con lui un intenso scambio intellettuale. Su Elena Ceva Valla, *Dizionario biografico delle donne lombarde (568-1968)*, a cura di Rachele Farina, Milano, Baldini e Castoldi, 1995, pp. 1110-1111.

3. Una lettura efficace sugli anni della seconda guerra mondiale tra le case di Bobbio dei Valla e quella di Varzi dei Ceva è il volume di Lucio Ceva, *Case di guerra 1940-1945*, Milano, Unicopli, 2018. Lucio Ceva, figlio minore di Umberto e Elena Valla, raccontando i continui intrecci famigliari, parla di un «di qua» (la casa di Bobbio e la casa di Elena Valla in via Boccaccio a Milano) e un «di là» (la casa di Varzi con Bianca e Adele Ceva e l'appartamento accanto in via Boccaccio a Milano, dove vivevano le zie).

– come religione civile di entrambe, superiore a ogni forma di credo, pur importante. I fondi archivistici delle due sorelle, dissimili per molti versi, esprimono una eguale consapevolezza: le carte sono pensate, organizzate, indicizzate, a volte trascritte, per rendere al meglio il senso di un percorso di vita, più come responsabilità verso di sé che per una trasposizione pubblica, sebbene l'idea di trarne pubblicazioni sia nelle carte più volte esplicitata. Il rapporto con la scrittura fu infatti per entrambe fondamentale nella propria modalità espressiva e anche di ricerca.

Adele scrisse diari per gran parte della sua vita, pensandoli privati, e ne traspose in poesia le parti salienti, portando in una dimensione intima i fatti storici e poi di nuovo restituendoli come consapevole atto pubblico, intimo e politico insieme, raccontando di un ventennio amore, ribellione e guerra.[4] Bianca al contrario non scrisse diari ma fece largo uso della scrittura pubblica, articoli, saggi e volumi. Quando provò ad approcciare le sue memorie lo fece come atto privato, in omaggio a una coerenza interiore e a un significato che rischiava di perdere, offuscati dal passare del tempo, e ne ottenne pagine di riflessione filosofica ed etica, con quasi nessuna concessione a una dimensione intima e quotidiana o mostrando un suo privato coincidente con il suo essere storico.

1. Il «proemio» della vita: educazione, formazione, esperienze

Il senso del dovere i tre fratelli lo avevano respirato fin da bambini. Fu Bianca a ricordare la loro infanzia e l'adolescenza austere, tutte dedite al raggiungimento degli obbiettivi materiali e morali che la famiglia si dava. L'affetto intenso non veniva mai espresso con dolcezza o confidenza, le vite degli adulti restavano separate nell'intimo da quelle dei bambini, evitando ogni gesto che potesse affievolirne il carattere. L'esempio e il rigore di vita furono il cardine del modello educativo dei Ceva, non solo nei comportamenti esteriori ma nell'allenamento dello spirito volto a conservare

---

4. Le memorie di Adele Ceva, scritte in forma poetica, furono consapevolmente preparate per una pubblicazione, poi non uscita, nel 1972. Le liriche sono divise in due parti, nella prima sono raccolte le poesie d'amore e quelle dedicate al fratello e ai caduti per la libertà, nella seconda parte vi si trovano poesie ispirate a scena di vita quotidiana, molte dedicate a scorci di Milano. Adele Ceva, *Memorie*, in AUFN, *Adele Ceva*, b. 2, Memorie scelte, 1972.

e a perfezionare la fisionomia della propria vita. La religione civile, che aveva in Mazzini e Garibaldi i suoi cardini, consolidò nei giovani da un lato un profondo senso sociale e dall'altro l'aspirazione al miglioramento continuo di sé e della propria condizione «in virtù dell'ingegno, del lavoro, della rettitudine, della severità della vita». Era ciò che avevano fatto i genitori con il loro «orgoglio di signori» nati poveri e in cerca di un riscatto:

> Nessuno ha mai saputo i vostri sacrifici; noi per i primi non li conoscevamo; a noi bastava quello che tu, papà, guadagnavi col tuo lavoro intelligente, amato di per sé; non era molto, secondo l'avaro costume di quei tempi duri; ma il problema non era, poi, tanto importante, poiché noi quello che desideravamo lo avevamo, assorti in un mondo in cui i beni materiali contavano così poco, dove la rinuncia era facile, dove si poteva, per risparmiare la luce, sognare al buio.[5]

I Ceva vissero a Pavia fino al 1910, in un contesto chiuso, con poche conoscenze, che cambiò quando il padre ottenne un posto da ispettore nelle assicurazioni che gli consentì di trasferirsi a Milano e di proseguire nel disegno di progressivo consolidamento economico e sociale. Per tutta la loro vita, l'altro luogo che li caratterizzò fu Varzi, con i suoi torrenti, i suoi monti e le valli al confine emiliano, «un piccolo regno di libertà», come lo avrebbe definito Bianca, in cui perdersi e fuggire dal controllo pressante dei genitori. Sopra ogni interesse la cultura, «l'amore primo e disinteressato del sapere come evasione dello spirito e come presidio fermo lungo il cammino, a volte drammatico, della nostra esistenza».[6]

Nella biblioteca di casa i genitori incoraggiavano i figli ad accedere liberamente alle opere, anche a quelle considerate inadatte per l'età, e ad approcciare in modo immediato i testi, metodo che rimase un elemento distintivo in particolare per Bianca nella sua carriera di insegnante. La formazione universitaria delle due ragazze fu poi sostenuta fortemente dai genitori che vi vedevano non solo il completamento di un doveroso percorso intellettuale ma anche la possibilità di una necessaria e adeguata indipendenza economica per una famiglia benestante ma non sufficientemente

---

5. Lettera scritta da Bianca Ceva ai genitori (ormai scomparsi) in occasione del centesimo anniversario della nascita del padre Lucio, 1968, in AUFN, *Bianca Ceva*, b. 7, fasc. prov. b1.

6. La casa dei Ceva a Pavia si trovava in via Bordoni, mentre a Milano la famiglia visse prima in via Vincenzo Monti e poi in via Piermarini, per poi stabilirsi definitivamente in via Boccaccio 22. Così si desume dalla lettera di Bianca ai genitori, *ibidem*.

ricca da mantenere in età adulta due figlie senza lavoro proprio. Né mai il matrimonio fu visto come una soluzione di vita.

Le due ragazze si iscrissero quindi all'ateneo di Pavia proprio alla vigilia della prima guerra mondiale: Bianca scelse filosofia, Adele matematica. Furono anni di studio intenso, tra la casa di Milano e quella degli zii a Pavia nei periodi dei corsi e degli esami, intervallato solo dalle lezioni private con cui contribuire all'economia familiare, abitudine che rimase loro lungo tutto il corso della vita, sia a Milano, sia nei periodi estivi a Varzi e poi a Voghera.

La guerra entrò nel loro mondo in modi e tempi diversi. Se Adele restò estranea alle ragioni dell'interventismo come del neutralismo, Bianca condivise con il padre la scelta di campo per le democrazie occidentali e la vita d'un tratto divenne per lei essenzialmente politica. Nell'agosto 1916 Bianca, come ogni estate in villeggiatura dai nonni a Varzi, dove tra i monti ritrovava un'agognata di libertà di movimento, decideva improvvisamente di rientrare in città: «Milano è esultante per i grandi avvenimenti che si svolgono [...] Da noi c'è la quiete, ma qui c'è la vita che pulsa, e si gode e si sente che qui s'è pensato e voluto e si pensa e si vuole fortemente ancora, e si respira questo grande respiro».[7]

Lucio ebbe intesi scambi sull'attualità e la politica coi figli fin dalla prima adolescenza, che si intensificarono negli anni della grande guerra. Il papà, per far fronte alle crescenti necessità economiche legate alla volontà di portare i tre figli agli studi universitari, decise di accettare un nuovo ruolo da ispettore delle assicurazioni che lo portò a spostarsi per lunghi mesi da Milano. Nelle lettere inviate ai figli, a ciascuno individualmente, Lucio commentava i quotidiani e segnalava, in particolare a Bianca, approfondimenti letterari e politici e chiedeva a lei aggiornamenti sulla situazione milanese.

Da questo sodalizio Adele si sentiva in parte esclusa, né le bastava assumere un ruolo da «scienziata» della famiglia, essendo più ampi i suoi interessi. Il padre, tutto dedito al lavoro e alla politica, faticava a trovare argomenti affini, pur intuendo che la poesia stava diventando per lei più che

---

7. Bianca aveva avvisato del suo rientro il papà con una significativa cartolina, «Gli alleati», illustrata dal pittore interventista genovese Giovanni Ardy, che lasciò i pennelli per combattere in prima linea e che sarebbe poi morto in azione sulla Bainsizza nell'agosto del 1917. Cartolina di Bianca Ceva (Varzi) al padre (Milano), 25 agosto 1916; Lettera di Bianca Ceva (Milano) alla mamma (Varzi), 28 agosto 1916, in AUFN, *Bianca Ceva*, b. 2, fasc. prov. b3.

un interesse, ma una vera e propria modalità di espressione che l'avrebbe accompagnata tutta la vita:

> Io ti considero la matematica della casa e quindi estranea al cicaleccio letterario e politico, che forma argomento delle pubblicazioni, sulle quali amo richiamare l'attenzione, preferibilmente di Bianca, per ragione del mestiere [...] Ma forse sotto la tua vernice matematica, cova senso d'arte letteraria? dimmi i tuoi desideri e non una ma cento poesie ti procurerò.[8]

Mentre Bianca viveva di filosofia e politica, divorando i quotidiani per seguire le azioni di guerra, Adele ottenne un accesso privilegiato alla vita di trincea attraverso la relazione, sentimentale e letteraria, con il poeta Rodolfo Ceriello, di origine napoletana e trasferito a Milano dove prima del conflitto aveva trovato impiego come insegnante. Nelle sue lettere dal fronte Rodolfo anticipava ad Adele le sue liriche, che sarebbero state poi pubblicate nel 1919.[9] La relazione tra i due, e così la promessa di matrimonio, si sarebbe rotta nel 1922, ma fu intensa negli anni di guerra.[10] Il padre Lucio non vi si oppose, pur temendo che questa distrazione avrebbe potuto rallentare il percorso universitario di Adele. Di fronte alle richieste di lei di cambiare corso di studi, Lucio ebbe modo di chiarire ancora una volta che la conoscenza e l'indipendenza economica erano il progetto di vita che aveva immaginato per le sue figlie. Le scrisse quindi da Napoli, facendole notare quanto gravosa fosse per lui quella vita lontana da casa e che se Umberto fosse partito soldato avrebbe richiesto

---

8. Lettera di Lucio Ceva (Pisa) a Bianca ed Adele Ceva (Milano), 3 giugno 1917, in AUFN, *Bianca Ceva*, b. 2, fasc. prov. b3.

9. Rodolfo Ceriello, *E bende nere su ferite rosse. Carso 915-916-917*, Napoli, 1919.

10. La relazione tra Adele e Rodolfo Ceriello si interruppe nel 1922 «di comune accordo», una decisione consensuale che fu presa in realtà da Adele dopo che Ceriello mostrò la sua titubanza nel concretizzare la promessa di matrimonio. Le ragioni, scriveva Ceriello ad Adele e, su richiesta di lei, al padre Lucio per chiarire la situazione, andavano ricercate nelle difficoltà economiche legate alla necessità di prendersi cura dei genitori rimasti a Napoli, e ad una sua debolezza di carattere nell'affrontare un matrimonio non gradito alla famiglia di origine. Quello con Adele, ragazza molto più giovane, lavoratrice ed emancipata, proveniente da una famiglia non convenzionale e politicizzata, sarebbe probabilmente stato un matrimonio completamente estraneo alle strategie matrimoniali, sociali ed economiche della famiglia Ceriello. Il padre Lucio rispose freddamente, che non poteva insegnare a vivere a un uomo adulto, mentre Adele conservò l'affetto chiudendo però ogni possibilità di relazione. Su questo si veda in particolare la lettera di Ceriello a Lucio Ceva del 6 settembre 1922 e la risposta del padre in ottobre, oltre alla lettera di Adele del 2 ottobre. Corrispondenza con R. [Rodolfo Ceriello] Primo e secondo plico, in AUFN, *Adele Ceva*, b. 1.

ulteriori spese per consentirgli una leva decorosa. Occorreva attenersi al piano stabilito, spingere Umberto a diplomarsi un anno prima e avere le due sorelle laureate e sistemate a scuola, capaci di ulteriori introiti con le lezioni private. Non occorreva laurearsi con lode, ma finire e rendersi indipendenti economicamente:

> Qui, se non erro, entra a far da giudice la questione sentimentale; perché, io ti domando, tu non ti appassioni ai tuoi studi? Perché aspiri ad altre applicazioni, più consone allo stato del tuo spirito. E sta bene. Ma perché non hai fatte queste considerazioni due anni fa? Tu lo sai che fu per calcolo che si scelse quella via e per calcolo bisognerebbe volerla continuare [...] È la vita mia cara che è in gioco, senno quindi e cautela.[11]

Negli ultimi mesi di guerra, Umberto, diciottenne, venne richiamato alle armi, completando l'addestramento nel mantovano, senza mai arrivare in prima linea. Il padre, ancora a Napoli per lavoro, raccomandò che per il ragazzo non si chiedessero trattamenti speciali ma che lo si spingesse a fare gli esami per passare in seconda liceo e poter così frequentare la scuola ufficiali: «Quando io ritornerò potrò fermarmi dove si troverà e così potrò vederlo soldato – povero bambino [...] Ma si farà, ne sono sicuro, un buon soldato e farà il suo dovere». Accelerare gli studi di Umberto e portare a termine la laurea fu il pensiero fisso di quegli anni, resi più incerti dalla guerra e dal timore di perdere quanto raggiunto con tanta fatica. La presenza del padre a Napoli fu per Bianca l'occasione di contattare Benedetto Croce, il filosofo tramite cui aveva conosciuto Giambattista Vico, protagonista con Romagnosi della sua tesi, per la quale ottenne consigli e sostegno. Ne nacque un lungo rapporto intellettuale e morale, che avrebbe attraversato il fascismo e la guerra.[12]

Nelle lettere che scriveva da Napoli alla moglie e ai figli, Lucio raccontava i bombardamenti sulla città e i morti, ancora più numerosi, provocati dall'epidemia di influenza. Lui stesso si ammalò nell'agosto 1918 e Maria partì con Bianca per soccorrerlo e riportarlo a casa, affermando che mai più lo avrebbe lasciato partire. Fu per Bianca la prima volta in cui vide

---

11. Lucio chiudeva rimettendo la decisione al «consiglio di famiglia», chiedendo ad Adele di consultarsi con Bianca e la madre. Di fatto la ragazza si sottomise e riprese gli studi di matematica, laureandosi nei tempi stabiliti. Lettera di Lucio ad Adele, 16 luglio 1917, in AUFN, *Bianca Ceva*, b. 2, fasc. prov. b. 3.

12. Lettere di Lucio Ceva da Napoli, marzo-settembre 1918, in AUFN, *Bianca Ceva*, b. 2, fasc. prov. b. 3.

il mare, il primo viaggio, la cui idea negli anni successivi l'avrebbe accompagnata come un'aspirazione fissa alla scoperta e all'avventura.

Il dopoguerra fu intenso per tutta una generazione. Bianca iniziò ad insegnare nel 1919 al ginnasio di Monza ancor prima di laurearsi e si iscrisse all'Unione insegnanti, per la quale si prestò a fare lezione ai malati di tubercolosi, spinta da un crescente senso di «rivolta» contro le disuguaglianze sociali. «Ma ormai l'onda travolgeva». Fu lei stessa a ricordare come emblematica la serata dell'11 gennaio 1919 al Teatro la Scala, quando gli insulti e i fischi orchestrati dai palchi dai nazionalisti impedirono l'intervento di Leonida Bissolati, invitato a parlare dall'associazione dei fautori della Società delle Nazioni per spiegare la proposta di rinunciare all'occupazione della Dalmazia in nome del principio di nazionalità. Un nuovo modo di agire e di pensare annunciava per un'intera generazione, secondo Bianca Ceva, «la dura salita di un secondo calvario, più aspro del primo, perché segnò per molti, per troppi, la morte dell'anima».[13]

Ciò che era evidente a Milano, faticava a comprendersi da altre parti. Umberto, in attesa del congedo a Sabbioneta, vicino a Mantova, sollecitava informazioni:

> Papà e Bianca mi faranno l'eminente favore di scrivermi dei lunghi trattati di politica contemporanea perché io ho il bene di non capirne più niente. Sono stato molto tempo senza aprire un giornale ed ora mi trovo disorientato in mezzo a tutte queste ciance. Credo che facessero meno male le cannonate. Per lo meno erano argomenti più chiari, ma ora come distinguere i farabutti dagli imbecilli, questi ultimi dai cretini e così via? A chi dar retta? Dunque a quanto pare Mussolini non è più il medesimo, ovverosia è ancora lui, ma non è proprio lui! Chi ne capisce niente?[14]

L'incalzare degli eventi trovò ancora i tre fratelli concentrati sugli studi, Bianca si laureò nel 1920 in filosofia e subito si iscrisse a legge, continuando a insegnare, per approfondire filosofia del diritto. Unica passione giovanile, oltre la politica, restarono i viaggi che non poteva concedersi come svago e che cercò di realizzare sfruttando ogni occasione di lavoro e di formazione. Nel 1921 accettò una supplenza a Salò, sul Garda, approfittandone per ripercorrere a piedi le trincee della prima guerra mondiale, nel

13. Bianca Ceva, *Storia di una passione 1919-1943*, Cernusco sul Naviglio, Garzanti, 1948, p. 8.

14. Lettera di Umberto Ceva alla famiglia, Sabbioneta, 30 gennaio 1919, in AUFN, *Bianca Ceva*, b. 2, fasc. prov. b. 3.

1924 un concorso la portò a Roma, poi fu la volta di Mantova, presso un istituto magistrale. L'indipendenza economica raggiunta nel 1927, quando divenne titolare di cattedra al ginnasio del Beccaria di Milano, le consentì di affrontare il primo viaggio di piacere in solitaria, a Parigi, sulle orme di Michelangelo.[15] L'atmosfera conformista della scuola fascista acuiva il suo senso di oppressione, che cercò di lenire nuovamente, verso la fine del decennio, con un viaggio in Belgio, al seguito di congressisti diretti alla Casa del popolo di Bruxelles, dove rese omaggio a un busto in ricordo di Matteotti, per poi dirigersi in Olanda a contemplare le scogliere ventose del mare del Nord.[16] In quegli stessi anni, con il padre e il fratello, entrò in contatto con gli ambienti cospirativi repubblicani e di Giustizia e Libertà seguendo un ideale di vita che mai l'avrebbe abbandonata: «Della giovinezza conservai i sogni e quel costante desiderio di libertà che mi spingeva ad evadere verso il mondo».[17]

Anche Milano conservava ancora spazi di pensiero autonomo e cosmopolita. Nel 1927 Bianca si iscrisse all'Unione femminile nazionale con un'azione da 25 lire della società cooperativa e da subito iniziò a dirigerne la biblioteca, rilanciandola grandemente e dotandola di numerose riviste estere, in particolare francesi. La biblioteca dell'Unione, destinata ad es-

---

15. Bianca stese e trascrisse a macchina al ritorno resoconti storico letterari e artistici dei suoi viaggi in Italia e all'estero. AUFN, *Bianca Ceva*, b. 7, fasc. prov. b. 2.

16. Il tema del viaggio di lavoro, individuale o in gruppi, vissuto come occasione di emancipazione accomunò lavoratrici, insegnanti e donne della piccola e media borghesia. Una delegazione di minatori accompagnò sul finire dell'Ottocento la giovanissima sarta e futura stilista Rosa Genoni a Parigi «a vedere come si crea la moda», Emma «la Bresci» approfittò di una traversata transoceanica di ritorno dal nord America, dove era emigrata per trovare lavoro come tessitrice, per visitare, sempre a Parigi, l'Esposizione universale. La maestra milanese Abigaille Zanetta, fondatrice con insegnanti provenienti da tutta Europa dell'Internazionale dell'insegnamento, si unì nel 1925 a una delegazione diretta in Russia per studiare le istituzioni pedagogiche della rivoluzione leninista. La stessa spinta emancipatoria si ritrova nei viaggi delle donne australiane dirette a Londra, intesa come bandiera di libertà e occasione di fortuna individuale e collettiva. Angela Woollacott, *To Try Her Fortune in London: Australian Women, Colonialism and Modernity*, Oxford University Press, 2001; Franco Ramella, *La valigia americana. Breve storia di Emma detta «la Bresci»*, in *Attraverso le città*, a cura di Anna Badino, Ida Fazio e Fiorella Imprenti, numero monografico di «Genesis. Rivista della Società italiana delle storiche», XIV/2 (2015), pp. 83-106; Fiorella Imprenti, *Internazionalismo e nuova pedagogia. Il viaggio in URSS di Abigaille Zanetta*, in «Itineris. Rivista di storia di viaggi in età contemporanea», 2 (2017), pp. 38-51.

17. AUFN, *Bianca Ceva*, b. 14, Quaderno n. 1.

sere in gran parte distrutta dai bombardamenti del 1943, arrivò a contare oltre 30000 volumi, arricchiti dalla non comune capacità di indirizzo e di consiglio che Bianca svolgeva per le avventrici, facendone un luogo di formazione e di pensiero oltre che di studio.

Due anni dopo, nel 1929, divennero soci anche Adele, con una azione, e il padre Lucio, con due azioni, testimoniando la volontà di investire in un'istituzione che ancora conservava la propria indipendenza. Si trattava di un equilibrio difficile e precario quello a cui tendeva l'Unione femminile negli anni del fascismo: sebbene le istanze socialiste delle origini avessero in parte ceduto il passo, restavano forti all'interno dell'Unione le tradizioni liberali e laiche di derivazione risorgimentale, in cui montava un crescente antifascismo, mentre per altra parte non restava senza conseguenze l'inevitabile compromesso, culturale oltreché istituzionale, con lo stato fascista. Eppure per tutti gli anni Venti e Trenta, e fino allo scioglimento del 1939, l'Unione femminile continuò ad essere casa e ritrovo di insegnanti ed esponenti di una borghesia insofferente all'omologazione di una cultura asfittica e autarchica.[18]

Vi erano poi gli ambienti cospirativi, ai quali la famiglia Ceva non si sottrasse. L'intreccio tra cultura repubblicana e socialista che diede vita ai primi nuclei di Giustizia e Libertà, cui si legarono Umberto e Bianca, con pieno accordo del padre, passò anche per la riscoperta di Mazzini da parte dei giovani socialisti e tutta tesa a contrastare la lettura che ne dava Gentile, volta a ridurre al nazionalismo il senso della mazziniana lotta dei popoli per la libertà. Carlo Rosselli in particolare, precisando il suo pensiero attraverso il confronto con Alessandro Levi e Gaetano Salvemini, insisteva nel leggere centrale, in Mazzini, sia l'idea democratica, sia la questione sociale, portando a una convergenza tra mazzinianesimo e socialismo, depurato quest'ultimo dall'idea del partito unico bolscevico.[19]

18. Elena Valla avrebbe aderito all'Unione femminile pochi anni dopo, nel 1933. Sull'attività dell'Unione femminile nazionale negli anni del regime fascista rimando in particolare a Roberta Fossati, *Modelli di educazione democratica tra le due guerre. Un caso di studio*, in *Donne e fascismo. Immagine e modelli educativi*, numero monografico di «Annali di storia dell'educazione e delle istituzioni scolastiche», 17 (2010), pp. 45-46.

19. Stimolati dal confronto con il pensiero laburista inglese e incoraggiati dall'esperienza del primo governo laburista del 1924, anche in Italia molti giovani iniziarono a premere per innescare una discussione sui principi del socialismo, che trovò spazio sulle colonne di «Libertà», il quindicinale giovanile del PSU, il Partito Socialista Unitario fondato

Come molte delle protagoniste femminili del movimento di Giustizia
e Libertà, la scelta antifascista avvenne per Bianca Ceva in continuità e
non in rottura con il proprio ambiente famigliare che del resto sostenne il
suo percorso di studi, condivise la sua militanza femminista, iscrivendosi il
padre all'Unione femminile nazionale, in un percorso formativo di assoluta parità tra il figlio maschio e le femmine.[20] Le donne di Giustizia e Libertà
ebbero tra loro percorsi molto simili: tutte erano laureate o studentesse universitarie, esponenti della borghesia intellettuale antifascista; erano per lo
più insegnanti e traduttrici, nessuna di loro era operaia. Vissero esperienze
fortemente egualitarie nei loro ambienti e molte di loro svilupparono un'attività di associazionismo politico e culturale femminile, pur non trovando
all'interno di Giustizia e Libertà, né poi nel Partito d'azione, nessuna attenzione ai temi della cittadinanza e dei diritti delle donne. Loro riferimento fondamentale sul ruolo delle donne nella società fu Mazzini, mentre
interlocutore privilegiato fu Benedetto Croce che, apertamente contrario
al femminismo inteso come forzatura legislativa per anticipare diritti che
riteneva non ancora sentiti, sostenne l'emancipazione di alcune donne che
mostravano un certo grado di indipendenza intellettuale e morale, tale da
consentire loro di esercitare liberamente il proprio ruolo sociale. A queste
donne non negò scambi intellettuali e aiuti concreti: Barbara Allason, Ada
Prospero Gobetti, Joyce Lussu e Bianca Ceva furono tra queste.[21]

nell'ottobre del 1922 dal gruppo socialista riformista che faceva capo a Turati e a Giacomo
Matteotti dopo l'espulsione dal Partito socialista italiano dove era prevalsa l'area massima-
lista. Su «Libertà» si potevano rintracciare due grandi linee interpretative: una marxista,
rappresentata tra gli altri da Rodolfo Mondolfo, e una etica-mazziniana che si richiamava
agli scritti di Alessandro Levi. Salvo Mastellone, *Tra cultura politica mazziniana e cultura
politica laburista. Carlo Rosselli e Alessandro Levi*, in *Carlo Rosselli: gli anni della formazione e Milano*, a cura di Nicola Del Corno, Milano, Biblion Edizioni, 2010, pp. 85-96.

20. De Luna suggerisce che l'opposizione delle donne di GL al fascismo fu in sostanza una scelta esistenziale di intransigenza in continuità con la propria esperienza familiare,
il che comunque non ne escludeva la politicità. La mancanza di una «rivolta» rispetto ai
propri ruoli sociali dipese il più delle volte dal fatto che, come nella scelta del percorso di
studi, non vi fosse per queste donne alcun ostacolo familiare alla propria autorealizzazione
politica. Giovanni De Luna, *Donne in oggetto. L'antifascismo nella società italiana (1922-
1939)*, Torino, Bollati Boringhieri, 1995, p. 83.

21. Nemmeno Carlo Rosselli, nonostante il ruolo di primo piano, sia sul lato intellettuale che politico della madre, Amelia Pincherle, e della moglie, Marion Cave, nei suoi
scritti accennò mai alla questione femminile. Noemi Crain Merz, *L'illusione della parità.
Donne e questione femminile in Giustizia e libertà e nel Partito d'azione*, Milano, Franco
Angeli, 2013, pp. 17-30.

Sul finire degli anni Venti, in casa Ceva il più coinvolto nella rete clandestina fu però Umberto che, grazie alle sue competenze da chimico, aveva realizzato una serie di inchiostri simpatici molto apprezzati nelle carceri per le comunicazioni clandestine. Fu legato a Ernesto Rossi, Riccardo Bauer e Ferruccio Parri, appena rientrato dal confino. Seguendo le indicazioni di Carlo Rosselli dalla Francia, il gruppo organizzò lanci di volantini e una serie di boicottaggi e azioni dimostrative; quando al gruppo si unì Carlo Del Re, agente provocatore, il destino della cellula fu segnato.[22]

Accusati tutti di terrorismo per il progetto, non realizzato, dell'incendio di una ricevitoria delle imposte, a loro venne imputato anche il mai risolto attentato di Piazza Giulio Cesare del 1928, in occasione di una visita a Milano di Mussolini. Le prove e le testimonianze, manipolate ad arte, non avrebbero loro lasciato scampo, portandoli alla pena capitale, e solo il suicidio di Umberto la notte di natale del 1930, col clamore che suscitò, valse a far crollare la tesi accusatoria.[23]

La lettera testamento, fiera e piena di amore, lasciata alla moglie, fu uno degli scritti di riferimento degli antifascisti italiani. Fu Adele ad accompagnare Elena a Regina Coeli a riconoscere il corpo e quel momento traspose in versi. Dopo anni di liriche intense a tema sentimentale, la storia e la politica facevano irruzione drammaticamente nelle poesie di Adele, per restarvi, negli anni successivi, in una galleria di tributi ai «patrioti» uccisi nella guerra di liberazione:

Stormir lieve di foglie / lieve scender di foglie a quando a quando /intorno all'urna dove tu riposi,
Teneri baci riverentemente / ponemmo sul tuo bel corpo disfatto / per noi e per tutti quelli che più t'amano / la tua Elena ed io [...].
La libertà che sopra tutto amavi / e che da troppo tempo ti mancava; / a te mancava, manca alla tua patria; / tu per questo sei morto [...].[24]

22. Mario Giovana, *Giustizia e libertà in Italia: storia di una cospirazione antifascista 1929-1937*, Torino, Bollati Boringhieri, 2005, pp. 160-198.

23. Bianca Ceva, *1930. Retroscena da un dramma*, Bobbio, Edizioni Pontegobbo, 2010; *Una spia del regime*, a cura di Ernesto Rossi, Torino, Bollati Boringhieri, 2000. Cfr. Mimmo Franzinelli, *I tentacoli dell'Ovra: agenti, collaboratori e vittime della polizia politica fascista*, Torino, Bollati Boringhieri, 1999, pp. 92-108.

24. Adele Ceva, *Sull'urna di Umberto 1930-1931*, in *Memorie*, in AUFN, *Adele Ceva*, b. 2, Memorie scelte, 1972.

La morte di Umberto rappresentò una cesura nella vita famigliare dei Ceva e non solo. Bianca individuò gli anni fino a quel momento come un «proemio» alla propria vita, che iniziava allora con un riscatto in più da conquistare.[25] «Voglio che i nostri figli siano utili alla società», aveva scritto anni prima Lucio a Maria in una lettera tra fidanzati e questa determinazione restò identica davanti alla morte di Umberto. In una delle commemorazioni che seguirono, di fronte a chi parlava dello scomparso con toni di commiserazione, la madre rispose fiera che il figlio era morto per dimostrare che non tutti gli italiani erano dei vili. Fu la stessa ferma intenzione che, anni dopo, presa insieme la decisione che Bianca si consegnasse alla polizia nel 1943 per evitare ritorsioni sulla famiglia, consentì al padre di abbracciare la figlia e di chiederle se sarebbe stata in grado di negare sempre tutto, già conoscendo la risposta.[26]

Dopo la morte di Umberto la moglie Elena, con i due figli Edoardo e Lucio, si trasferì in via Boccaccio nell'appartamento contiguo a quello di Bianca e Adele. Poco dopo un anno iniziò il percorso che portò Bianca ad essere allontanata dalla scuola per destinarla ad un ufficio della Sovrintendenza delle Belle Arti, «una specie di confino che allora serviva al ministero per risolvere casi particolarmente difficili» e che toccò di lì a poco anche a Elena Valla.

Il pretesto fu un episodio segnalato dal Preside nel gennaio del 1932, quando in una cerimonia nell'aula magna del Beccaria per ricordare la morte improvvisa di Arnaldo Mussolini, fratello del Duce, Bianca Ceva omise di fare il saluto romano, dando occasione al preside di sottolineare come «né con l'esempio né con la parola intende infondere negli alunni lo spirito che anima l'opera del fascismo» e che la condotta di Bianca Ceva, ottima dal lato morale non poteva dirsi altrettanto dal lato civile. Inutile il ricorso e le attestazioni di stima dei colleghi.[27]

Adele aveva invece lasciato la scuola fin dal 1929, preferendo l'insegnamento privato e sempre dedicandosi alla poesia, nel tentativo di afferrare una libertà interiore spesso offuscata da tristezze e turbamenti:

> La mia anima che, se già in anni lontani tentava i primi timidi voli per evadere dall'oscuro mondo in cui si dibatteva, ormai, e anche tu lo senti, a quei voli

25. AUFN, *Bianca Ceva*, b. 14, Quaderno n. 1.

26. Lettera scritta da Bianca Ceva ai genitori (ormai scomparsi) in occasione del centesimo anniversario della nascita del padre Lucio, 1968, in AUFN, *Bianca Ceva*, b. 7, fasc. prov. b1.

27. AUFN, *Bianca Ceva*, b. 1, fasc. prov. b1 e prov. b. 7.

ha fatto ben forti le ali, che facilmente la portano alta nelle regioni dove cede questo senso di fredda solitudine, tutto, anche incomprensioni slanci contraddizioni di creature amate, vien componendosi quasi in un'armonia sommessa ed ella spazia nella più assoluta libertà.[28]

Negli anni successivi Bianca in particolare intensificò i rapporti con i gruppi antifascisti di Giustizia e Libertà sopravvissuti, sebbene ormai tutti gli amici fossero in carcere o al confino. Tenne rapporti anche con alcuni rappresentati dell'area liberale, da Alessandro Casati a Benedetto Croce, con cui non aveva interrotto i contatti e al quale non risparmiò una dura critica quando questi decise di donare le proprie medaglie d'oro alla patria.[29]

Cardine della rete milanese in quegli anni restava Ferruccio Parri, rientrato dal confino e impiegato dal 1934 nella società Edison a Milano. Negli anni di guerra, le famiglie Ceva e Valla vissero sfollate a Varzi e Bobbio, mentre nella vicina Voghera la Edison traferì i suoi uffici, costringendo Parri a trovare qui alloggio con la moglie Ester, il figlio e l'anziano padre, chiedendo aiuto a Bianca e costruendo un ponte tra Milano e l'Oltrepò pavese che avrebbe rappresentato un canale importante per la resistenza dopo l'8 settembre 1943.[30]

2. «Il più bel quarto d'ora della mia vita». 1943-1945

Il 25 luglio 1943 trovò la famiglia nell'Oltrepò, nel raccoglimento di sapere che, mentre molti amici uscivano dalle carceri, Umberto non sarebbe tornato da loro. La presenza di Ferruccio Parri a Voghera stimolò la nascita di un locale Comitato di liberazione nazionale; a Varzi e a Bobbio, per le strade cittadine, un manifesto riportava la notizia della riammissione a scuola di Bianca Ceva ed Elena Valla. Iniziò un periodo frenetico di organizzazione e di spostamento continuo per Bianca, in particolare dopo l'8 settembre, avendo ricevuto da Parri l'incarico di tornare a Milano per trovare persone:

28. Lettera di Adele a Rodolfo Ceriello, 15 dicembre 1942, in AUFN, *Adele Ceva*, b. 1.
29. Bianca Ceva, *Una testimonianza su Benedetto Croce*, in «Nuova Antologia», s.n. (giugno-agosto 1977), pp. 142-5.
30. Lettere di Ferruccio Parri a Bianca Ceva del 1942, in AUFN, *Bianca Ceva*, b. 1, fasc. prov. b1 e prov. b. 8.

È giunta l'ora di guardarci in faccia per sapere chi siamo e su chi possiamo contare [... per] salvare il maggior numero di prigionieri Alleati, farli passare al di là delle Alpi o guidarli fino alle linee; sottrarre ebrei alla persecuzione; compiere atti di sabotaggio contro i tedeschi e i fascisti, cominciare a raccogliere sulle montagne e nelle valli nuclei di sbandati ed organizzarli.[31]

L'attività di Bianca Ceva, rientrata sui monti di Varzi, si incentrò proprio nel sostegno ai soldati Alleati, che senza armi né direttive si erano raccolti in un hotel sopra i 1000 metri sul monte Boglelio. In una di queste azioni maturò la cattura di Bianca. Avvisata da due donne della presenza di due soldati alleati sbandati, Bianca li recuperò e li scortò fino all'hotel, mettendo a frutto la sua passione per le escursioni. Erano due australiani, Jim Simmons e Roy Goodear; quest'ultimo teneva un diario e quando all'inizio di dicembre del 1943 tutto il gruppo venne catturato, la descrizione di Bianca, pur non nominata, portò sulle sue tracce il colonnello Alberto Alfieri, fondatore di un corpo di polizia formato da fascisti italiani al comando dei tedeschi, la Sicherheits Abteilung. Seguì un tentativo di fuga verso la Svizzera, interrotto dalle notizie della perquisizione della casa di Varzi e delle minacce dirette ai famigliari. Tornò quindi indietro, abbracciò il padre e, dopo aver concordato un alibi, andò a costituirsi accompagnata da Adele. Il diario, alcuni suoi scritti antifascisti recuperati durante la perquisizione e testimonianze incrociate la inchiodavano, eppure, «quel poliziotto che sbraitava non immaginava certo che quell'annuncio, col quale pensava di annientarmi, mi aveva dato, invece un sottile brivido di curiosità: il carcere, da tanti anni ne sentivo parlare, finalmente avrei saputo io che cosa era».[32]

Nel carcere di Voghera Bianca patì più che altro l'isolamento, per più di sei mesi non le concessero nemmeno una visita, le negarono la corrispondenza e i libri, sperando di ottenere una confessione che non venne. «L'unica virtù da esercitare tanto da parte tua quanto da parte nostra, è quella della pazienza: per fortuna la nostra generazione ha avuto modo di fare del tirocinio in argomento», così le scriveva Elena Valla e a questo a lungo Bianca si attenne. Chi ebbe il contraccolpo maggiore dall'arresto di Bianca fu Adele. Fu per lei un rovesciamento di ruolo doversi a un tratto occupare dei genitori e della sorella, di tutti i molteplici

---

31. Così scriveva Bianca il 24 settembre 1943 sul suo diario partigiano pubblicato nel 1954. Bianca Ceva, *Tempo dei vivi 1943-1945*, Varese-Milano, Ceschina; 1954, p. 23.

32. Ceva, *Tempo dei vivi*, p. 45.

affari di lei e delle lezioni; doveva spostarsi tra le città, in una situazione di sempre maggior pericolo, affrontare marce, intrecciare relazioni coi i contatti clandestini di Bianca.[33]

In giugno questa ebbe la notizia del deferimento al Tribunale militare di Milano, il che le valse per un po' la fine degli interrogatori e la concessione di alcune visite e di libri. La situazione peggiorò in estate, col trasferimento nel carcere di Pavia, dove trovò una cella affollata, torrida e sporca, cibo immangiabile, «pane di fango» e un materasso pieno di cimici che a lungo le tolsero il sonno. In agosto iniziò il processo a Milano, dove comparve assieme ai suoi coimputati, tra cui Pietro Denari, esponente azionista del Comitato di Liberazione Nazionale (CLN) di Voghera, e dove da lontano riuscì a vedere gli amici, ma il tribunale militare si dichiarò incompetente e rimandò la sentenza al Tribunale speciale per la difesa dello Stato. Nei lunghi mesi di carcere e nell'isolamento, Bianca si preparò ad affrontare il peggio, in particolare dall'estate, quando, oltre al timore di una condanna capitale al processo, si faceva sempre più concreta la possibilità della deportazione in un campo di concentramento in Germania. Scriveva quindi il suo testamento indirizzato ai suoi cari, papà e mamma, Adele, Elena, Edoardo e Lucio:

> Con l'immagine di Umberto nel cuore e senz'odio alcuno se non per il male, io affronterò la mia sorte con la coscienza ferma e pura di chi combatte e cade su di un campo di battaglia che ha prescelto. Consapevole del valore della vita io la consacro lietamente a qualche cosa che vale più della vita stessa: ad un ideale di libertà, di giustizia e di dignità umana, in questo momento di dolore straziante per l'umanità intera e soprattutto per questa povera patria. [...] Credo in Dio, in cui si assommano in un fulgore indistinto, tutti i sogni più radiosi di libertà, di amore, di giustizia, di carità, di bellezza e di potenza. Credo nell'immortalità dell'anima umana e dei suoi destini al di là della terra e credo nella vita come suo campo di disciplina e di prova.[34]

33. Le condizioni materiali non erano invece un problema, per una attitudine spartana come quella di Bianca Ceva e grazie ad Adele che ogni settimana le faceva recapitare carne, pane, formaggio, vino e zucchero, oltre alla biancheria. Non era così per quelli «poveri e soli», per le madri di famiglia che, rifiutandosi come lei di parlare, erano costrette poi a piangere per la sorte dei figli rimasti a casa. Rispetto a tutti loro, in carcere Bianca si sentiva fortunata, anche di poter imparare dalle loro vite il senso della giustizia sociale. Corrispondenza dal carcere, Lettera di Elena da Varzi, 9 gennaio 1944, vedi inoltre in particolare le lettere di Adele, in AUFN, *Bianca Ceva*, b. 1, fasc. prov. b8.

34. Bianca Ceva, copia fotostatica del testamento scritto in carcere, in AUFN, *Bianca Ceva*, b. 1, fasc. prov. b7.

Intanto nell'agosto del 1944, mentre Milano veniva bombardata e anche l'appartamento dei Ceva in via Boccaccio subiva danni e un incendio, l'estate delle repubbliche partigiane portò Varzi ad insorgere e a liberare una vasta area dove si organizzarono numerose bande partigiane, cui seguirono nuove occupazioni e confini continuamente ridisegnati, fino ai duri rastrellamenti dell'inverno.[35] Adele, dedicandosi al processo di Bianca, sistemò papà e mamma a Voghera, nella casa di Parri che nel frattempo si era dato alla macchia e dove una piccola rete di sostegno clandestina avrebbe potuto in caso di necessità prelevare velocemente i genitori. Fu in questi giorni che iniziò a preparare l'evasione di Bianca con l'aiuto di Claudio Crescenti, il partigiano Filippo, esponente repubblicano del Comitato di liberazione nazionale di Voghera.

La prima azione essenziale era far rientrare Bianca a Voghera dopo il processo, non potendosi preparare azioni a Pavia o a Milano, dove ormai aveva ordine di trasferimento. L'operazione richiese molti soldi per corrompere le guardie che traducevano i detenuti, ma ebbe successo. Bianca fu inizialmente contraria, temendo ripercussioni sulla famiglia, ma valutò infine che la situazione militare era cambiata rispetto all'anno precedente e, pur non potendo prevederne i tempi, una fine della guerra si vedeva all'orizzonte. Inoltre il timore della deportazione si fece pressante, a lungo ricordò l'ultimo sguardo di Giovanni Mercurio, nome di battaglia Mirko, medico della divisione GL Masia che vide dalla sua finestra del carcere accompagnato dai tedeschi in un viaggio dal quale non sarebbe più tornato.[36]

Il passaggio a piedi tra Varzi, dove erano rientrati i genitori, e Voghera, dove a metà settembre era d'accordo di partecipare al piano di evasione di Bianca e degli altri detenuti politici, vide Adele marciare per circa 40 chilometri tra i boschi, interrotti da varchi partigiani e da sparatorie, con la battaglia che ancora infuriava su Costa Cavalieri. Raggiunse quindi Claudio Crescenti, nel retro del suo negozio convertito in luogo di ritrovo partigiano. Corrompendo alcune guardie, Adele riuscì a ottenere di nuovo il trasferimento di Bianca a Voghera e qui a trattenerla nonostante le richieste

35. Sul fenomeno delle zone libere si veda il dossier *Il paradosso dello Stato nello Stato. Realtà e rappresentazione delle zone libere partigiane in Emilia Romagna*, a cura di Roberta Mira e Toni Rovatti, in «E-Review», 3 (2015); Nunzia Augeri, *L'estate delle libertà. Repubbliche partigiane e zone libere*, Roma, Carocci, 2015. Cfr. *Le Repubbliche partigiane. Esperienze di autogoverno democratico*, a cura di Carlo Vallauri, Roma-Bari, Laterza, 2013.
36. Ceva, *Tempo dei vivi*, pp. 49-120.

pressanti del Tribunale speciale perché fosse portata a Milano. Una prima incursione in settembre liberò alcuni detenuti politici ma Bianca, nella sezione femminile, non fu trovata. Adele riuscì a organizzare, grazie all'aiuto di un medico compiacente, il ricovero in una clinica privata quando Bianca simulò un attacco di appendicite.

Fu un mese concitato, tutta un'orchestra di accordi, colloqui, coincidenze, pagamenti, laute mance elargite e commedie, compresa quella perfetta di Bianca che nessuno, per carattere, avrebbe ritenuto capace di tanta immedesimazione. In clinica, la notte del 18 ottobre del 1944, si presentò quindi una squadra composta da Adele, con una pistola in mano, Claudio Crescenti e Franco Quarleri, il partigiano Carli, cui andava aggiunta la compiacenza del capoguardia Andrea Ioli, già coinvolto nell'evasione e poi a lungo vicino, con la moglie Anna, ai Ceva. Seguì il gruppo anche il giovane piantone che aveva in custodia Bianca, mezzo minacciato mezzo sollevato, si unì poi ad una brigata partigiana. Quel periodo di fatica fisica, di pericolo, di azione e di decisioni repentine, per quanto lontano dalla sua attitudine abituale, fu tra i più intensi vissuti da Adele: «È stato il mese d'oro della mia vita. Una frase analoga, e con toni di estremo rimpianto, l'ho sentita dire da C. [Claudio Crescenti], anni dopo, in casa sua».[37]

Seguì un inverno molto duro in cui i rastrellamenti costrinsero tutti a disperdersi sulle montagne, chi nei casolari in quota, gli altri, i ricercati come Bianca, costretti a vagare continuamente, con poco cibo, dormendo ogni notte in una casa diversa. Adele, in quegli stessi mesi, riprese la sua attitudine meditativa, leggendo moltissimo, dal Paradiso di Dante agli scritti di Mazzini e su Mazzini e poi il Vangelo di Matteo, del quale iniziò a compilare un commentario.

3. Associazioni e partiti: la transizione alla Repubblica

Il passaggio al periodo di pace fu vissuto da Bianca e Adele in una dimensione politica e in parte pubblica, scandita dalle commemorazioni di Umberto e degli amici caduti. Adele fin dal maggio 1945 aderì alla rinata associazione mazziniana di Voghera, promuovendo una sottoscrizione per la biblioteca, che gestì animandola di conferenze e letture collettive, chiamando al tesseramento in particolare le donne. A fine luglio partecipò a

---

37. Intermezzo 1, dal giugno 1944 al settembre 1955, AUFN, *Adele Ceva*, b. 4.

Milano al congresso del Partito Repubblicano e mantenne per alcuni mesi una situazione da pendolare tra le due città e i due circoli repubblicani. A Milano frequentò la sede di via Vivaio e animò il gruppo femminile repubblicano insieme a Nila Mori e qui dovette rientrare definitivamente in ottobre, quando la casa di via Boccaccio, danneggiata dai bombardamenti, fu pronta.[38]

Riprese subito le relazioni con Clara Roghi per la riapertura dell'Unione femminile e, pur a malincuore, coi mesi tornò sempre più raramente a Voghera. La fine del 1945 fu segnata anche dalla morte del padre, che concorse a portare su Adele un senso di tristezza e di insoddisfazione per la sua ritrovata, tranquilla vita, scandita ogni sera da letture sacre, dalla ripresa dell'insegnamento e delle lezioni private, dalla politica e dalla intensa vita associativa. Compilò varie opere: una su Maria Drago che ottenne un certo successo, un volume di liriche dedicate «Ai patrioti», edito per la Libreria Editrice Milanese in occasione del 25 aprile 1946 e poi varie poesie su periodici politici, come quella dedicata a Franco Quarleri, suo compagno d'azione nell'evasione di Bianca, ucciso il 26 aprile 1945 in una delle ultime azioni per la liberazione di Voghera. Eppure Adele, come fu per molti, faticava a congedarsi dal momento eccezionale vissuto durante la resistenza, per la sua libertà d'azione e di relazione, per l'intensità delle emozioni e per il fatto di sentirsi parte operante e pensante di una collettività capace di incidere sul destino comune. Del resto, la depoliticizzazione del ruolo svolto dalle donne nella Resistenza e il tentativo di riportare la loro azione entro moduli tradizionali fu un'operazione culturale e sociale sentita da molte come violenta.[39]

Il dopoguerra per Bianca e Adele iniziò comunque da cittadine. Nel giugno 1946 entrambe furono scrutatrici alle elezioni dell'Assemblea Co-

---

38. Sull'attività delle donne nel partito repubblicano si veda *Donne e politica: la presenza femminile nei partiti politici Torino 1945-1990*, a cura di Maria Teresa Silvestrini, Caterina Simiand, Simona Urso, Milano, Franco Angeli, 2005.

39. Sulla difficoltà di transizione dal periodo resistenziale alla normalizzazione del dopoguerra per le donne molto è stato scritto. Mi limito su questo a rinviare a Laura Mariani: *Risorse e traumi nei linguaggi della memoria. Scritture e re-citazione*, in *Donne, guerra, politica. Esperienze e memorie della resistenza*, a cura di Dianella Gagliani, Elda Guerra, Laura Mariani, Fiorenza Tarozzi, Bologna, Clueb, 2000, pp. 45-68. Cfr. Anna Bravo, Anna Maria Bruzzone, *In guerra senz'armi. Storie di donne (1940-1945)*, Roma, Laterza, 2000; Anna Rossi-Doria, *Le donne sulla scena politica*, in *Storia dell'Italia repubblicana*, vol. 1, *La costruzione della democrazia*, Einaudi, Torino, 1994, pp. 779-846.

stituente e al Referendum, seguendo con trepidazione gli esiti del voto. I festeggiamenti le trovarono domenica 9 giugno nella sezione di via Meravigli del Partito repubblicano, mentre martedì 11 un corteo cittadino sfilò per le strade sotto la pioggia battente e vide unite le donne del gruppo milanese repubblicano dietro le bandiere della repubblica romana del 1849.[40]

L'impegno di Adele nel gruppo femminile repubblicano si accompagnò a quello presso l'Unione femminile dove attorno alla figura carismatica di Clara Roghi si saldò un gruppo dirigente che, oltre ad Adele Ceva, contava figure come Frida Ceccon Marx, rappresentante della Federazione italiana laureate e diplomate di istituti superiori (Fildis), Maria Giaroli, Maria Giovanardi Metz e Sofia Garzanti Ravasi, presidente della Federazione nazionale donne artiste professioniste e d'affari (Fidapa) e fondatrice della sezione milanese dell'Opera Montessori. Arricchendo la più consolidata impostazione assistenziale, tipica dell'Unione femminile fin dai suoi esordi, con una rinnovata enfasi sull'educazione culturale, sociale e civile delle giovani donne, il nuovo gruppo dirigente sceglieva di insistere particolarmente sull'alta formazione, individuando come destinatari privilegiati delle proprie attività non più solo le classi popolari e operaie ma un ceto medio di giovani donne portate per lo studio, «quella gioventù che, non viziata dall'eccessiva ricchezza, ha in sé spirito di sacrificio nella coscienza della dignità e responsabilità umana».[41]

Su questi temi si spese in particolare Adele, che nell'agosto del 1950 propose al Consiglio il progetto di una Sala di studio per studentesse universitarie, scrivendone da Bobbio alla presidente, con la preghiera di leggerlo a tutte le consigliere. Affermava che lo spunto le era venuto dal lavoro fatto nell'anno precedente per il Premio alle laureande, da lei seguito per la selezione delle candidate. Adele ricordava di aver incontrato ragazze

---

40. Intermezzo 2, dal 15 settembre 1945 al 16 dicembre 1946, in AUFN, *Adele Ceva*, b. 4.

41. Un filo rosso legava l'attività dell'Unione femminile a quella dei suoi esordi nel perseguimento della mobilità sociale femminile, rivolta prima prevalentemente alla classe operaia e ora, coerentemente con le trasformazioni sociali del paese e con il maggiore ingresso delle ragazze nelle università, agli impieghi e al mondo delle professioni. Sul mondo del lavoro milanese tra gli anni Cinquanta e Settanta rimando a *La signorina Kores e le altre. Donne e lavoro a Milano (1950-1970)*, a cura di Rossana Di Fazio e Margherita Marcheselli, Milano, Enciclopedia delle Donne, 2016. Sull'attività dell'Unione femminile nei primi anni Cinquanta rimando a Debora Migliucci, *Senza distinzioni di sesso: L'Unione femminile nazionale e l'attuazione del principio costituzionale di eguaglianza (1946-1975)*, in «Storia in Lombardia», 3 (2010), pp. 87-113.

ricche di «tumulti» interiori e speranze, ma afflitte da difficoltà materiali, dalla carenza di spazi adeguati allo studio (anche imputabile alla crisi degli alloggi), «troppo spesso, precocemente serie nell'aspetto», e bisognose di una guida morale che l'Unione poteva offrire:

> E mi è sembrato che, avvicinandosi a noi, [...]si schiudesse in molte di loro un'improvvisa speranza, quasi scoprissero finalmente il mondo delle loro più intime aspirazioni, un mondo del quale avevano il presentimento ed al quale sapevano in fondo d'aver diritto: il nostro mondo. Mi è sembrato che ciascuna di loro, a questa scoperta, tendesse le mani come figlia che dicesse alla madre: 'finalmente le tue mani!'; le nostre mani.[42]

La soluzione trovata fu quindi quella di aprire nei locali dell'Unione una Sala di studio per studentesse universitarie, in un ambiente comodo e decoroso, con orari prolungati rispetto alle biblioteche delle università e soprattutto con la possibilità di accedere, senza mediazioni e formalità all'incontro con le socie e le consigliere. I nuovi spazi furono presentati sabato 16 dicembre 1950, in occasione dell'inaugurazione della sede ristrutturata dell'Unione femminile, dopo la chiusura forzata, le distruzioni dei bombardamenti e gli ingenti lavori di ricostruzione. Quella giornata fu anche per Adele l'emozionante testimonianza del proprio impegno per l'Unione femminile a cinquanta anni dalla sua nascita:

> Alle 15.30 sono all'Unione, con tre rose rosse che mamma offre in sua rappresentanza. L'ambiente è pronto a ricevere gli ospiti come meglio non si poteva desiderare. E, nonostante la bufera di neve gli ospiti già in parte sono venuti e continuano a venire. Mi trovo con Maria Massari che mi fa leggere le brevi parole che dirà. (È proprio quale ho sentito subito, fin dal primo incontro, che doveva essere: una cara, fresca, viva anima). Come d'accordo, è stata poi la sua nota finale, dopo le parole di Clara Roghi, del Sindaco e della signora Boschetti. Tutti hanno parlato bene ma quella nota ci voleva. Tale è stata, l'ho sentito, anche l'impressione del pubblico, il quale aveva riempito la sala e le stanze vicine. Tra il pubblico c'erano la mia Bi [Bianca], la mia El. [Elena Ceva Valla] e poi Carla R. [Rusca], L'avv. Re, un'amica della Durante dal volto espressivo ed interessante, Bianca Bianchi (non l'onorevole) [...]. Quando verso le 6, dopo il Vermut, tutti a poco a poco se ne vanno, mi prendo il bacio riconoscente di Clara R.[43]

---

42. Lettera di Adele Ceva da Bobbio a Clara Roghi, agosto 1950, in AUFN, *Unione Femminile Nazionale*, b. 7.

43. Diario di Adele Ceva novembre 1950-gennaio 1951, in AUFN, *Adele Ceva*, b. 5, Quaderno n. 15.

Accanto all'intensa attività scolastica e con l'Unione femminile, di cui divenne consigliera nel 1951 dopo aver rifiutato una prima volta l'incarico, Adele si interessò al Movimento Federalista Europeo, del quale l'amatissimo nipote Edoardo era fiero di aver preso la tessera numero 1.[44] Una scelta che condivise con Elena Valla e Ada Rossi, che aveva studiato matematica a Pavia nei suoi stessi anni e che di passaggio a Milano frequentava casa Ceva. Adele aderì anche alla Società per la Cremazione, come a suo tempo il padre, e alla Società del Pane Quotidiano, oltre a continuare il suo impegno nel gruppo femminile del partito repubblicano, anche se «ahimè l'atmosfera eroica, ormai da più di due anni svanita, ha portato via con sé, temo, il meglio di noi».[45] Eppure, come mai prima di allora, le era chiaro di appartenere a una comunità politica, alla quale in altri anni si era invece sentita estranea. «E va bene, mi ci metto dentro anch'io, e adesso, in un certo senso, ne faccio veramente parte anch'io; non così in quegli anni lontani». La scelta di campo fondamentale era la posizione di quanti non si riconoscevano nella logica degli schieramenti internazionali contrapposti:

> Conclusione (almeno per mio conto e per ora): né con l'America né con la Russia, bensì con la terza forza; in teoria, s'intende, perché la terza forza non può scendere armata in campo come le altre due; né si può negare che quando il conflitto avrà preso le proporzioni che fatalmente, a quanto pare, dovrà prendere, ciascuno di noi, volente o nolente, si schiererà da una parte o dall'altra, poiché a questo l'obbligheranno le necessità pratiche della sua vita di individuo consociato. E tanto varrà allora mettersi coscientemente e deliberatamente dalla parte di quello dei due contendenti che, secondo noi, sarà meno in errore. Prenderemo la nostra parte di responsabilità, non vorremo sfuggire al nostro umano destino che non ci consente di giungere al bene se non attraverso il male, col quale dobbiamo pur prendere contatto se vogliamo trasformarlo in bene. A meno che non vogliamo appartenere alla schiera di quelli che 'mai non furon vivi'.[46]

Furono queste stesse considerazioni a muovere Bianca nelle scelte di campo politiche e associative, in particolare all'interno delle istituzioni della memoria della resistenza che si andavano organizzando. Fu nuovamente

44. Su Ada Rossi e il Movimento Federalista europeo rimando a *Le Madri fondatrici dell'Europa*, a cura di Maria Pia Di Nonno, Roma, Edizioni Nuova Cultura, 2017, pp. 56-70 e pp. 182-190.
45. Diario di Adele Ceva 1946-1948, in AUFN, *Adele Ceva*, b. 5, Quaderni n. 1, 2, 3.
46. Diario di Adele Ceva giugno-agosto 1950, in AUFN, *Adele Ceva*, b. 5, Quaderno n. 13.

accanto a Parri nella costituzione della FIAP, la Federazione Italiana Associazioni Partigiane, fondata nel gennaio del 1949 con l'obiettivo di valorizzare il contributo originale portato alla lotta di liberazione dall'antifascismo liberal-radicale di Gobetti, dalla lezione di Gaetano Salvemini, di Riccardo Bauer, di Pietro Calamandrei, dal socialismo liberale di Giustizia e Libertà di Carlo Rosselli e di Emilio Lussu e poi dal Partito d'Azione: un antifascismo rigoroso nei valori e negli ideali, fermamente convinto che le associazioni degli ex partigiani dovessero mantenersi indipendenti dal sistema politico contingente. L'inizio del percorso che avrebbe portato numerosi esponenti della guerra di liberazione a uscire dall'ANPI, l'Associazione Nazionale Partigiani d'Italia, nata unitaria a Roma nel 1944, era iniziato con il 1948 delle prime elezioni politiche e del fronte popolare; dall'ANPI si erano staccati prima i cattolici di Enrico Mattei che avevano fondato la FVL, la Federazione Volontari della Libertà, e immediatamente dopo si erano mossi i gruppi socialisti e azionisti essenzialmente legati all'esperienza delle brigate di Giustizia e Libertà e dietro la guida di Ferruccio Parri.[47]

Per cercare di contrastare le divisioni interne all'ANPI e le pressioni politiche in senso anticomunista, nel marzo del 1948 Bianca aveva firmato, assieme a Parri, Leo Valiani, Mario Rollier, Aldo Aniasi, Luciano Bolis e altri, il Manifesto contro la creazione di una milizia anticomunista, richiamando «tutti i compagni della Resistenza, a qualsiasi gruppo politico oggi appartengano, alla necessità di salvaguardare la preminenza degli ideali per i quali i migliori figli del popolo italiano combatterono – contro il fascismo ed il nazismo – rispetto alle questioni esclusive di partito che solo possono dividerli».[48]

Fallito questo tentativo, Bianca contribuì a costituire una delle prime associazioni aderenti alla FIAP, l'Unione Partigiani Piemontesi, dove figurava unica altra donna assieme a Frida Malan. Nel 1950 le venne rilasciata la Tessera d'onore n. 2188, con la qualifica di partigiana combattente, mentre nel 1952 la determina n. 1405 dell'Esercito italiano le confermò la Croce al merito di guerra in seguito ad attività partigiana.[49] Anche nell'attività politica Bianca fu sodale di Ferruccio Parri e con lui abbandonò il Partito repubblicano nel 1953 in disaccordo con il voto sulla legge elettorale, che portò Parri e

47. Sulla storia della FIAP rimando a *Né stalinisti né confessionali. Per una storia della FIAP*, a cura di Giovanni Scirocco, Milano, Biblion Edizioni, 2018.

48. *Manifesto (marzo 1948) contro la creazione di una milizia anticomunista*, in Renzo Biondo, *Parri e la costituzione della FIAP. Una scelta necessaria*, Genova, Edizioni Fiap, s.d.

49. La tessera portava il timbro della Giunta esecutiva nazionale della FIAP e la firma autografa di Ferruccio Parri. Infilati nella tessera ancora oggi un nastrino con la bandiera italiana e una foglia di edera vera, in AUFN, *Bianca Ceva*, b. 1, fasc. prov. b1.

Calamandrei a fondare il movimento di Unità Popolare. Ottenuto un limitatissimo consenso alle elezioni del 7 giugno 1953, Parri si allontanò per un periodo dalla scena politica. Nel 1956, Bianca Ceva fu attirata dal nascente Partito radicale stimolata dalla corrispondenza con Ernesto Rossi. Alla fine scelse di restare accanto a Parri e di fare un passo indietro dalla politica militante per dedicarsi a tempo pieno all'attività dell'Istituto nazionale per la storia del movimento di liberazione (Insmli), del quale divenne Segretaria generale:

> La mia linea politica – scrisse congedandosi da Rossi – ha sempre avversato la tattica opportunistica dei partiti di sinistra, svuotati in Italia di ogni peso come correnti di opposizione, ed ho sempre auspicato il sorgere di una forza che polarizzasse i delusi del loro inefficiente macchiavellismo, da una parte, e dall'altra i nauseati della vorace invadenza democristiana [...] Lei comprenderà molto bene che io non posso staccarmi all'improvviso, senza spiegazione alcuna, da un amico al quale mi legano non solo rapporti di lavoro, ma anche il ricordo di quella lotta politica del 7 giugno, che abbiamo combattuto insieme, disposti a pagarne il prezzo.[50]

Molta parte della vita delle sorelle Adele e Bianca Ceva a questo punto doveva ancora esplicarsi, l'opera costante di educazione e trasmissione della memoria, nelle aule scolastiche, nella ricca realtà partecipativa delle associazioni milanesi, nelle istituzioni culturali e della Resistenza, sulle riviste e nelle opere. E, come sempre, nei diari, nelle lettere, nelle relazioni. Nel 1979 l'Unione femminile decise di festeggiare i suoi 80 anni di vita con la pubblicazione dell'ultima fatica di Bianca, un'opera di traduzione e commento di Tito Livio che metteva a confronto le guerre tra Roma e Cartagine con il secondo conflitto mondiale. Nel presentare l'opera, l'allora presidente dell'Unione femminile, Giuditta Usuelli Motta, parlò di «lezioni di sapere e di libertà», una felice espressione capace di coniugare tutto ciò che unì e rese coerenti ed esemplari le esperienze umane e politiche delle sorelle Ceva: la tensione costante alla costruzione di sé all'insegna della cultura, dello studio e del rigore spirituale e di vita, l'attenzione alla dimensione didattica e l'aspirazione primaria e totalizzante per la libertà individuale e collettiva che fu comune a una cultura politica, radicale e repubblicana, non ancora adeguatamente indagata in particolare nella sua dimensione femminile.[51]

50. Corrispondenza con Ernesto Rossi, gennaio 1956, in AUFN, *Bianca Ceva*, b. 5, fasc. prov. b1.
51. Bianca Ceva, *La storia che ritorna: la terza deca di Livio e l'ultimo conflitto mondiale*, Milano, Unione Femminile Nazionale, 1979.

Patrizia Montani

Educazione come progetto di democrazia: la Scuola dei genitori

1. *Progettare una società nuova in un mondo che cambia*

Nella primavera del 1953 Maria Giovanardi Metz, vicepresidente dell'Unione femminile nazionale, intuisce la necessità di tornare ad uno dei compiti che avevano caratterizzato l'attività dell'associazione milanese fin dai suoi esordi: quello della formazione delle madri ad una maggiore consapevolezza nell'educazione dei figli. Erano passati circa cinquant'anni dall'avvio della Scuola delle madri, iniziativa che l'Unione femminile, a pochi anni della sua fondazione, aveva rivolto alle donne delle classi popolari per sensibilizzarle sui loro diritti e sul valore sociale della maternità.

Nel mezzo c'erano stati anni disastrosi, in cui l'educazione era stata improntata a modelli autoritari inneggianti il maschilismo e i valori guerreschi, un ventennio segnato dall'isolamento culturale del paese, in virtù del quale nessuna eco di quanto in ambito pedagogico era stato elaborato altrove era giunto fino a noi.

È quindi un terreno fertile quello che la vicepresidente dell'Unione femminile suggerisce di esplorare, proponendo all'associazione un primo ciclo di otto conferenze sui temi educativi, affrontati da vari punti di vista – da quelli psicologici a quelli più strettamente pedagogici, includendo anche aspetti legati all'igiene e allo sviluppo fisico – e affidati a specialisti, alcuni dei quali assai noti e apprezzati anche a livello nazionale.[1]

---

1. Tra i collaboratori più noti della Scuola c'era ad esempio Dino Origlia, medico, specializzato in neuropsichiatria e psicologia e allievo di Cesare Musatti, attivissimo nel panorama culturale dell'epoca. Per una ricostruzione più ampia di questa esperienza cfr. Patrizia Montani, *Educare gli educatori. La Scuola dei genitori di Milano (1953-1962)*, Torino, Rosenberg & Sellier, 1994.

La necessità di soffermarsi su questi temi e il bisogno, da parte dei genitori e più in generale degli educatori, di trovare un orientamento che li indirizzasse in un compito che si percepiva sempre più complesso, era così avvertito che l'iniziativa raccolse un immediato successo di pubblico. Ciò convinse il comitato promotore a proseguire nell'attività, denominandosi Circolo dei genitori, per costituirsi poi, nel 1956, in Scuola dei genitori e dotarsi di un proprio statuto, separandosi formalmente dall'Unione femminile, con la quale manterrà tuttavia uno stretto legame di appartenenza, anche in virtù della generosità con la quale l'istituzione "madre" supporterà l'iniziativa, mettendo a disposizione della Scuola locali e consistenti aiuti economici.

Ad ispirare il progetto di Maria Giovanardi era stata l'École des Parents, nata a Parigi nel 1929 con analoghe finalità, sulla cui scia stavano sorgendo iniziative equivalenti anche in altri paesi. Ma non è certamente un caso che la nascita della Scuola dei genitori di Milano coincida con le profonde trasformazioni attraversate dalla società italiana di quegli anni cruciali, che segnarono il passaggio da un quadro culturale rigidamente patriarcale, gerarchico e tradizionale, ad uno scenario di lenta ma inarrestabile modernizzazione, che caratterizzerà dapprima gli ambienti urbani e borghesi per estendersi poi, non senza contraddizioni, anche alle zone più periferiche del paese.

Sebbene i cambiamenti in corso investissero tutti i settori della popolazione, ad emergere con maggior forza dirompente come gruppo sociale autonomo erano i giovani, e ciò vale non solo per l'Italia ma per l'insieme delle società capitalistiche.[2] Come acutamente rilevato da Simonetta Piccone Stella in un saggio molto citato e molto utile per comprendere la portata dei cambiamenti che si andavano prefigurando «il percorso lineare della riproduzione culturale tra generazioni si interrompe proprio in questi anni e non si è più ricomposto, da allora, nelle forme di un tempo».[3] Gli

2. Luca Gorgolini, *L'Italia in movimento. Storia sociale degli anni Cinquanta*, Milano, Bruno Mondadori, 2013.

3. Simonetta Piccone Stella, *La prima generazione. Ragazzi e ragazze nel miracolo economico italiano*, Milano, Franco Angeli, 1993, p. 26. Sui mutamenti familiari e l'emergere dei giovani come categoria sociale dirompente cfr. Patrizia Dogliani, *Storia dei giovani*, Milano, Bruno Mondadori, 2004; *Il secolo dei giovani. Le nuove generazioni e la storia del Novecento*, a cura di Paolo Sorcinelli e Angelo Varni, Roma, Donzelli, 2004; *Dalla trincea alla piazza. L'irruzione dei giovani nel Novecento*, a cura di Marco de Nicolò, Roma, Viella, 2011.

anni Cinquanta, infatti, descritti dagli studi di storia economica e politica come un decennio contrassegnato da una certa immobilità, rivestono invece un momento di grande rottura per la storia della soggettività, anticipando e preparando il terreno per la svolta definitiva che segnerà il decennio successivo.[4]

Il protagonismo giovanile si impose dunque, fin dall'inizio del decennio, come elemento di cesura: le nuove generazioni rivendicavano per sé visibilità e il superamento di quell'autoritarismo che fino ad allora aveva contrassegnato le relazioni con la società degli adulti.

Ad accentuare la visibilità di tale processo, che trovava cassa di risonanza attraverso la pubblicazione di inchieste giornalistiche, sondaggi e convegni di addetti ai lavori,[5] intervenivano elementi inediti: alle istituzioni educative tradizionali – scuola, famiglia, parrocchia – si aggiungeva in quegli anni il potere persuasivo di "agenzie" educative del tutto nuove che, sebbene non legittimate, godevano di un potere attrattivo fortissimo tra i giovani: il cinema in primo luogo,[6] quello americano soprattutto, che proponeva modelli di irresistibile novità, a cui si aggiungevano la musica, la pubblicità, i fumetti, i rotocalchi. In parallelo si assisteva ad un sommovimento sociale in cui lo spostamento di grandi masse di popolazione verso le grandi città e dunque l'accesso a nuove forme di socialità e a nuove reti di relazione, congiuntamente all'alfabetizzazione di massa, aprivano prospettive totalmente inedite rispetto a possibili scenari di vita e a modelli professionali prima inimmaginabili. Come scrive ancora Piccone Stella «è la società nel suo complesso che entra senza diaframmi in modo selvaggio e ingovernato nel processo dell'educazione giovanile».[7]

La proposta della Scuola dei genitori si inseriva dunque in un panorama in piena evoluzione, con lo scopo di aiutare le famiglie – perché a queste ci si rivolgeva, almeno nel periodo iniziale – a trovare un nuovo equilibrio nell'atteggiamento verso i figli, che evitasse da un lato l'eccessi-

4. Enrica Capussotti, *Gioventù perduta. Gli anni Cinquanta dei giovani e del cinema in Italia*, Firenze, Giunti, 2003.

5. Interessante, ad esempio, l'intervento di Dino Origlia al IX congresso degli psicologi italiani nel 1951, nel quale venivano manifestate riflessioni piuttosto allarmate sul desiderio di autonomia dal mondo degli adulti espresso dagli adolescenti dei primi anni Cinquanta, in *Atti del IX congresso degli psicologi italiani*, a cura di Luigi Canestrelli, Firenze, Editrice universitaria, 1953.

6. Capussotti, *Gioventù perduta*.

7. Piccone Stella, *La prima generazione*, p. 19.

vo autoritarismo e dall'altro una completa rinuncia alla necessaria funzione di guida autorevole dei genitori, nel «timore ossessionante di ostacolare la spontanea e libera evoluzione delle loro creature». Accanto a questi obiettivi c'era anche la consapevolezza che nel passaggio dalla famiglia patriarcale a quella nucleare, causato da tali sommovimenti, i genitori – ed in particolare le madri, tradizionalmente responsabili quasi esclusive dell'educazione dei figli – erano sempre più isolati all'interno delle proprie case, privati delle reti di relazione che avevano circondato le generazioni precedenti, lasciati soli ad affrontare quello che in precedenza veniva considerato un passaggio condiviso e assolutamente naturale: allevare i figli era sempre stato considerato una capacità del tutto innata, per la quale non era richiesta nessuna specifica competenza.

Pur mantenendo un carattere di consulenza pratica rispetto ai problemi concreti che insorgevano nell'opera educativa delle famiglie e non proponendosi mai come luogo di elaborazione teorica, tra gli obiettivi dichiarati della Scuola c'era anche la volontà di svecchiare teorie pedagogiche ereditate dal fascismo, come spiegava Angela Colantoni Stevani, tra le fondatrici della Scuola e una delle protagoniste più attive e appassionate, intervenendo ad un programma radiofonico dedicato alle trasformazioni dell'istituto familiare:

> Si trattava, innanzitutto, di denunciare le contraddizioni pedagogiche del fascismo: pesante autoritarismo da un lato, deteriore "avanguardismo" dall'altro. Si trattava anche di far conoscere e di divulgare nozioni e teorie pedagogiche e in particolare psicoanalitiche, verso le quali la cultura fascista aveva nutrito diffidenze e sospetti, dovuti anche all'avversione idealistica nei confronti delle "scienze empiriche", tra le quali veniva annoverata la psicologia.[8]

Non a caso è proprio a partire dai primi anni Cinquanta che si registrò in Italia un inedito interesse per discipline quali antropologia, sociolo-

---

8. Il programma era «Casa nostra, il Circolo dei genitori», trasmesso per la prima volta dalla RAI il 4 marzo 1960. Ideatore e realizzatore della rubrica era Luciano Guaraldo, responsabile Luciana Della Seta. La rubrica, trasmessa inizialmente il venerdì pomeriggio, disponeva inizialmente di soli quindici minuti a settimana, portati poi a venticinque e si avvaleva della cordiale collaborazione della Scuola dei genitori di Milano, i cui animatori partecipavano spesso alle trasmissioni. Tra gli ospiti, oltre a specialisti nel campo dell'educazione, figuravano personalità di assoluto prestigio, quali ad esempio Umberto Eco, Roberto Leydi, Paolo Grassi. L'intervista citata era stata trasmessa nel febbraio 1967 ed è riportata nel volume che Della Seta ha dedicato a questa esperienza: Luciana Della Seta, *La famiglia che cambia. Il Circolo dei genitori 1960-1975*, Firenze, Giunti-Barbera, 1981, p. 179.

gia, psicologia, a lungo tenute quasi all'indice, attraverso la diffusione di pubblicazioni periodiche anche non specialistiche in cui, proprio in quegli anni, cominciarono ad apparire rubriche tenute da figure qualificate.[9] Si trattò di un faticoso processo di sprovincializzazione culturale in cui il paese, appena uscito dal fascismo e dalla devastante guerra che ne era seguita, cercava di recuperare anni di ritardo.[10]

Ma a motivare le animatrici e gli animatori della Scuola, molti dei quali avevano attivamente partecipato alla Resistenza, era anche la convinzione che un rinnovamento profondo della società nel suo complesso in senso democratico e antiautoritario non poteva aver luogo senza un serio ripensamento delle modalità di formazione delle giovani generazioni. Era all'interno delle famiglie, si riteneva, che si doveva cominciare a formare il futuro cittadino. Si avverte in questa esigenza, più volte documentata dalle carte d'archivio, l'importanza attribuita all'educazione, caratteristica di tutte le società nei momenti di passaggio, qual era l'Italia del secondo dopoguerra. In occasione di una conversazione sul tema dell'educazione alle responsabilità familiari, uno degli animatori della Scuola, Giuseppe Tramarollo,[11] dichiarava infatti:

> la responsabilità familiare è anche responsabilità sociale in una società democratica come quella delineata dalla nostra Costituzione che fa esplicito riferimento alla funzione educativa della famiglia, alla quale spetta anche il compito di preparare il futuro cittadino, titolare di una porzione, sia pur minima, ma intangibile, di sovranità e quindi a sua volta di responsabilità.[12]

Ad arricchire la proposta della Scuola milanese di un carattere di originalità era anche la sua dichiarata e ribadita laicità, intesa sia come presa di distanza da tutto ciò che aveva a che fare con scelte di carattere religioso, sia come assoluta indipendenza dai partiti dello schieramento laico e ciò indipendentemente dalle scelte personali dei singoli protagonisti, tra

---

9. Fin dal 1950 ad esempio un settimanale di larga diffusione quale «Epoca» aveva assegnato allo psicoanalista Emilio Servadio una rubrica fissa di scambio con i lettori.

10. Guido Crainz, *Storia del miracolo italiano. Cultura, identità, trasformazioni fra anni Cinquanta e Sessanta*, Roma, Donzelli, 1996, p. 50 e ss.

11. Insegnante di storia e filosofia presso il Liceo Carducci di Milano, mazziniano, attivamente antifascista.

12. Archivio Unione femminile nazionale (AUFN), *Scuola dei genitori*, b. *Corsi in sede 1957-1961*, fasc. *Relazioni e conferenze in sede*.

cui figuravano anche persone molto legate agli ambienti cattolici. Nel clima di rigido confessionalismo che pervadeva gli anni della guerra fredda, soprattutto in tema di scelte educative e scolastiche, una simile posizione costituiva di per sé una novità di grande rilievo. La cultura italiana di orientamento laico degli anni immediatamente successivi alla seconda guerra mondiale rimase infatti a lungo caratterizzata da uno scarso interesse per i temi educativi, a differenza di quella legata al mondo cattolico, la quale aveva sempre considerato l'educazione delle giovani generazioni un'area privilegiata di intervento sociale.[13]

Assai più dei laici, i pedagogisti di area cattolica erano infatti riusciti a mantenere anche durante il fascismo legami e contatti con quanto di nuovo veniva elaborato in Europa e negli Stati Uniti e alla fine della guerra la pedagogia cattolica poteva contare su accademici prestigiosi – Gemelli, Casotti, Stefanini, per citarne solo alcuni – e su strumenti editoriali consolidati. Alla determinazione con cui i partiti di ispirazione laica avevano affrontato il dibattito in tema di politica scolastica, in sede di dibattito alla Costituente,[14] non corrispondeva affatto una pari risolutezza sul piano dell'elaborazione teorica. Solo nei primi anni Cinquanta la pedagogia di orientamento laico trovò nella rivista «Scuola e città», organo della Scuola-città Pestalozzi fondata a Firenze da Ernesto Codignola, e sul dibattito sorto attorno al tema dell'attivismo pedagogico, un laboratorio teorico e un momento di coesione e di scambio di idee.[15]

Pur mantenendosi sempre su un piano di assoluta distanza da partiti e associazioni, e pur rivendicando con fierezza la non appartenenza ad alcuna dottrina – politica o confessionale che fosse – la dichiarata laicità ripetutamente sottolineata dalle animatrici e dagli animatori della Scuola dei genitori costituiva senz'altro, nel clima soffocante di quegli anni, un'adesione a quei valori di libertà, democrazia e tolleranza che avevano sempre ispirato

13. Con molto tempismo, ad esempio, la Chiesa italiana provvide nel periodo successivo alla Liberazione a sostituirsi alle organizzazioni giovanili fasciste e a rilanciare le attività educative e ricreative nelle parrocchie.

14. Un'utile panoramica al riguardo è quella di Giuseppe Ricuperati, *La politica scolastica*, in *Storia dell'Italia repubblicana*, a cura di Francesco Barbagallo *et al.*, 3 voll., Torino, Einaudi, vol. 2, tomo 2, 1995, pp. 707-778.

15. Sull'esperienza della Scuola-città Pestalozzi e sul dibattito pedagogico sorto sulla rivista «Scuola e città» fondata nel 1950 è stato scritto molto. Per una rapida sintesi si veda il contributo di Enzo Catarsi, *Ideologia progressiva e pedagogia militante nella "Scuola fiorentina"*, in «Studi sulla formazione», 1 (2013), pp. 15-24.

l'Unione femminile nazionale, della quale la Scuola rappresentava in quel periodo l'espressione più recente e significativa.

Scorrendo il filo delle relazioni intercorse tra la Scuola e le altre associazioni con analoghe finalità troviamo allora contatti significativi che consentono di ricostruire trame, legami e comunità di intenti. La vastità di contatti e riferimenti davvero notevole assicurata alla Scuola milanese dai professionisti che la animavano comprendevano ad esempio Ada Gobetti, la quale aveva diretto dal 1953 al 1955 – assieme a Dina Bertoni Jovine – la rivista «Educazione democratica» e che nel 1959 fondò e diresse «Il giornale dei genitori»,[16] presente nella piccola biblioteca specializzata allestita dall'associazione milanese, con cui condivideva la necessità di sensibilizzare gli educatori agli ideali democratici. Tramite la socia Elvira Berrini, neuropsichiatra infantile molto vicina a Giovanni Bollea con il quale contribuì a fondare e diffondere in Italia l'esperienza dei centri psico-pedagogici, la Scuola era collegata con l'Istituto di neuropsichiatria infantile di Roma. Contatti e corrispondenze vi erano anche con l'esperienza della Scuola-città Pestalozzi di Firenze, una delle esperienze più note e significative della pedagogia laica del secondo dopoguerra, come accennato poc'anzi.[17]

2. Operare su più fronti: le modalità di intervento

La formula originaria adottata dalla Scuola, prevedeva cicli di otto-dieci incontri annuali – le cosiddette "conferenze in sede" – che si tene-

16. Sulla figura di Ada Gobetti e sulla sua attività cfr., tra l'altro, Emmanuela Banfo e Piera Egidi Bouchard, *Ada Gobetti e i suoi cinque talenti*, Torino, Claudiana, 2014; Noemi Crain Merz, *L'illusione della parità. Donne e questione femminile in Giustizia e Libertà e nel Partito d'Azione*, Milano, Franco Angeli, 2013; *Piero e Ada Gobetti. Due protagonisti della storia e della cultura del Novecento*, Convegno internazionale di studi, Università di Cassino, 21-23 novembre 2001, a cura di Angela Fabrizi, Roma, Domograf, 2006; Maria Cristina Leuzzi, *Ada Gobetti e l'educazione al vivere democratico. Gli anni Cinquanta di Ada Prospero Marchesini*, Roma, Anicia, 2014 [2015].

17. Nel 1957 ad esempio, Aldo Visalberghi, docente di pedagogia a Milano e direttore della rivista fiorentina, fu invitato a tenere una delle conferenze in sede sul tema: Le compagnie dei nostri figli. Una testimonianza ancora più convincente dell'interesse con cui da Firenze si guardava a quanto si stava sperimentando a Milano è una lettera con cui Ernesto Codignola chiedeva alla segreteria della Scuola l'invio di alcuni numeri del Bollettino dell'associazione milanese per completarne la collezione, in AUFN, *Scuola dei genitori*, b. *Bollettino 1961-'62-'63*, fasc. *Corrispondenza varia 1961-'62*.

vano presso l'Unione femminile nazionale ed erano pianificati in relazione al calendario scolastico. A partire dal 1956, ovvero dall'anno in cui la Scuola si costituisce in ente morale separandosi formalmente dall'Unione femminile, all'attività di programmazione è delegato un apposito comitato di studio incaricato di fornire consulenza scientifica,[18] che si ritrovava in autunno per programmare il ciclo di conferenze, individuare i temi da affrontare e gli specialisti esterni da contattare. Gli incontri si avviavano a gennaio e andavano avanti, con cadenza quindicinale, fino alla primavera inoltrata. L'intensa rete di relazioni su cui la Scuola poteva contare – grazie anche all'estrazione sociale dei suoi animatori, quasi tutti appartenenti alla medio-alta borghesia e ben inseriti nella vita culturale cittadina – assicuravano all'associazione la partecipazione di professionisti di chiara fama, specialisti nei settori dell'educazione, della psicoanalisi, della pedagogia provenienti dal mondo accademico, scientifico e culturale, non soltanto milanese. Questa fittissima rete di relazioni garantiva alla Scuola un apporto scientifico di indubbio valore e costituiva al tempo stesso una sorta di "biglietto da visita" che le animatrici utilizzavano con molta intelligenza nel loro energico lavoro di autopromozione,[19] al fine di assicurare alla Scuola dei genitori non soltanto visibilità e risonanza, ma anche appoggio economico da parte delle istituzioni, che contribuivano così ad integrare il supporto economico comunque assicurato dall'Unione femminile.

Fin dai primi anni accanto a questa formula fu introdotta quella che rappresentava forse la modalità di intervento più interessante della Scuola, vale a dire quella delle "Riunioni di gruppo", dove piccoli gruppi di genitori – in realtà esclusivamente madri, nonostante la presenza dei padri

18. Il primo comitato di studio era composto da: Maria Elvira Berrini, neuropsichiatra infantile; Giovanni Maria Bertin, docente di pedagogia all'Università di Milano; Adele Cappelli Vegni, ginecologa; Angela Colantoni Stevani, insegnante; Yoseph Colombo, preside del liceo Berchet; Enrico Comolli, pediatra; Mario Melino, docente di educazione degli adulti e più tardi presidente della Società umanitaria; Bice Libretti Baldeschi, direttrice didattica; Dino Origlia, docente di psicopedagogia e neuropsichiatria infantile; M. Saffiotti Valenzano, insegnante; Gina Vaj Pedrotti, insegnante; G. Iatronico, direttore didattico; M. Luzzatto Bruché, preside di scuola media; V. Porta, psichiatra; Giuseppe Tramarollo, insegnante; V. Carbonera Castiglioni, direttrice didattica.

19. Ogni anno l'avvio dell'attività della Scuola e la relativa programmazione venivano diffuse anche ricorrendo alla stampa cittadina e organizzando una speciale serata inaugurale, che a partire dal '57 cominciò ad essere pianificata con una certa importanza: in quell'occasione la Scuola chiedeva ospitalità al Circolo della stampa o al Circolo filologico e chiamava a rappresentarla oratori scelti tra personalità cittadine significative.

fosse auspicata e sollecitata – venivano suddivisi in base all'età dei figli[20] e si incontravano periodicamente per parlare dei loro problemi sotto la guida di uno specialista, che di volta in volta introduceva l'argomento da discutere e coordinava la conversazione. Gli argomenti proposti erano molto vari e spaziavano dalla gelosia fra fratelli, al gioco, al grado di libertà da accordare ai figli adolescenti, alle amicizie e così via. A partecipare agli incontri erano donne appartenenti alla stessa classe sociale delle animatrici della Scuola ed è anzi probabile che il "reclutamento" dell'utenza avvenisse proprio in base alle reti di amicizia e parentela delle dirigenti. Si trattava dunque di donne mediamente colte, spesso laureate e che anche quando lavoravano fuori casa disponevano del tempo necessario alla frequentazione dei corsi: non di rado nelle trascrizioni delle conversazioni viene fatto riferimento ad aiuti di bambinaie e collaboratrici domestiche.[21]

L'attenzione dedicata alle trascrizioni di questi incontri da parte delle operatrici e la cura con cui esse sono state conservate tra le carte prodotte dalla Scuola, documentano da un lato la misura dell'importanza assegnata a questa modalità di trasmissione ed evidenziano inoltre la capacità delle dirigenti di riconoscere valore di testimonianza a documenti in cui erano in primo luogo le destinatarie del progetto, le madri dunque, a parlare in prima persona. Nonostante le carte si riferiscano ad un campione di donne abbastanza ristretto e circoscritto ad una precisa appartenenza sociale e metropolitana, l'analisi della documentazione consente di aprire una finestra di grande interesse non solo rispetto ai problemi legati all'educazione di figli negli anni Cinquanta, ma anche – e direi soprattutto – su cosa pensassero le donne in quegli anni relativamente al matrimonio, al lavoro fuori casa, alla sessualità, alle ansie causate dal sentirsi spesso inadeguate e sole rispetto ad un compito, quello di crescere i figli, che confliggeva talvolta con il progetto di vita che avevano immaginato per sé. Accanto ad argomenti più ovvi, per così dire, legati a temi concernenti l'educazione e l'igiene, nelle conversazioni di queste donne emergono di tanto in tanto contraddizioni e presupposti di consapevolezza di sé che danno la misura del disagio e talora della vera e propria insofferenza nei

---

20. I gruppi erano così suddivisi: prima infanzia, età scolare, pubertà e adolescenza.

21. Dichiarava ad esempio una delle partecipanti: «Io ora affido la mia bambina alle cure di una baby-sitter perché desidero che il mio rapporto affettivo con mio marito non venga disturbato dalle necessità di occuparmi della bambina», in AUFN, *Scuola dei genitori*, b. *Relazioni 1960*, fasc. *Riunioni di gruppo*, 1960.

confronti di modelli sociali angusti e soffocanti, imposti da una cultura, qual era quella degli anni considerati, che continuava ad assegnare alle donne un ruolo di secondo piano, confinato nella sfera esclusivamente domestica, nonostante la significativa rottura di modelli tradizionali causata dalla seconda guerra e i grossi cambiamenti dell'assetto sociale che ne erano seguiti. Nel corso di un incontro in cui veniva affrontato il tema del lavoro extra-domestico e dei suoi effetti in ambito familiare – tema per molti versi emblematico e rispetto al quale la posizione della Scuola era abbastanza sfumata, come vedremo – le testimonianze delle partecipanti restituiscono con grande immediatezza il divario fra la realtà vissuta dalle donne e il modello convenzionale dominante in quegli anni, che raffigurava la maternità quale massima espressione dell'animo femminile e dunque positivo e appagante *in sé*.[22] Se per qualcuna il posto della donna dopo il matrimonio continuava ad essere quello riservato all'ambito domestico e della cura dei figli,[23] per la maggior parte di loro invece il lavoro fuori casa rappresentava, prima ancora che una fonte di reddito, un mezzo di realizzazione e gratificazione personali che la maternità, da sola, non riusciva a soddisfare:

> Io faccio la pittrice: sono appena agli inizi, ma ritengo indispensabile continuare il mio lavoro anche se ho una figlia di tre anni. Secondo me una donna-madre ha diritto alla sua parte di affermazione personale nella società, qualunque sia il tipo di lavoro che ha scelto prima di essere madre. Se io rinunciassi completamente alla mia attività, mi sentirei diminuita proprio di fronte a mia figlia, che – da grande – potrebbe rimproverarmi di non aver combinato nulla nella vita.[24]

22. Rispetto a questi temi si veda Marina D'Amelia, *La mamma*, Bologna, il Mulino, 2005. Un interessante panorama della discrepanza tra i modelli dominanti e la vita reale delle donne negli anni Cinquanta è fornito dalla bella raccolta di lettere inviate dalle lettrici ad alcuni periodici femminili, *Le italiane si confessano*, a cura di Gabriella Parca, Milano, Feltrinelli, 1959. Sulla condizione femminile negli anni considerati cfr. Perry Willson, *Italiane. Biografia del Novecento*, Roma-Bari, Laterza, 2011.

23. «Io ho un figlio solo, di cinque anni, eppure mi sembra che non gli basti mai il tempo che gli dedico. Ho rinunciato al posto di impiegata che avevo prima di sposarmi e nei primi tempi questo mi pesava, soprattutto perché mi era venuta a mancare l'autonomia economica. Ma poi la paura di dover affidare il bambino a persone estranee, mi ha tolto ogni rimpianto del lavoro fuori casa. E penso che mi sarei sentita una cattiva madre se non avessi fatto così». Resoconto del lavoro di gruppo coordinato da Maria Marzuoli Massari, in AUFN, *Scuola dei genitori*, b. *Bollettino 1961-62-63*.

24. *Ibidem*.

Quasi mai, tuttavia, le donne che partecipavano agli incontri avevano una così chiara percezione di sé e di quanto il loro lavoro contribuisse a costruire la loro identità più intima e profonda. Più spesso, dalle testimonianze delle madri che avevano rinunciato a lavorare per dedicarsi interamente alla famiglia, affioravano un senso di inutilità che mal si conciliava con la presenza dei figli cui era stata sacrificata una parte così importante della loro vita e che, scoprivano con amarezza, non bastava a dare un senso alle loro giornate:

> Ho tre figli, di sei, quattro e due anni. Non potendo permettermi un aiuto in casa, ho dovuto rinunciare all'insegnamento che esercitavo prima del matrimonio. Devo dire che la mancanza di quel lavoro ha finito per amareggiarmi e spesso, alla fine della giornata, quei compiti materni che credo di aver esplicato con coscienza e sollecitudine mi pesano, mi lasciano come insoddisfatta. Mi chiedo da qualche tempo se sono una cattiva madre, appunto perché ho il rimpianto di quel lavoro che, oltre ad essere un aiuto economico, sarebbe per me quasi uno svago, un'evasione.[25]

Per alcune la decisione di abbandonare un lavoro amato era stata presa dal marito al momento della nascita dei figli e sebbene inizialmente condivisa si era alla lunga rivelata un errore ed era causa di penosi rimpianti:

> Mio marito è del parere che una donna non può essere in grado di assolvere contemporaneamente due attività impegnative come quella di madre e d'insegnante. All'inizio gli davo ragione, ma ora che mia figlia ha quattro anni, va all'asilo e vedo che non ha più bisogno della mia presenza costante, io mi sento quasi inutile e rimpiango di non aver continuato a lavorare.[26]

Ancora più esplicita la testimonianza che segue, rilasciata da una partecipante al gruppo coordinato da Maria Elvira Berrini: «Io soffro di non poter lavorare perché mio marito non me lo permette. Ho dovuto smettere di lavorare per ubbidire a lui che mi ci ha costretta, ma ne sono irritatissima e insoddisfatta, pur amando moltissimo la mia casa e miei figli».[27]

Le voci di questo ristretto campione di donne ci dicono dunque molte cose. Restituiscono con molta immediatezza la misura della distanza tra i principi di uguaglianza sanciti dalla Carta costituzionale entrata in vigore il 1° gennaio 1948, nella quale la parità dei diritti politici e civili

---

25. *Ibidem.*
26. *Ibidem.*
27. AUFN, *Scuola dei genitori*, b. *Riunioni di gruppo 1957-'62*, fasc. 1957-58.

tra uomini e donne era chiaramente espressa, e la condizione di effettiva arretratezza dell'Italia, dove le inquietudini e le ansie di modernizzazione che investivano il mondo femminile venivano sistematicamente represse dalla magistratura e dal potere legislativo. In tema di diritto di famiglia la posizione delle donne continuava ad essere regolata dal Codice civile del 1942 e ancora nel 1961 la Corte d'Assise confermerà che l'adulterio restava reato punibile se a commetterlo era una donna, perché «il fatto che la moglie conceda i suoi amplessi ad un estraneo costituisce offesa più grave dell'isolata infedeltà del marito».[28] Solo nel 1968, quando ormai tutte le tensioni degli anni precedenti stavano clamorosamente deflagrando, si arriverà in merito a una sentenza di parere diverso. E d'altra parte, per comprendere fino a che punto il paese registrasse un'arretratezza in tema di diritti femminili, è sufficiente ricordare il lungo iter legislativo e le estenuanti polemiche trasversali che accompagnarono la discussione, fuori e dentro le aule parlamentari, del progetto di legge che sanciva la chiusura delle case chiuse, approvato infine nel 1958, dieci anni dopo la sua presentazione da parte della senatrice Lina Merlin.[29]

Eppure sarebbe un errore considerare, come a lungo è stato fatto, il periodo immediatamente precedente l'avvento del boom economico come un decennio statico e conservatore sul piano dell'avanzamento legislativo, almeno relativamente alla condizione giuridica delle donne. Al di là dei risultati raggiunti, gli anni Cinquanta hanno rappresentato per le italiane un momento di svolta, in cui il predominio maschile comincia molto faticosamente ad essere messo in discussione dall'emergere con sempre maggiore evidenza di segnali che registrano un mutamento profondo dell'identità femminile, anche grazie all'ingresso di un gran numero di donne nel mondo del lavoro extra-domestico e alla diffusione di una cultura di massa che veicola ruoli e valori non sempre in linea con la tradizione. È in questi anni, a lungo sottovalutati nella portata dei cambiamenti che introducono, che si prepara la rottura deflagrante del decennio successivo.[30]

28. Crainz, *Storia del miracolo economico*, p. 28.
29. Su questo argomento rimando a Sandro Bellassai, *La legge del desiderio. Il progetto Merlin e l'Italia degli anni Cinquanta*, Roma, Carocci, 2004.
30. Nell'analizzare il decennio che porterà all'approvazione della legge Merlin sulle case chiuse, Bellassai sottolinea come, nonostante gli scarsi risultati conseguiti, gli anni Cinquanta abbiano rappresentato sul piano legislativo anni di intensa attività e di fecondo dibattito nella società civile, tesi a mettere in discussione l'asimmetria giuridica tra i sessi, in *La legge del desiderio*, p. 42 e ss. Dello stesso parere anche Elisabetta Vezzosi, secondo

La questione del lavoro extra-domestico delle madri veniva affrontata dalle esponenti della Scuola dei genitori con toni che possono oggi sembrare di eccessiva cautela. Consapevoli della necessità di molte famiglie di poter disporre di un reddito supplementare che integrasse quello del marito e coscienti della funzione emancipatrice del lavoro femminile (sperimentata in prima persona dalle professioniste che con le loro competenze contribuivano all'attività della Scuola), l'orientamento prevalente tra le animatrici dell'associazione milanese era quello che individuava nella donna lavoratrice, serena e consapevole del doppio ruolo sociale e familiare, la migliore educatrice dei suoi figli. E questo pur nella consapevolezza delle carenze della società italiana e auspicando dunque un cambiamento del costume familiare e un miglioramento delle strutture sociali. L'importante, almeno per alcune, era che le donne non investissero troppo nel loro lavoro e che non fossero spinte dall'ambizione personale o dal "capriccio" ad impegnarsi più del dovuto nella vita professionale.

Nel riportare nel Bollettino dell'associazione[31] i risultati conseguiti dal gruppo di madri da lei coordinato, una delle operatrici, Maria Massari, a proposito del lavoro extra-domestico non motivato da un'esclusiva necessità di carattere economico, enumerava così la presenza di alcune condizioni necessarie per il bene dei figli: il parere favorevole del marito, la possibilità di lavorare solo metà giornata e l'accoglimento dei bambini alla Scuola materna. Ma soprattutto, aggiungeva, era indispensabile «l'equilibrio personale della donna-madre che, se da un lato non deve sentirsi in colpa perché sottrae una parte della sua giornata ai propri figli, dall'altro non deve sopravalutare il suo lavoro, [che non va] inteso come mezzo di affermazione personale o di rivalsa sociale».[32]

la quale «è certamente negli anni Cinquanta che si compie nella cultura e nella condizione delle donne un importante cambiamento, mai compiutamente descritto», in *La mistica della femminilità. Un modello americano per le donne italiane?*, in «Italia contemporanea», 224, (2001), p. 406.

31. La pubblicazione di un bollettino bimestrale organo dell'associazione, da cui prese anche il nome, si avviò nel settembre 1960. L'idea era stata a lungo coltivata dalla fondatrice della Scuola, Maria Giovanardi, che fin dall'inizio aveva intuito l'utilità di tale strumento per far circolare anche all'esterno le finalità dell'associazione. Anche in questo caso l'Unione femminile nazionale contribuì a finanziare l'iniziativa con la consueta generosità. Le pubblicazioni cessarono nel 1967.

32. M. Marzuoli Massari, *Una riunione di gruppo. La madre che lavora*, in «Bollettino. La Scuola dei genitori», III/2 (1962), p. 22.

Simili cautele nel proporre modelli di emancipazione femminile, anche quando provenivano da ambienti laici e progressisti – quale sicuramente era il caso della Scuola dei genitori – erano probabilmente da ascrivere alla necessità di rendere rassicuranti e non minacciosi nuovi modelli femminili e di mediare con il confessionalismo e il conformismo del tempo, suggerendo al contempo il miracolo della compatibilità tra lavoro e famiglia.[33]

Che tale questione rappresentasse, allora come oggi, una delle maggiori fonti di ansia e contraddizione nella vita delle donne con figli è testimoniato anche dalle lettere indirizzate al settimanale «Arianna», che nel febbraio 1959 affidò la rubrica dedicata ai problemi legati ai figli agli specialisti della Scuola dei genitori, scelti di volta in volta in base alle specifiche competenze sollecitate dalle lettere inviate dalle lettrici. Il periodico era rivolto a donne di estrazione borghese con una buona formazione culturale e a fare da tramite con l'associazione milanese era stata una delle redattrici, Billa Zanuso, amica di alcune consigliere della Scuola, della quale era anche socia. La collaborazione con il periodico della Mondadori si rivelò subito un mezzo molto interessante perché allargava enormemente l'utenza della Scuola, fino ad allora circoscritta all'ambiente milanese. Inoltre, il filtro rappresentato dalle lettere consentiva una confidenza e un'apertura da parte delle lettrici (ma anche di qualche lettore, segno che quando non era necessario esporsi in prima persona pure i padri ricorrevano all'aiuto di esperti) forse non sempre semplice da ottenere in occasione delle Riunioni di gruppo, quando si trattava di prendere la parola davanti ad altre partecipanti e all'occhio attento dello specialista di turno. Scriveva ad esempio nel 1960 una lettrice di Messina:

> Le riassumo brevemente un quesito che forse è di interesse generale: "La donna madre e impiegata". Come si conciliano queste due condizioni, purtroppo incompatibili tra loro? In altre parole, una donna sensibile, intelligente, che abbia uno spiccato senso materno, dovendo assentarsi da casa gran parte del giorno ed essendo profondamente consapevole della propria insostituibilità nei riguardi dei bimbi che deve lasciare in mano altrui, anche se fidate, come risolve il proprio tormento interiore quotidiano?[34]

A rispondere dalle pagine di «Arianna» fu Angela Colantoni Stevani, che così riassumeva la posizione prevalsa tra gli specialisti della Scuola:

33. Simonetta Piccone Stella, *Crescere negli anni '50*, in «Memoria», 2 (1981), pp. 13-35.
34. AUFN, *Scuola dei genitori*, b. *Arianna*, 1959-60-61-62.

Il parere prevalente tra i docenti della Scuola dei genitori? Eccolo: il lavoro femminile è un dato di fatto incontrovertibile, destinato anzi a diffondersi in misura crescente anche nel nostro Paese. Stando così le cose dobbiamo augurarci che all'attività extra-domestica della donna corrisponda una reale evoluzione: vale a dire che il lavoro femminile significhi non sterile evasione dalle mura domestiche, ma arricchimento di vita spirituale, approfondimento di dignità, maggiore consapevolezza dei propri doveri, anche familiari: se è così la donna che lavora fuori casa, lungi dal sottrarsi dai suoi compiti di moglie e di madre, vi si prepara anzi con maggiore coscienza e maturità.[35]

Le testimonianze fornite dalla documentazione non si limitano tuttavia a presentare difficoltà di tipo "organizzativo" derivanti dall'essere contemporaneamente madri e lavoratrici, ma raccontano spesso la frustrazione e il senso di inadeguatezza rispetto ai compiti educativi che probabilmente non avevano mai neppure sfiorato le madri di queste donne. Se da un lato era ormai acquisita la consapevolezza che gli strumenti e il sapere tradizionali erano non soltanto insufficienti ma perfino dannosi per crescere figli emotivamente sani, affrontare la maternità in quegli anni di cambiamenti così profondi significava davvero ritrovarsi sole all'interno delle proprie case, private delle reti di relazioni familiari che avevano sempre accompagnato la crescita dei figli e di riferimenti sicuri e consolidati cui poter attingere.[36]

E tuttavia anche quando si possedevano i necessari strumenti culturali e tutto lasciava immaginare che ci si era attrezzati nel migliore dei modi, le cose non erano affatto semplici: lo scarto tra la teoria e la pratica poteva risultare drammatico e corrispondere al modello di buoni educatori si rivelava un compito difficilissimo, causa di ansie e di frustrazioni. Emblematica in tal senso la richiesta d'aiuto inviata da una lettrice di Venezia nel gennaio 1960:

> Questa volta il caso difficile non è il bambino ma la mamma, i genitori: sono io che a 27 anni e con tre bambini e il quarto in arrivo, non so ancora fare la mamma davvero; è mio marito che, professore di pedagogia, sta fallendo completamente come padre. Perché? Eppure eravamo partiti con tanta buona volontà e cercando di piegarci al nostro compito il meglio possibile [...]. Io

35. *Ibidem.*
36. Sulle delusioni registrate in quegli anni dalla stampa femminile rispetto alle difficoltà incontrate nell'educazione dei figli e sulla diffusione di termini presi a prestito dalla psicanalisi nel lessico giornalistico destinato alle madri, si veda Anna Del Bo Boffino, *Solitudine dei genitori*, in Della Seta, *La famiglia che cambia*, pp. 246-253.

ho sempre pensato (e tutti mi dicevano) di essere una ragazza, una donna completa in tutti i sensi, e ho cercato di prepararmi al matrimonio anche spiritualmente il meglio possibile. La riuscita è stata soddisfacente, direi, perché con mio marito c'è una fusione completa e una comunione di interessi, di ideali e di gusti, che ci dà molta gioia, e mi vivifica e mi appassiona, mi prende totalmente. E qui sta il punto: sono più moglie che madre, perché lo stesso appagamento non lo sento affatto con i miei figli. Non ho nessun istinto materno, quell'affetto istintivo e "viscerale" delle madri, quell'intuizione nell'educare, nel saper prendere i vari caratteri, non ho pazienza; il loro baccano, lo strusciarsi addosso, i loro difetti mi danno uno stato di irritazione che mi stanca profondamente. Quando è sera non vedo l'ora di metterli a letto [...] e allora mi distendo e mi sento di nuovo io. E questo è sbagliato, lo so, perché la mia vera vita sono, devono essere, loro; io con loro devo essere pienamente me stessa e felice, lo so, questo lo so intellettualmente ma praticamente non riesco a farlo. [...] Alla fine sono così avvilita che quasi piangerei, io ragazza laureata, moderna ed indipendente, invidio quelle ignorantissime madri di campagna che istintivamente sanno ottenere la disciplina, come farsi obbedire [...] mentre con i libri di pedagogia in mano io resto lì perplessa e incapace.[37]

L'orientamento della Scuola di fronte a questi accorati appelli di aiuto era quello di tranquillizzare e di far capire che le circostanze descritte non erano casi eccezionali ma, al contrario, situazioni ampiamente diffuse. Soprattutto, si sottolineava con molto tatto la necessità di liberarsi dai sensi di colpa, suggerendo di allargare i propri interessi al di fuori della famiglia, per evitare di incarnare il modello della madre che tutto sacrifica per amore dei figli, quello sì davvero dannoso e pesante da sopportare.[38]

Sebbene la collaborazione con «Arianna» avesse senz'altro contribuito ad allargare il bacino d'utenza della Scuola, che rispondendo così ad un'esigenza molto sentita dai fondatori aveva in tal modo fatto conoscere la sua attività ben oltre i confini milanesi, la provenienza sociale delle

37. AUFN, *Scuola dei genitori*, b. *Arianna*, fasc. 1960.
38. Rispondendo ad un'altra lettrice che nel settembre 1960 sottoponeva alla rubrica i problemi di comportamento della sua secondogenita di circa quattro anni, la specialista di turno della Scuola, Silvana Bruno Cumer, suggeriva: «Provi ad essere meno rigida e più spontanea e non appena, come siamo certi che avverrà, i suoi timori saranno scomparsi, tiri fuori la laurea dal cassetto e se ne serva per allargare i suoi orizzonti oltre la cerchia della famiglia e per incanalare in altre direzioni il suo bisogno di vita intellettuale: eviterà così il pericolo di infliggere ai bambini la figura della madre "che ha sacrificato tutto per loro", che è tanto penosa da sopportare». *Ibidem*.

persone che chiedevano consigli tramite le pagine del giornale restava pressoché invariata: così come le persone che frequentavano le attività in sede, anche le lettrici del periodico della Mondadori appartenevano ad una classe sociale abbastanza omogenea, come ben traspare dalla documentazione. Per rispondere al desiderio di allargare l'attività e l'opera divulgativa dell'associazione anche a genitori che difficilmente avrebbero partecipato alle conferenze in sede e alle riunioni di gruppo, la Scuola avviò fin dal 1956, in collaborazione con le autorità scolastiche, una serie di incontri nelle scuole cittadine. All'inizio vennero coinvolte soltanto cinque scuole elementari, scelte però in modo da rappresentare un ampio ventaglio di ambienti sociali: accanto ad una scuola frequentata da figli di professionisti e impiegati «magari modesti ma di una qualche cultura», furono incluse anche la scuola di un quartiere operaio, caratterizzato da un tasso di occupazione molto elevato e dall'esistenza di forme di vita organizzata e alcuni istituti della periferia più degradata, dove la disoccupazione era molto diffusa e i cui abitanti provenivano in buona parte dalle zone più depresse del Paese.[39]

Fin dal primo anno l'attività esterna nelle scuole si rivelò una delle modalità di divulgazione più qualificanti dell'associazione, tanto da spingere le dirigenti già dall'anno successivo ad allargare l'iniziativa anche ad altri ordini di scuole. Si trattava di uno sforzo organizzativo non indifferente, tenuto conto che ben presto gli istituti raggiunti dall'iniziativa furono circa una quindicina e che per ognuno era previsto un ciclo di quattro o cinque "lezioni". Era generalmente la Scuola dei genitori a proporre ai direttori didattici un programma di incontri, con argomenti di carattere pratico adattati, per così dire, al contesto e al livello culturale talora piuttosto basso delle famiglie destinatarie dell'iniziativa.[40] Da parte delle consiglie-

39. Sui mutamenti sociali causati dall'emigrazione interna a Milano negli anni del boom economico si veda John Foot, *Milano dopo il miracolo. Biografia di una città*, Milano, Feltrinelli, 2001. Utile anche, dello stesso autore, *Il boom dal basso. Famiglia, trasformazione sociale, lavoro, tempo libero e sviluppo alla Bovisa e alla Comasina*, in *Tra fabbrica e società: mondi operai nell'Italia del Novecento*, a cura di Stefano Musso, Milano, Fondazione Feltrinelli, 1999, pp. 617-650.

40. Nel 1961 il preside dell'Istituto tecnico commerciale «Schiapparelli», ad esempio, scriveva alla Scuola suggerendo di sostituire il tema degli incontri proposto (educazione sessuale dei giovani), con un altro ritenuto più adatto: «Alcuni professori da me interpellati hanno avanzato – e giustamente – le loro riserve circa la opportunità di trattare l'argomento prescelto, anche e soprattutto in considerazione della nostra popolazione scolastica, appartenente in prevalenza a famiglie di modesta condizione sociale e di modesta levatura intel-

re, o almeno di alcune di loro, questa modalità di intervento nelle scuole periferiche era talora intesa come una sorta di "missione", come traspare dal bilancio conclusivo presentato alla fine del primo anno da Gina Vaj Pedrotti, il cui tono paternalistico e a tratti enfatico sottolinea, al di là delle buone intenzioni, tutta la distanza che separava le organizzatrici e coloro che erano soliti frequentare l'attività in sede dall'utenza costituita dalle famiglie dei quartieri popolari:

> Tutto ciò ci fa dire che delle persone semplici, buone, modeste, a poco a poco interessate al problema dell'educazione, parlando loro in maniera estremamente semplice, possono venire verso di noi, discutere, chiedere dei consigli [...]. La gente del popolo è buona, ama i suoi figli, magari in maniera bizzarra ma li ama ed a poco a poco verrà a noi e noi li aiuteremo a sollevarli in modo che non pensino che tocchi agli altri l'educazione dei loro figli, si convincano che non deve essere la società ad occuparsene, ma che il problema dell'educazione resta ai genitori, e se questo non lo avremo raggiunto, per lo meno lo avremo iniziato.[41]

La fatica organizzativa era comunque ripagata dall'apprezzamento di presidi e direttori didattici che inviavano talora alla Scuola dei genitori lettere traboccanti entusiasmo e gratitudine:

> La bella occasione che offre la magnifica iniziativa della Scuola dei genitori è veramente utilissima e preziosissima per la scuola. Per tanto la gratitudine e la riconoscenza è doverosa e sentita, poiché la predetta iniziative è impagabile per il fattivo contributo pratico che apporta ai genitori nell'orientamento dell'educazione e consigli da dare ai propri figli. Sono io che ringrazio per il piacere e l'onore di aver ricevuto e di aver ospitato nella mia scuola ottimi conferenzieri ben preparati al delicato compito.[42]

Che ad apprezzare l'attività negli istituti milanesi fossero persone legate al mondo della scuola, ovvero chi per mestiere si occupava di educazione, non sorprende più di tanto. È invece interessante cercare di capire cosa fosse a spingere i genitori (anche in questa occasione prevalentemente madri, tranne quando gli incontri venivano programmati di sera, nel qual

lettuale e preparazione culturale», in AUFN, *Scuola dei genitori*, b. *Corsi in sede 1957-'61*, fasc. *Riepilogo attività 1960-'61*.
    41. AUFN, *Scuola dei genitori*, b. *Corsi in sede 1957-1961*.
    42. Lettera inviata dal preside della Scuola di avviamento professionale "Cappellini" alla presidenza della Scuola dei genitori, Milano, 18 giugno 1958, in AUFN, *Scuola dei genitori*, b. *Corrispondenza varia 1956-'62*.

caso era presente anche qualche padre) a uscire di casa, magari dopo una lunga giornata di lavoro, per ascoltare gli esperti della Scuola dei genitori. Evidentemente anche in questo caso la Scuola aveva centrato il suo obiettivo, rispondendo ad un bisogno di orientare e consigliare che era ormai sempre più diffuso ed avvertito.

3. *Conclusioni*

Come detto più volte la caratteristica più rilevante della Scuola dei genitori era quella di un'assoluta laicità orgogliosamente rivendicata, intesa sia come presa di distanza da tutto ciò che aveva a che fare con scelte di carattere religioso, sia come assoluta neutralità politica rispetto ai partiti dello schieramento laico. La scelta delle fondatrici era stata fin dall'inizio quella di ispirarsi ad un modello di democrazia e di condivisione di ideali fondamentali, che andassero al di là delle differenze e delle convinzioni politiche personali e ciò aveva sempre consentito alla Scuola di poter contare sul contributo di una larga base di specialisti, indipendentemente dal loro orientamento e della loro appartenenza politica. Il rifiuto, nel 1957, da parte della Scuola, alla richiesta presentata dalla sezione milanese dell'Associazione nazionale scuola italiana – sorta nel 1945 allo scopo di "difendere" le scuole private di stampo cattolico dall'ingerenza statale e di contrastare il "monopolio" della scuola pubblica – di potersi provvisoriamente inserire nell'attività della Scuola dei genitori,[43] non escludeva ad esempio che una delle animatrici più presenti dell'associazione, Adele Cappelli Vegni, fosse una cattolica molto attiva anche sul piano politico.[44] Anche rispetto a scelte relative a temi di politica scolastica o di carattere più strettamente pedagogico[45] che negli anni di attività della Scuola vede-

43. Il rifiuto fu motivato «per evitare rapporti ufficiali fra noi e tale istituzione che è considerata come organizzazione di carattere dichiaratamente cattolico», in AUFN, *Scuola dei genitori*, b. *Comitati di studio*, 12 giugno 1957.
44. Adele Cappelli Vegni, ginecologa, durante la guerra aveva collaborato ad organizzare una rete di sostegno a favore donne e bambini ebrei, che venivano aiutati ad attraversare il confine con la Svizzera. Nel 1944 fu scoperta e rinchiusa nel carcere di San Vittore. Era inoltre vice-direttrice della rivista «La Madre», edita a Brescia e di orientamento rigidamente cattolico.
45. Relativamente, ad esempio, all'attivismo, che in quegli anni riassumeva il senso della disputa pedagogica in Italia, e alla critica che ne veniva fatta da pedagogisti vicini al

vano nettamente contrapposti cattolici e laici, la Scuola agiva con molta
prudenza, evitando di schierarsi su posizioni troppo definite.
Le ragioni di tale prudenza possono essere molte. Come rilevato a
proposito dei modelli di emancipazione femminile proposti dalla Scuola,
mantenersi su posizioni neutre, per così dire, consentiva probabilmente
all'associazione di fornire un'immagine rassicurante e di continuare ad
avvalersi dell'appoggio delle istituzioni che ne sostenevano l'attività. Inoltre, una presa di posizione troppo netta avrebbe forse alterato gli equilibri all'interno dell'associazione, che raccoglieva attorno a sé specialisti di
varia provenienza e di diversa formazione. Le motivazioni che nel 1953
avevano spinto le donne vicine all'Unione femminile a fondare la Scuola dei genitori erano state quelle di intervenire sulle famiglie per aiutar-
le ad attraversare il processo di modernizzazione che stava investendo la
società italiana, ispirandosi a ideali democratici e antiautoritari, e mantenendosi lontana dall'ingerenza soffocante esercitata dalla Chiesa cattolica
sull'educazione. Per diversi anni questa scelta di campo aveva contribuito
a fare della Scuola una voce fresca e originale nel panorama davvero an-
gusto dell'educazione in Italia. A lungo andare, tuttavia, con l'acuirsi del
dibattito tra le varie correnti e la radicalità dei cambiamenti che si stavano
annunciando, la scelta di mantenere un atteggiamento di impermeabilità
politica si rivelò sempre meno praticabile. Con l'esplosione della conte-
stazione giovanile non era davvero più possibile mantenersi su posizioni
di neutralità e la Scuola, investita da questa ondata di critica radicale, a
poco a poco perse il suo ruolo e le sue finalità, e non seppe trovare al suo
interno risposte alle sollecitazioni che provenivano dal mondo giovanile.
Purtroppo la documentazione disponibile si fa scarsa e lacunosa proprio a
partire dagli anni Sessanta[46] e non è dunque possibile ricostruire il dibattito

Partito comunista attraverso la rivista «Riforma della scuola», la Scuola non intervenne mai
con un proprio contributo, mantenendo una sorta di indifferenza rispetto alle voci che nel
dibattito avevano assunto orientamenti politicamente definiti.
46. A partire dal 1962, anno in cui la presidenza passò alla socia della Scuola Lucia
Lenti, la documentazione della Scuola si fa molto meno accurata e puntuale. Risulta
comunque che nel 1964 l'associazione milanese entrò a far parte della Federation International des Écoles des Parents et d'éducateurs, che riuniva tutte le Scuole dei genitori
esistenti in Europa, rappresentata prima da Dino Origlia e in seguito da Bice Libretti
Baldeschi e che nel 1966 furono presi accordi con le autorità cittadine per organizzare a
Milano il IV congresso della Federazione, che avrebbe comportato notevolissimi impegni
economici. Il congresso poi non ebbe luogo, forse anche a causa dello stato di calamità
che seguì all'inondazione di Firenze e che rese molto difficoltoso il reperimento dei fondi

interno tra gli animatori per capire quale fu la posizione della Scuola dei genitori rispetto alle richieste avanzate dai giovani del '68. Ma ci sembra molto significativo riportare le considerazioni fatte alcuni anni più tardi da Angela Colantoni Stevani, secondo la quale nel quadro profondamente mutato seguito al '68, la presenza della Scuola avrebbe avuto un senso solo a condizione di «abbandonare il suo carattere di stretta neutralità politica, e di aiutare [i genitori] e indirizzarli nel lavoro di ristrutturazione della società che è voluto dai giovani».[47]

Evidentemente erano soprattutto questi temi, la mancanza di una visione condivisa e probabilmente l'esaurirsi della carica di novità a dividere le persone che avevano contribuito a far nascere e a rendere per diversi anni la Scuola dei genitori un'esperienza viva e interessante. Nel 1967 la Scuola cessa la pubblicazione del Bollettino e interrompe la sua collaborazione con l'Unione femminile nazionale. Nel 1968 si trasferisce presso la Fondazione Carlo Erba, per diventare nel 1973, in seguito a una profonda revisione della struttura associativa, Centro di educazione permanente e di formazione dei genitori.

necessari. Quell'occasione segnò però l'avvio di gravi dissidi e al definitivo allontanamento di alcuni dei protagonisti.

47. Intervento al seminario dedicato alle finalità della Scuola dei genitori organizzato nel 1971 dalla Società italiana di medicina e Igiene della scuola, i cui risultati erano stati riassunti in un breve articolo pubblicato, senza firma, ne «Il giornale dei genitori» nell'aprile 1971, in AUFN, *Scuola dei genitori*, b. *Corrispondenza 1956-1962*, fasc. *Corrispondenza con la Fondation International des Écoles des parents et d'éducateurs*. In proposito è di grande interesse anche la bella intervista condotta da Cettina Brigadeci, in cui Angela Colantoni ricostruisce le vicende della Scuola e riflette sulle ragioni che portarono alla conclusione dell'esperienza, disponibile nel sito dell'Unione femminile nazionale.

ALESSANDRA GISSI

Corpi e cuori della Repubblica.
Privato e politico nella produzione di Anna Del Bo Boffino

Il mio nome è Vanessa e sono una ragazza di 16 anni. Il problema che sto per esporre mi assilla da circa 2 anni ed è per me molto grave. Io ho paura di essere violentata. Mi costa molto scrivere questa parola. Leggo sempre di ragazze della mia età che vengono violentate e magari da più persone e ne rimangono traumatizzate. Io sto molto attenta...Non ho problemi sessuali anzi penso che il sesso sia una cosa bellissima ma è l'abuso della donna con la violenza che mi fa paura. Dicono che le donne che vengono violentate o che pensano sempre alla violenza sessuale in fondo in fondo lo desiderano. Io non so più cosa pensare e ho un disperato bisogno di aiuto... Mi aiuti, risponda presto, la prego. La ringrazio in anticipo.[1]

Ho 49 anni, sono sposato e ho due figlie che frequentano il liceo linguistico. Le sembrerà strano che un uomo della mia età legga una rivista come questa e per di più scriva alla sua rubrica. Ho iniziato a sfogliare la rivista quando è stata portata in casa dalle mie figlie e ho pensato di scriverle vista l'intelligenza delle risposte che lei da alle persone in difficoltà. Trovo difficile esporre il mio problema ma non avrei saputo a chi altrimenti rivolgermi. Mia moglie qualche anno più giovane di me ha attraversato fino a qualche tempo fa un periodo di totale assenza del desiderio. Nel frattempo ho cominciato a frequentare per motivi di lavoro un collega molto più giovane di me. La facilità di dialogo e l'ormai stretto rapporto che si erano creati tra di noi mi hanno spinto a confidargli i miei più intimi problemi. Il mio comportamento ha indotto P. a fraintendere i sentimenti che io provavo verso di lui e a esternare la forte attrazione che lui sentiva per me; mi amava. La mia reazione non fu, come io

---

1. Archivio Unione Femminile Nazionale (AUFN), Anna Del Bo Boffino (ADBB), b. 7, fasc. Lettere, 1991-1993. La lettera è datata 9 marzo 1991. Un appunto a penna sulla lettera, presumibilmente della stessa Del Bo Boffino, indica l'avvenuta «risposta» in data «6/5/1991».

stesso mi aspettavo, di sdegno e rifiuto bensì mi lasciai travolgere dalla sua dolcezza e il nostro rapporto andò ben oltre la semplice amicizia. Per alcuni mesi mi sentì appagato e sereno e questo si rispecchiava anche in famiglia. La situazione tra mia moglie e me non era più così tesa e fu probabilmente questo che la riavvicinò a me. Tutto è tornato normale. Ma questo pur rendendomi felice non mi è sufficiente. Amo mia moglie ma ormai non posso più fare a meno di P. Mi turba la mia mancanza di sincerità verso entrambi e non riesco a trovare la chiave per uscire da questa ambigua situazione. Confido in una sua risposta e le porgo i miei più distinti saluti.[2]

Queste due lettere, scritte nel 1991 a distanza di qualche mese, sono indirizzate alla rubrica "Sesso intelligente" che Anna Del Bo Boffino tiene sulle pagine della rivista «Centocose Energy», un mensile per teenagers e giovani donne.[3] Nel 1995 la sua diffusione media è di 191.000 copie e possiede una *readership* di più di un milione di lettori.[4] Chi sono, dunque, gli autori delle lettere? La prima è una ragazzina sedicenne che esplicita quanta paura abbia di essere abusata e quanto sia faticoso gestire e comunicare quella colpa, inscritta nelle donne, che farebbe «desiderare» loro di subire violenza. Alla legge che, dopo un iter durato circa un ventennio, detterà nuove norme sulla violenza sessuale e trasferirà il reato dal Titolo

---

2. Ivi. La busta reca un timbro postale con data 13/2/1991.

3. Pubblicato dalla Mondadori dal 1979 al 1990 come supplemento mensile del «Corriere della Sera». Dal 1990 al 1999 diventa una pubblicazione autonoma con l'intestazione «Centocose Energy», mensile dedicato a «belllezza, salute, moda, attualità per la donna moderna e giovane» cfr. *Guida ragionata ai periodici italiani*, a cura di Bea Marin, Milano, La Rivisteria, 1995, p. 45. La direttrice Laura Terzoli, succeduta a Daniela Hamaui dichiara: «Centocose Energy ha un pubblico di età piuttosto varia, sostanzialmente a base femminile che si concentra nella fascia 18-35 anni. Credo che questo accada perché, in realtà una ragazza di 17 anni non si distingue più quanto a interesse e curiosità, da una giovane donna, una signora o una signorina. C'è un'età emozionale che prescinde da quella anagrafica», in «Ottagono. Rivista trimestrale di architettura, arredamento, industrial design», 123-124 (1997), p. 38. Un'affermazione del genere potrebbe essere correlata allo spostamento progressivo dell'età delle primipare. Secondo i dati, l'età media delle donne alla nascita del primo figlio in Italia passa da 24,9 nel 1946 a 26,9 nel 1990, a 28,2 nel 1996 a 31,9 nel 2017, la più alta tra i paesi europei (si veda https://www.istat.it/it/archivio Tag: parto). Sul tema specifico dei periodici destinati alle adolescenti: Dawn Currie, *Girl Talk: Adolescent Magazines and Their Readers*, Toronto, University of Toronto Press, 1999.

4. Adnkronos, *Riviste: a Laura Terzoli la direzione di "Centocose"*, 8 ottobre 1996 http://www1.adnkronos.com/Archivio/AdnAgenzia/1996/10/08/Cronaca/RIVISTE-A-LAURA-TERZOLI-LA-DIREZIONE-DI-CENTO-COSE_151900.php (consultato il 31 ottobre 2018).

IX (*Dei delitti contro la moralità pubblica e il buon costume*) al Titolo XII (*Dei delitti contro la persona*) manca ancora un quinquennio. Il secondo è un uomo adulto, padre di due figlie adolescenti, che scrive per condividere una sua relazione omossessuale e clandestina, mantenendo a stento un linguaggio asciutto che si vena costantemente di venature letterarie («mi amava»; «mi lasciai travolgere dalla sua dolcezza»). Un linguaggio che può aver avuto anche una funzione autolegittimante nella presa di distanza da toni volgari e degradanti usati – troppo spesso – per rappresentare le relazioni omosessuali.

A produzioni scritte di questo tipo è stato riconosciuto il rango di fonte tanto dalla storiografia che ha analizzato la costruzione sociale e culturale dei generi, quanto da quella che si è occupata di consumi, giornalismo, scritture femminili, pubblica opinione, storia delle emozioni ma anche di culture politiche. Ad esempio è noto, e finalmente studiato, il caso della rubrica di posta del quotidiano *Lotta Continua*, espressione dell'omonima organizzazione politica della nuova sinistra nata nel 1969 dal movimento studentesco e dalle lotte operaie alla Fiat di Torino. Nel 1976, al termine di un congresso traumatico, Lotta continua si scioglie tenendo però in vita il quotidiano. L'anno successivo, durante una discussione sul futuro del giornale viene deciso di avviare una rubrica di posta. Lettori e lettrici sono incoraggiati a scrivere di tutti gli aspetti della vita, non soltanto della militanza: sentimenti, desideri, inquietudini, difficoltà, traumi.[5] La rubrica è uno strumento potenzialmente in grado di tenere in vita, se non una comunità politica, almeno una "comunità emotiva". È, inoltre, un riconoscimento esplicito della natura squisitamente politica del superamento di ogni confine tra privato e pubblico, teorizzato ampiamente dai femminismi e tuttavia frutto di un percorso più complesso dell'intera società italiana nel secondo dopoguerra.[6]

5. Penelope Morris, «*Cari compagni, sto male...*». *Emozioni e politica nelle lettere a* «*Lotta continua*», in *Politica ed emozioni nella storia d'Italia dal 1848 ad oggi*, a cura di Penelope Morris, Francesco Ricatti e Mark Seymour, Roma, Viella, 2012, pp. 211-240. Si veda anche Stefania Voli, *Soggettività dissonanti. Di rivoluzione, femminismi e violenza politica nella memoria di un gruppo di ex militanti di Lotta continua*, Firenze, Firenze University Press, 2015.

6. David Forgacs, Stephen Gundle, *Mass Culture and Italian Society: From Fascism to the Cold War*, Bloomington, Indiana University Press, 2007; Damiano Garofalo, Dalila Missero, '*Lontane da Voghera*'. *Italian Housewives as Consumers and Spectators between Public and Private Spheres, 1954-1964*, in «The Italianist», 38/2 (2018), pp. 174-188.

Ad ogni modo, analisi specifiche delle rubriche di posta sono avvenute soprattutto in relazione all'esperienza della prima ampia diffusione in Italia dei rotocalchi femminili, avvenuta durante il Ventennio.[7] La rubrica della posta – dove l'interazione tra lettrici e riviste si faceva diretta – era stata, infatti, la più autentica innovazione dei rotocalchi di epoca fascista. Un'evoluzione e una modernizzazione della "piccola posta" dei periodici del secolo precedente. Le lettrici scrivevano per avere consigli su nuovi consumi, sul proprio aspetto, sulla vita sentimentale e relazionale.[8] Nello studio delle mappe mentali, dei codici culturali e linguistici che periodici e rotocalchi hanno veicolato attraverso le lettere e i contributi di lettori e lettrici, la questione dell'autenticità degli scritti è apparsa spesso senza soluzione e talvolta è stata considerata non di particolare rilievo.[9] Tuttavia, nel caso delle numerosissime lettere ricevute da Anna Del Bo Boffino, esistenza e autenticità non sono in questione. Ne fa fede una serie di centinaia di lettere ricevute nel corso dei lunghi anni durante i quali ha tenuto rubriche di posta su testate diverse, dai lei stessa creata e oggi parte di fondo più vasto depositato presso l'Unione Femminile Nazionale di Milano. L'intero e vastissimo *corpus* di lettere, da una prima e solo parziale ricognizione,

---

7. Si veda almeno Silvia Salvatici, *Il rotocalco femminile: una presenza nuova negli anni del fascismo*, in *Donne e giornalismo. Percorsi e presenze di una storia di genere*, a cura di Silvia Franchini e Simonetta Soldani, Milano, Franco Angeli, 2004, pp. 110-126.

8. Avevano rubriche di posta le riviste «Eva», «Gioia» e «Lei» dove delle lettere si occupava Mura, pseudonimo della scrittrice Maria Assunta Giulia Volpi Nannipieri che si serviva di un linguaggio formale e del 'voi', sostituito dal 'lei' soltanto dopo la campagna fascista del 1938. Aveva una rubrica di posta anche «Grazia», lanciata nel 1938. Le risposte alle lettrici erano firmate semplicemente 'Grazia', almeno fino al 1941 quando la firma diventa 'Ita' ed erano scritte in tono amichevole e colloquiale; si veda Manuela Di Franco, *Rotocalchi femminili nell'Italia Fascista. 'Grazia' (1938-43)*, in «The Italianist», 38/3 (2018), pp. 402-417.

9. A proposito della pubblicazione delle "Vicende vissute" da parte di «Grand Hotel» che, in compagnia della rivista «Intimità» varata nel 1946 e di *Confidenze di Liala* uscita lo stesso anno per Mondadori, pubblicava storie di vita di lettrici ed eventuali lettori, Anna Bravo ha scritto: «si tratta, in particolare agli inizi, di scritti redazionali. Ma che la sposa di guerra Concettina esista o meno è irrilevante: conta aver istituzionalizzato un rimescolamento delle distinzioni fra personaggi pubblici e gente cosiddetta comune, che prelude alla definitiva contaminazione pubblico/privato». Naturalmente, poiché tutti gli indizi indicano che in seguito la redazione ricevesse davvero contributi originali, conta anche il fatto che le lettrici prendessero «sul serio l'occasione […] di comunicare» scavalcando «le relazioni di piccolo raggio per entrare nel flusso dei messaggi a distanza, come avviene nella piena modernità» Anna Bravo, *Il Fotoromanzo*, Bologna, il Mulino, 2003, p. 63.

sembra essere connotato prima di tutto da un'eterogeneità estrema (che suggerisce quanta complessità ci sia negli studi sulla fruizione e sulla ricezione dei consumi culturali). In fin dei conti, le missive rimandano l'esistenza di una platea straordinariamente più ampia rispetto alla "lettrice" immaginata e immaginaria.[10]

Scrive nel 1988 proprio Anna Del Bo Boffino:

> sui giornali femminili si è detto tutto e il contrario di tutto. Ma le quattro testate leader rimangono saldamente sul mercato ed escono cariche di pagine pubblicitarie. Una miniera d'oro per gli editori. [...] I direttori editoriali e i pubblicitari continuano a dividere il target in medio, medio/alto, medio/basso, basso. E si dovrebbe supporre che una simile distinzione riguardi la capacità di acquisto e quindi la classe sociale della lettrice. Ma troppi indizi rivelano che le scelte di una testata piuttosto che di un'altra, da parte delle donne, variano sulla base di altre disponibilità che non quelle finanziarie (e non solo quelle). Che cosa induce una donna a leggere *Grazia* piuttosto che *Amica*, *Anna* oppure *Gioia*? Per analogia vengono in mente le "Otto Italie" delineate dal sociologo Giampaolo Fabris dove alla tradizionale distinzione di classe si sostituiva quella di "mentalità", e si tracciava un panorama della società italiana suddivisa in arcaici (11,1%), puritani (8,2%) Cipputi (10,4%), conservatori (14,8%), integrati (16,5%), affluenti (11,6%), emergenti (15,8%), progressisti (11,4%). E le donne rappresentavano una percentuale più o meno importante in ognuna di queste categorie.[11] Sarebbe dunque interessante capire chi sono le lettrici delle varie testate, a seconda della mentalità, per esempio. Ma uno studio sull'argomento non esiste. Si può solo procedere per intuizione, prendendo come riferimento l'immagine di donna suggerita dai diversi giornali. Per identificazione o proiezione ogni donna trova evidentemente conferme, suggerimenti, stimoli, in quel difficile compito che oggi è la costruzione di un'identità femminile in una fase di così grandi e diffusi cambiamenti di costume.[12]

Ad ogni modo, dalle lettere appare, ad esempio, non tanto un desiderio d'interazione con le riviste e la loro specifica "visione del mondo", quanto un'urgenza assai diffusa e duratura di una relazione diretta, individuale e

---

10. Silvia Franchini, *Stampa femminile e stampa di consumo: dalle definizioni ai problemi storiografici*, in «Passato e presente», 51 (2000), pp. 123-136.

11. Il riferimento è a Giampaolo Fabris, Vittorio Mortara, *Le otto Italie: dinamica e frammentazione della società italiana*, Milano, Mondadori, 1986.

12. AUFN, ADBB, b. 3, fasc. Scritti vari, 1985-1995, Conferenza Stampa 8 marzo 1988, "Al di là dell'ignoranza sessuale".

tuttavia pubblica che provi a sciogliere i nodi intricatissimi che legano sessualità, affettività, identità, posizionamento e disciplinamento. Di questa
urgenza Anna Del Bo Boffino è stata, per più di vent'anni, un terminale,
un'amplificatrice e un'interprete.[13] Questo contributo si propone di enu-
cleare alcune caratteristiche peculiari del suo lavoro di giornalista tenendo
costantemente intrecciati il suo particolare itinerario politico-culturale e
il complesso articolarsi della società italiana nella seconda metà del Novecento.[14] Questo intreccio suggerisce alcuni nodi di particolare interesse
per la storiografia: vicende, ruolo e fruizione di alcuni consumi culturali

13. Lei stessa ha scritto: «da queste esperienze sono nati i miei libri. Il primo "Pelle
e cuore", soprattutto, [...] frutto della mia corrispondenza con le lettrici di "Amica" e il
ragionamento che ho fatto su questa esperienza» in AUFN, ADBB, b. 3, fasc. Scritti, 1985-
1995, scritti vari. Naturalmente le lettere, se usate direttamente, in questi casi finiscono per
essere inevitabilmente editate. Si vedano almeno *Pelle e cuore. Ragionamenti di una donna
d'oggi sulla vita e sull'amore*, Milano, Rizzoli, 1979; *Figli di mamma*, Milano, Mondadori,
1981; *Stavo malissimo*, Milano, Rizzoli, 1983; *Voi uomini*, Milano, Mondadori, 1985, *Le
domande e le risposte. Gioie e dolori delle nuove libertà femminili*, Milano, Mondadori,
1989; in collaborazione con Lella Ravasi Bellocchio, *Un cerchio dopo l'altro. Il cambiamento femminile tra riflessione e sogni*, Milano, Raffaello Cortina, 1994.

14. Sull'itinerario nell'associazionismo e su quello più strettamente politico di Anna
Del Boffino non è possibile qui soffermarsi perché sono tutt'altro che poca cosa. Ambedue
restano sempre saldamente collegati alla sua attività culturale e alla professione di giornalista. Nel 1975 si presenta come indipendente nelle liste del Partito Comunista Italiano alle
elezioni comunali di Milano. Risulta eletta con 1686 voti, «un notevole successo personale», lo definisce il «Corriere della Sera» del 18 giugno 1975. Dal 1985 al 1990, è consigliere
alla Provincia di Milano dove dal 1985 al 1997 presiede la Commissione consultiva sui
temi della donna. Qui svolge un ruolo fondamentale nell'apertura dei consultori pubblici.
Nel 1991 entra nel consiglio di amministrazione (fino alla sua morte) dell'Unione Femminile Nazionale. Qui si impegna con l'amica Luisa Mattioli Peroni, presidente dell'Unione
dal 1988 al 1993, nell'organizzazione di incontri tra donne. Continua la sua collaborazione
con *l'Unità* dove tiene una rubrica dal titolo "Personale" alla fine degli anni Ottanta. Per il
Partito Comunista, il suo referente è Giulia Rodano, redige nel 1988 un questionario per le
amministratrici composto da tredici domande fortemente contrassegnate da un approccio di
genere (si veda UFN, ADBB, b. 3, fasc. Scritti, 1985-1995, scritti vari). Per la Fisac-CGIL
partecipa a diversi corsi di formazione per i quadri femminili. Nel 1986 diventa Commen-
datore dell'Ordine al merito della Repubblica Italiana. Il 4 novembre 1992 viene eletta nella
Presidenza del Centro di iniziativa riformista di Milano (si veda AUFN, ADBB, b. 1, fasc.
Attività politico-sociale, 1985-1995, Centro di iniziativa riformista). Gli ultimi anni scrive
per «D-La Repubblica delle Donne». Muore nel 1997. La Giunta di Palazzo Marino, su
proposta della Camera del Lavoro di Milano, ha deciso di intitolarle un giardino nei pressi
di via Tolstoj, inaugurato il 6 giugno 2013. Il Comune di origine della sua famiglia, Casso-
lnovo in provincia di Pavia, le ha intitolato la Biblioteca Comunale.

specifici; il rapporto tra generi e scrittura, tra sfera pubblica e privata; l'interdipendenza o l'estraneità tra femminismi di matrice diversa ma anche una loro genealogia più composita e stratificata; la progressiva irruzione e presa di coscienza di quanto sessualità e corpi riproduttivi afferiscano alla sfera del politico e infine la complessa cesura determinatasi negli anni Ottanta del Novecento.

1. *La classica ragazza che sapeva scrivere bene*

> appartengo a quella generazione che cominciava a uscire dal privato, a partecipare alla vita fuori di casa. Ero la classica ragazza che sapeva scrivere bene [...] Che farne? La via classica del libro che poi per le donne fa sempre romanzo, veniva praticata da molte con molta sfortuna in generale [...]. Siccome erano anche momenti di emancipazione, è stato importante capire per me e molte altre donne della mia generazione, dalla fine degli anni '40 all'inizio degli anni '50, che si poteva adoperare questo talento in vari modi.[15]

È attraverso il riconoscimento della scrittura come medium tra pubblico e privato che Anna Del Bo Boffino sceglie immediatamente di rappresentarsi. Nata nel 1925 in una famiglia in cui il fascismo non mette radici, il padre lavora nelle ferrovie; la madre, che coltiva cultura e istruzione nei corsi serali, alla Pirelli.[16] Anna frequenta il liceo classico

15. AUFN, ADBB, b. 1, fasc. Attività Politico-sociale, 1985-1995, Corsi di formazione e partecipazione a convegni. Il dattiloscritto è la trascrizione integrale dell'intervento di Anna Del Bo Boffino in occasione di un incontro tenutosi il 25 marzo 1994 nell'ambito del Corso postuniversitario *Donne Oggi* organizzato dall'associazione "Dialogare-incontri" con la collaborazione dell'Università di Ginevra e del Dipartimento Istruzione e cultura del Canton Ticino. Ho scelto di servirmene perché è più ricco del testo finale, ampiamente emendato, e conserva il fluire e la ricchezza del parlato. La trascrizione viene inviata per posta il 21 marzo 1995 a Del Bo Boffino da Franca Cleis. Il testo, riconsegnato corretto e accorciato, è ora in *Donne oggi: valori femminili e valori maschili nella società*, a cura di Franca Cleis, Anne-Lise Head-Konig e Osvalda Varini Ferrari, Bellinzona, Casagrande, 1995, pp. 483-486. Nello stesso volume, tra le tante, anche le testimonianze di Isabella Bossi Fedrigotti e Clara Sereni.

16. Per alcune informazioni biografiche ho fatto riferimento alla voce redatta da Letizia Stefanucci per l'Enciclopedia delle donne http://www.enciclopediadelledonne.it/biografie/anna-del-bo-boffino/; a Franca Rigamonti Berrini, *Insieme ad Anna: sguardi, emozioni, ricordi oltre le parole: 8 marzo 1998*, Milano, Guerini e associati, 1998; a *Donne del giornalismo italiano: da Eleonora Fonseca Pimentel a Ilaria Alpi. Dizionario storico bio-bibliografico, secoli XVIII-XX*, a cura di Laura Pisano, Milano, Franco Angeli, 2004, p.

milanese Giuseppe Parini e durante la Resistenza diventa una delle molte staffette. Si iscrive alla Facoltà di Filosofia e discute la tesi di laurea nel 1948 con Antonio Banfi. Alla fine degli anni Quaranta sposa Sergio Del Bo, dirigente editoriale della Feltrinelli, legato da una salda amicizia a Giangiacomo. Dal 1952 al 1954 i due si trasferiscono a Parigi, dove anche lei collabora alla raccolta di libri sul movimento operaio da inserire nella Biblioteca Feltrinelli. Nello stesso periodo invia corrispondenze alla pagina de «l'Unità» destinata alla cosiddetta questione femminile. Tornata in Italia, si occupa dell'ufficio stampa della Feltrinelli. «Lavorare in casa editrice, fare traduzioni, curare i testi [...] rivedere, sistemare, cioè questo paziente lavoro di cura dei libri» diventa talvolta qualcosa di più intellettualmente impegnativo. Nel 1954 esce, infatti, per l'Universale Economica *Cuore di tenebra* di Joseph Conrad con una sua prefazione. Si apre, tuttavia, anche un'altra strada «che era quella del giornalismo, che poteva essere un giornalismo appunto scritto o, poi più tardi è venuto fuori il giornalismo radiotelevisivo. [...] Io credo di aver praticato un po' tutto». E sottolinea:

> Inizialmente erano i romanzi nel cassetto, poi questo passaggio alle traduzioni che è una grande disciplina di scrittura. Quando io ero ragazza, c'era Elio Vittorini a Milano, che faceva i "Gettoni", che erano i primi libri dei giovani esordienti, aveva una gran passione per i giovani e soprattutto ci faceva tradurre e si traduceva dall'americano, finalmente si usciva dalla lingua letteraria del liceo che era tutto sul classico e invece si approdava a questa lingua tutta diversa degli autori americani, che sono stati la grande passione credo di tutti i giovani letterati degli anni '50. Lì si è imparato a praticare un altro tipo di scrittura.[17]

D'altra parte tra gli anni Trenta e gli anni Cinquanta la presenza via via più diffusa di scrittrici – Gianna Manzini, Irene Brin, Anna Maria Ortese, Maria Bellonci, Paola Masino, Alba de Céspedes, Elsa Morante, Fausta Cialente – aveva reso più fluidi i confini dei generi e di una scrittura oramai sempre più pubblica. Una generale messa a frutto da parte delle scrittrici delle proprie capacità letterarie che aveva finito per determinare un autentico esercizio di disvelamento progressivo e deco-

157 e a Monica Lanfranco, *Parole per giovani donne. 18 femministe parlano alle ragazze d'oggi*, Chieti, M. Solfanelli, 1993.
    17. AUFN, ADBB, b. 1, fasc. Attività Politico-sociale, 1985-1995, Corsi di formazione e partecipazione a convegni.

struttivo della centralità maschile, un «chiamare le cose col loro nome».[18] Insomma il romanzo può restare nel cassetto senza rimpianti e senso di fallimento mentre la scrittura diviene, anche per le donne, strumento di molti mestieri. Lo sottolinea la stessa Del Bo Boffino: «poi c'è stato tutto il problema del guadagnarmi da vivere. Ero rimasta sola e sono approdata quasi senza rendermene conto al giornalismo. All'inizio una rivista di architettura che mi piaceva molto, però poi dopo qualche anno ho capito che era troppo lontano dai miei interessi e sono tornata in casa editrice a "Il Saggiatore" e lì è stato straordinario perché mi ha fatto conoscere l'antropologia, [...] Margaret Mead».[19] È l'approdo alla redazione di «Abitare» prima e poi alla casa editrice Il Saggiatore per la quale tradurrà, alla fine degli anni Sessanta, Il futuro della città dell'urbanista e studioso di architettura, arte e letteratura Lewis Mumford.[20]

2. «Le cose (ardue)»: «Duepiù»

Poi invece il giornalismo mi è stato proposto quando a Milano la Mondadori ha aperto una rivista che si chiamava DuePiù. Questa rivista era la prima rivista di educazione sessuale che si tenesse in Italia. Il modello originario era Eltern tedesco, la Mondadori aveva il diritto di pubblicare tutto quello che usciva su Eltern. Ma una mia amica che era direttrice del giornale, quando si è trovata a dover pubblicare questi testi si è spaventata, perché erano troppo espliciti. E allora siccome sapeva che io avevo fatto psicanalisi, avevo studiato anche molto di questo, allora mi ha detto: "prova a fare qualche inserto chiuso". Gli inserti chiusi erano quelli al centro della rivista dove si raccontavano le cose (ardue). Allora tanto per cominciare io dissi: "senti prendiamolo con un pochino di distanza, facciamo che cos'è la sessualità dal bambino fino all'adolescente poi alla persona matura". [...]

18. Marina Zancan, Il doppio itinerario della scrittura. La donna nella tradizione letteraria italiana, Torino, Einaudi, 1998, p. 102. Margherita Ghilardi, Tempo di svolte. Scrittrici e giornali in Italia dagli anni Trenta agli anni Cinquanta in Donne e giornalismo. Percorsi e presenze di una storia di genere, a cura di Silvia Franchini e Simonetta Soldani, Milano, Franco Angeli, 2004, pp. 154-177. Si veda anche Maria Rosa Cutrufelli, Scritture, scrittrici: Almanacco, Milano, Coop Longanesi, 1988 con un contributo della stessa Del Bo Boffino, pp. 135-140.

19. AUFN, ADBB, b. 1, fasc. Attività Politico-sociale, 1985-1995, Corsi di formazione e partecipazione a convegni.

20. Lewis Mumford, Il futuro della città, Milano, Il saggiatore, 1971.

mano mano il discorso diventava sempre più denso ma i lettori si sono abituati a questo.[21]

Un'incipiente saturazione del settore dei femminili e un'espansione del mercato legato a infanzia e genitorialità, spingono Mondadori a lanciare nell'autunno del 1968, al prezzo di 300 lire, il mensile «Due+».[22] La direttrice è Anna Gualtieri. Il modello ricalca i contenuti del tedesco «Eltern» ma possiede alcuni altri corrispettivi nel contesto internazionale: «Les Parents» in Francia che ricalca fedelmente «Eltern», «Ouders Van Nu» in Olanda, «Kaks'plus» in Finlandia, «Vi Föräldrar» in Svezia, «Pais & Filhos» in Brasile, «Ser padres» in Spagna. «Due+» si incarica di una disintermediazione tra esperti e giovani coppie in tema di sessualità ma soprattutto di genitorialità, tentando di competere in un ambito che aveva conosciuto l'egemonia incontrastata del settimanale cattolico «Famiglia Cristiana».[23] Dal primo numero figurano, oltre a una redazione in gran parte formata da giornaliste (una è proprio Anna Del Bo Boffino), le consulenze fisse di uno psicologo, di un pediatra, di un ginecologo e di un pedagogo, tutti rigorosamente uomini. Maria Pia Rosignoli, che sostituisce Gualtieri nel 1970, fa virare «Duepiù» irreversibilmente sui temi dell'intimità della coppia e della sessualità. Una sterzata che consente alla rivista di guadagnare 30.000 lettori al mese fino a superare le 400.000 mila copie vendute nel 1973.[24] Rosignoli, presentata in rassicurante veste di moglie di un ingegnere e mamma, in una lunga intervista rilasciata a Enzo Biagi per le pagine de «La Stampa» nel 1972 afferma:

> i nostri lettori sono molto giovani. [...] Finora in questo paese ipocrita che è l'Italia, non c'erano che due maniere di trattare questi argomenti: quello tradizionale, angelico o quello per uomini soli. Mancava una voce chiara, pulita, scientifica. ...Siamo laici, più dalla parte della pillola, mi spiego, che da quel-

---

21. AUFN, ADBB, b. 1, fasc. Attività Politico-sociale, 1985-1995, Corsi di formazione e partecipazione a convegni.
22. Il nome iniziale della testata è «Due+: noi due più i nostri figli». Diventerà «Duepiù» nel luglio 1970, più semplice e immediato alla lettura. Nella prima metà degli anni Settanta, viene meno il sottotitolo iniziale. Nel decennio successivo il sottotitolo diventa «Per vivere meglio in due».
23. Si veda la ricerca seminale di Natalina Lodato, *Il caso Duepiù. Il giornale che rivoluzionò le relazioni e sentimenti in Italia*, Formigine, Infinito edizioni, 2013, p. 47.
24. I dati sono rilevati dall'Istituto Accertamento Diffusione e si riferiscono al tempo intercorso tra il primo gennaio e il 31 dicembre 1973, citati in Lodato, *Il caso Duepiù*, p. 55.

la dell'enciclica. ...C'è una gioventù nuova che considera i rapporti in maniera diversa. [...] Non parliamo solo degli aspetti fisiologici, ma teniamo conto della personalità umana; ecco, portiamo anche Freud al livello di massa. [...] la coppia ideale è quella aperta al dialogo, che divide la responsabilità.[25]

L'inserto "chiuso", curato da Del Bo Boffino, o «sigillato» come viene definito nelle pubblicità di «Duepiù» che abbondano sulla stampa quotidiana a larga diffusione,[26] è il cuore – fisico e simbolico – della rivista. La sua natura ossimorica è di particolare interesse. L'inserto rivendica un'interpretazione (psico)analitica ma soprattutto un'esplicitazione scientifico-didascalica della dimensione sessuale e persino dei caratteri sessuali primari – che però si mantiene di fatto "chiusa" alla vista del mondo.[27] Appare un posizionamento specifico su quel labile, e perennemente riarticolato confine tra sfera privata, pubblica e anche politica se si considera, ad esempio, il modo in cui viene trattata la questione della depenalizzazione dell'interruzione volontaria della gravidanza[28] o come viene affrontato il tema della contraccezione con i ripetuti inviti a ricorrere ai consultori AIED (Associazione Italiana per l'Educazione Demografica).[29] Anche «Duepiù» ha una rubrica di posta. Qui «oltre che gli inserti, ho fatto la prima esperienza di lettere» racconta Anna Del Bo Boffino.

> Per me è stata fondamentale... Un'esperienza sconvolgente, mi arrivavano queste lettere di ragazzi vuoi perché *Duepiù* era letto da persone molto giovani, che dimostravano l'enorme ignoranza di sessualità che c'era allora perché è nato nel '68. Essere invasi da queste richieste, per me ha significato proprio cambiare rotta in quegli anni lì, io ho definitivamente abbandonato la sponda della letteratura. Ho abbandonato l'idea di scrivere un romanzo e ho dovuto proprio cominciare a studiare disperatamente le scienze umane sessuologia, sociologia, antropologia, e di nuovo psicanalisi

25. Enzo Biagi, *Professoressa di matrimonio*, in «La Stampa», 8 gennaio 1972.
26. Si veda a solo titolo di esempio la pubblicità di «Duepiù» in «Stampa Sera», 6 maggio 1971: «Non c'è solo la pillola. Una grande inchiesta di Duepiù – nell'inserto sigillato – sull'uso degli anticoncezionali in Italia».
27. Sul finire del 1982, alla vigilia del possibile tramonto dell'inserto sigillato, la rivista «Panorama» titolerà: «Sesso: senza *tagliacarte* è quasi meglio», sostenendo tuttavia che «per qualche fedelissimo, affezionato al rito della sforbiciata, il colpo sarà durissimo», confermando l'abitudine a una lettura *voyeuristica*, «Panorama», 256, 1982.
28. Lodato, *Il caso Duepiù*, cit. particolarmente pp. 131-144.
29. Anna Del Bo Boffino, *La paura di restare incinta*, in «Duepiù», 42, 1972, p. 28. Sulla complessa storia dell'Aied almeno Gianfranco Porta, *Amore e Libertà. Storia dell'Aied*, Roma-Bari, Laterza, 2013.

perché la massa delle richieste era tale che c'era proprio bisogno di farsi un'idea un po' più precisa [...].[30]

Attori sociali, che irrompono mettendo al centro di ogni narrazione il corpo come crocevia di troppe questioni, spazzano via ogni suo progetto di "romanzo" che perde il carattere di urgenza espressiva mentre la letteratura appare inadeguata e lascia il passo alle "scienze sociali" come strumento di racconto e interpretazione della società. Aggiunge Del Bo Boffino, anche in relazione a esperienze seguite a «Duepiù»:

> da lì si misurava quanto grande fosse il cambiamento che le donne stavano affrontando in quegli anni. Una per una forse non se ne rendeva conto perché una per una scriveva dicendo: "ma io mi trovo male per questo, sto male per quest'altro". Stando lì si era al centro di un osservatorio straordinario, se no in un altro modo non lo si avrebbe avuto e si misurava man mano il cambiamento di coscienza delle donne. È di lì che poi è nata la necessità di capire i flussi. C'era un'urgenza continua di interpretare quello che stava accadendo e ci si aggrappava appunto alle interpretazioni che ci fornivano le scienze umane. Come ho detto la psicanalisi è stata fondamentale per capire, cosa si muovesse in questo inconscio, che era individuale e collettivo insieme. Ma, come dicevo prima, l'antropologia è l'altra disciplina che ci ha fornito delle chiavi di lettura straordinarie per capire cosa stava accadendo.[31]

La spinta viene da donne e uomini, una società che prova a elaborare la sua dimensione sessuata rimossa. Anche nel caso di «Duepiù» gli uomini sono destinatari, non solo passivi.[32] Scrivono lettere, confessando una navigazione divenuta incerta tra codici della mascolinità in (parziale) via di ridefinizione. Che gli uomini si rivolgano alle cosiddette *agony column* non è un'esclusiva di «Duepiù». Arena prediletta di questa corrispondenza maschile è il settimanale *ABC*, nato nel giugno del 1960 dalla rottura di Gaetano Baldacci con «Il Giorno» e che aveva visto la collaborazione iniziale di Carlo Levi, Italo Calvino, Vasco Pratolini, Dino Buzzati. *ABC* è illustratissimo, e ricorre a fotografie di corpi femminili piuttosto esplicite che gli consentono, in seguito, larghe vendite soprattutto quando diven-

---

30. AUFN, ADBB, b. 1, fasc. Attività Politico-sociale, 1985-1995, Corsi di formazione e partecipazione a convegni.

31. AUFN, ADBB, b. 1, fasc. Attività Politico-sociale, 1985-1995, Corsi di formazione e partecipazione a convegni.

32. Già a partire dal primo numero quando gli uomini risultano essere, da un'inchiesta tra lettori, il 40,3%, cfr. Lodato, *Il caso Duepiù*, p. 49.

gono egemoniche del taglio editoriale (fino alla chiusura nel 1978). Nelle pagine di *ABC* la rubrica dedicata a sessualità e costume e alle lettere è curata da Renata Pisu con lo pseudonimo di Cristina Leed. Da e su queste lettere Renata Pisu scriverà un libro dal titolo *Maschio è brutto*, pubblicato da Bompiani nel 1976 in cui afferma: «foglietti scritti con calligrafia indecifrabile che svelavano una miseria sessuale insospettata, scritti da "servi" senza possibilità di dubbio. Servi che troppo spesso se la rifacevano con le loro serve e da vittime diventavano carnefici perché tanto ammalati di maschilismo e tanto compenetrati nel loro ruolo da non rendersi nemmeno conto di essere degli sfruttati eterodiretti».[33] Sono frammenti sulla cui ricomposizione la storiografia ha speso un'attenzione ancora insufficiente. Ad esempio, l'inserto chiuso di «Duepiù», soprattutto, è un peculiare e precoce nucleo di riflessione sulla sessualità in cui, peraltro, la dimensione relazionale della costruzione dei generi (che spesso, nonostante tutto si conferma come normativa e ancorata al canone della coppia eterosessuale) è evidente. Nel 1988 Del Bo Boffino nota:

> l'impatto tra la proclamata libertà sessuale e l'ignoranza in materia di sesso nella quale tutti si trovavano a vivere, è stato profondamente risentito, come disagio individuale e sociale. Famiglia e scuola si rimbalzavano il compito di educare i giovani in un clima di impotenza dato l'enorme cambiamento di costume, con conseguente rottura dei codici tradizionali. Nel generale "disordine", i media iniziavano una loro pionieristica opera di divulgazione, facendosi tramite tra specialisti (medici, psicologi, sessuologi), e il pubblico: periodici del settore, settimanali femminili, dispense e libri diffusero un "sapere" sul sesso che oscillava tra l'attendibilità scientifica, la lusinga e l'ottimismo di matrice americana.

Le domande che si pone, infine, sollecitano anche la storiografia: «quale bilancio si può fare di questa fase dell'educazione sessuale (o meglio, di una prima informazione)? Quanto poi si è potuto travasare nelle istituzioni (consultori)?».[34] Di fatto, valutare in sede storiografica il portato sociale e culturale di quelle esperienze, significa adoperare una maggiore profondità, anche in termini diacronici, dello sguardo. Uno dei risultati potrebbe essere una migliore comprensione delle vicende del cosiddetto

---

33. Cit. in Stefano Ciccone, *Essere maschi: tra potere e libertà*, Torino, Rosenberg&Sellier, 2009, p. 58.

34. AUFN, ADBB, b. 3, fasc. Scritti vari, 1985-1995, Conferenza Stampa 8 marzo 1988, "Al di là dell'ignoranza sessuale".

neo-femminismo (cruciali per lo studio dell'Italia repubblicana) rispetto a una storiografia che tende a pietrificarne le origini in una cesura netta, una dirompente novità priva di genealogia e contesto.[35]

3. Amica (nei mari assolutamente ignoti)

Nella primavera del 1970, Carla Lonzi – con Carla Accardi ed Elvira Banotti – redige *Manifesto di Rivolta femminile*, reso pubblico a luglio e affisso sui muri di Roma e Milano.[36] È il segno di una nuova stagione d'indagine sulla presa di coscienza (e di parola) femminista in virtù della quale, senza attendere legittimazione e riconoscimento maschile, le donne possano procedere a «una modificazione totale della vita». "Rivolta femminile" è il primo gruppo a praticare il separatismo e l'autocoscienza come un partire da sé, alla ricerca di un'autonomia pubblica e privata. Negli anni Settanta il femminismo italiano diviene una pratica politica diffusa che contribuisce a trasformare profondamente la coscienza e la vita di molte migliaia di donne in tutte le ragioni italiane, in città grandi e piccole, anche in moltissimi paesi.[37] Tra il 1970 e il 1973, in luoghi diversi avviene la formazione di gruppi e collettivi differentemente connotati anche in termini di riferimenti ideologici e culturali, alcuni contigui al movimento degli studenti, altri invece più distanti. In un contesto ambivalente, in cui il sistema politico risponde oscillando tra rilevanti progetti riformatori e repressione dei movimenti, il femminismo, anzi *i femminismi*, pur nella loro eterogeneità, acquistano da subito una fisionomia specifica. L'8 marzo 1972 è la prima volta che le femministe scendono in piazza per celebrare la Giornata Internazionale delle donne ed è l'anno in cui Del Bo Boffino passa alla redazione del settimanale «Amica» pubblicato dal gruppo Rizzoli-Corriere.[38] «Amica» era stata fondato nel

---

35. Questione sollevata anche da Maud Ann Bracke, *Women and the Reinvention of the Political: Feminism in Italy, 1968-1983*, London, Routledge, 2014, p. 209.

36. Giovanna Zapperi, *Carla Lonzi: un'arte della vita*, Roma, DeriveApprodi, 2017; *Carla Lonzi: la duplice radicalità: dalla critica militante al femminismo di Rivolta*, a cura di Lara Conte, Vinzia Fiorino e Vanessa Martini, Pisa, Ets, 2011.

37. Anna Rossi-Doria, *Ipotesi per una storia che verrà*, in *Il femminismo degli anni Settanta*, a cura di Teresa Bertilotti, Anna Scattigno, Roma, Viella, 2005, p. 3.

38. Rita Carrarini, *La stampa di moda dall'Unità a oggi* in Storia d'Italia, Annali, Vol. 19, *La Moda*, a cura di Carlo Marco Belfanti, Fabio Giusberti, 2003, p. 825.

1962 come settimanale di moda e attualità del «Corriere della Sera» e aveva costituito «la novità più significativa» di quel settore editoriale, «un giornale *femminile* di tipo nuovo»; aveva, ad esempio, pagine dedicate all'attualità e persino alla politica. Definiva la lettrice di riferimento «una donna attiva, che vive a occhi aperti, inserita nella realtà della nostra epoca», «che ha bisogno di essere informata in modo completo e rapido perché ha poco tempo a disposizione e svolge molteplici compiti».[39] «Amica», in parte contribuisce a determinare e in parte capitalizza un nascente «"femminismo moderato" di massa».[40]

Per le sue pagine, Del Bo Boffino è chiamata a tenere la rubrica "Da donna a donna", «condotta con criteri del tutto nuovi rispetto ai cliché dell'epoca (la Signora Quickly imperava su «Grazia» con lezioni di obbedienza alla mamma e di etichetta, e solo Brunella Gasperini, su un altro settimanale, rispondeva in modo spregiudicato)».[41] Del Bo Boffino dice di sé:

Io non ero femminista ma in quegli anni lì ho capito che affrontare la condizione della donna era fondamentale, era qualcosa a cui non si poteva sfuggire. Dal punto di vista della carriera invece, è chiaro che il giornalismo ti propone diversi campi, ci sono settori della stampa in cui gli uomini prevalgono e sono i quotidiani in genere, e prevale la visione maschile del mondo della politica. Noi donne andavamo verso i femminili, cioè verso quella stampa che avendo il problema di parlare alle donne, si valeva delle donne, che era considerata sempre stampa di serie B. Si parla anche di cucina, di bambini, di moda. Tutto l'aspetto frivolo del femminile che veniva guardato nella nostra categoria come qualcosa di inferiore. Invece negli anni 70 essere in un "femminile" è stata una esperienza straordinaria di crescita.[42]

Dire «io non ero femminista» eppure riconoscere quanto ineluttabile sia «affrontare la condizione della donna» è indicato come un «percorso di crescita». Significa aver chiare pratiche e contenuti senza, tuttavia, ancora riconoscerne il nome: femminismo. Solo in seguito alla successiva espe-

---

39. Adam Arvidsson, *Consumi, media e identità nel lungo dopoguerra: Spunti per una prospettiva d'analisi*, in *Genere, Generazione. Consumi. L'Italia degli anni Sessanta*, a cura di Paolo Capuzzo, Roma, Carocci, 2003 pp. 29-51.

40. Ivi, p. 41.

41. Laura Lilli, *Anna Del Bo Boffino le idee al femminile* in «la Repubblica», 3 maggio 1997.

42. AUFN, ADBB, b. 1, fasc. Attività Politico-sociale, 1985-1995, Corsi di formazione e partecipazione a convegni.

rienza ad «Amica» non avrà difficoltà a definirsi "femminista".[43] Inoltre, ridimensionare l'attributo di esclusiva frivolezza dei "femminili" diventa un principio. La stessa Del Bo Boffino, quando si candida da indipendente per il Partito Comunista italiano alle elezioni del consiglio comunale di Milano nel 1975, indirizza il «suo discorso elettorale dalle pagine di "Amica"».[44] Il suo programma prevede che nelle scuole «si insegni a fare l'amore senza fare figli»[45] e sostiene di voler creare «servizi comuni nei caseggiati (lavanderie, stirerie, ristoranti) in cui sia possibile per le donne avere anche contatti sociali, consolare e farsi consolare, parlare di politica e dello sfruttamento dell'uomo sulla donna».[46]

In seguito, la memoria le rimanda, letteralmente, «una valanga di lettere che scrivevano per dire quanto fossero a disagio in questo momento di cambiamento, insomma stare in un femminile in quel momento lì voleva dire stare su una nave che affrontava dei mari assolutamente ignoti. Però era un punto di riferimento per tantissime persone».[47] Mari assolutamente ignoti e approdi mai definitivi. Le donne, soprattutto, come fossero migranti. L'emancipazione come spaesamento. La lettura fissa di un rotocalco, allora, può diventare bussola per orientarsi in una condizione di cittadinanza incompiuta o "rete". Un network sostitutivo di una "sorellanza" non sempre effettiva ed efficace, che possa sostenere l'integrazione da "straniere". Questo intuisce Del Bo Boffino:

> mai come allora ci siamo rese conto, che ognuno di noi, se maschio o femmina, cresceva con un "imprinting" estremamente preciso a essere donna, a essere uomo. Ma erano anni di grande confusione perché c'era stata un'emancipazione molto forte. Le donne erano entrate nei territori maschili del sapere, del lavoro, della politica, delle scienze e si erano molto affrettatamente omologate al maschile. Io dico sempre, quando si parla di emancipazione, che è stata come un'emigrazione. Cioè è stato come emigrare in un paese, in un ter-

43. *Percorsi del femminismo milanese a confronto. Fra privato e pubblico: legami da scoprire, nessi da reinventare*, a cura di Anna Del Bo Boffino, Milano, Guerini e associati, 1996; Anna Del Bo Boffino, *I nostri anni '70. Come le giornaliste hanno raccontato il femminismo*, Roma, Cooperativa Libera Stampa, 1986.

44. Lucia Purisiol, *Tre donne giornaliste. Il colloquio con le lettrici diventa elettorale*, in «Corriere della Sera», 12 giugno 1975.

45. *Ibidem*.

46. «Corriere della Sera», 18 giugno 1975.

47. AUFN, ADBB, b. 1, fasc. Attività Politico-sociale, 1985-1995, Corsi di formazione e partecipazione a convegni.

ritorio dove dovevi imparare la lingua, gli usi, i costumi e la comunicazione verbale e non verbale e il modo di essere. In realtà sappiamo che le donne nel sociale hanno sempre avuto una grossa difficoltà, in quanto erano immigrate, non erano indigene, e quindi erano pur sempre trattate come persone che venivano da fuori e che erano anche invasive, cioè che occupavano un territorio che non era loro e quindi guardate anche male dagli uomini.[48]

Amica intercetta i problemi delle nuove donne e prende posizione su temi come la contraccezione, la libertà sessuale, il divorzio e l'aborto,[49] la parità nel lavoro, la condivisione dei compiti in famiglia. Seppur fortemente connotata da granitici stereotipi e uno stantio *côté* mondano, la narrazione (e dunque l'esistenza) di una sessualità femminile – che non fosse medica o religiosa – in Italia era stata introdotta dai romanzi di Liala. Laddove vigeva «la separazione degli spazi maschili e femminili e sulla sessualità c'era il silenzio», Liala aveva aperto un varco: il desiderio femminile «esiste e deve fare il proprio gioco».[50] Ma nell'Italia degli Settanta non si tratta più di rappresentare desideri femminili semplificati di corpi maschili torniti e inarrivabili. Si tratta invece della presa di coscienza dolorosa e definitiva di una

48. AUFN, ADBB, b. 1, fasc. Attività Politico-sociale, 1985-1995, Corsi di formazione e partecipazione a convegni.

49. Il 15 febbraio del 1977 il «Corriere della Sera» pubblica una lettera di protesta firmata "la redazione di *Amica*" (tra i nomi in calce anche quello di Anna Del Bo Boffino), intitolata *La pubblicità sull'aborto*. «Mentre il progetto di legge che dovrebbe regolare il ricorso all'aborto per interrompere in precisi casi la gravidanza sta compiendo il suo naturale iter, passando dopo il voto alla Camera alla discussione davanti al Senato, una massiccia campagna in "difesa della Vita" viene messa in atto da alcune non chiaramente definite organizzazioni cattoliche. E' un discorso che blocca la discussione al di qua del reale. L'aborto clandestino, le donne che vi si sottopongono, la maternità come destino privato e non come funzione sociale e dunque socialmente riconosciuta e convalidata. Gridare che non si tocca la Vita significa ricacciare nel buio questa realtà, non permettere che i problemi vengano socialmente discussi e affrontati. Da una certa parte cattolica si tenta proprio questo e sembra che tutti i mezzi siano buoni: la campagna ha assunto toni intimidatori, pesanti, così da bloccare le coscienze sul senso di colpa impedendo qualsiasi apertura critica su un problema talmente grave, che può trovare soluzione soltanto nella consapevolezza di ciascuno e di tutti. Tanto più avventata sembra dunque l'ospitalità che il Corriere della Sera ha dato all'inserzione pubblicitaria del cosiddetto "Movimento per la Vita" il giorno 10 febbraio. Poiché la linea del giornale è apparsa sempre a favorire, anziché affossare il dibattito, ci si chiede come mai si permetta poi a questi più o meno viscerali "gridi dell'anima" di trovar posto nelle pagine del Corriere stesso. Noi deprechiamo quanto è accaduto e chiediamo al quotidiano la cui testata caratterizza tutta l'azienda nella quale lavoriamo di non prestarsi ulteriormente a simili speculazioni nemmeno attraverso il lucroso espediente della pubblicità».

50. Bravo, *Il Fotoromanzo*, p. 22.

sessualità troppo spesso subalterna, normata in modo diseguale e repressa. La rubrica "Da donna a donna", intercetta molte delle inquietudini, dei problemi, delle novità. Del Bo Boffino sostiene che: «parlare da un femminile ha voluto dire affrontare la sessualità femminile, cioè guardarsi dentro. Ecco è stata anche lì un'esplosione tale di lettere in quegli anni, che io proprio penso di esserne rimasta segnata per sempre».[51]

4. La disponibilità a cambiare

Vale la pena interrogarsi anche sull'origine delle forze propulsive. Chi cambia che cosa? Sono le lettrici (e come abbiamo visto imprevisti lettori) a proporre/imporre un cambiamento o sono le testate che spostano fruitrici e fruitori verso temi urgenti e toni inediti? Probabilmente è un intreccio, con un andamento meno meccanico e unidirezionale, in cui molteplici dinamiche si intersecano. Resta, per questo, un tema mai affrontato abbastanza.[52] Più semplice sembra l'analisi della questione in relazione alla stampa femminista, più complessa rispetto ai femminili "tradizionali" e considerati *mainstream*. Scrive Del Bo Boffino:

> La disponibilità a cambiare è certamente un altro fattore determinante, da parte della lettrice. Lo si è visto negli Anni Settanta, quando l'analisi della condizione femminile, la rivendicazione dei nuovi diritti civili, la denuncia del condizionamento sessuale della donna hanno fatto irruzione anche nei "femminili" tradizionali. *Amica* per prima, seguita da *Anna* (che allora si chiamava *Annabella*), hanno introdotto inchieste e rubriche su argomenti scottanti, e le lettrici rispondevano appassionatamente confermando la verità delle denunce di sofferenza e di sudditanza, affettiva, economica, culturale, al potere maschile. *Grazia* e *Gioia* si mantenevano a una prudente distanza dalle problematiche suscitate dal femminismo, prendendo atto, a cose avvenute, delle leggi che via via cambiavano a favore della parità femminile.

L'articolata questione dell'origine delle forze propulsive, di come avviene il mutamento di temi e rilevanze potrebbe essere conveniente anche

---

51. AUFN, ADBB, b. 1, fasc. Attività Politico-sociale, 1985-1995, Corsi di formazione e partecipazione a convegni.

52. Si vedano Kaitlynn Mendes, *Feminism in the News: Representations of the Women's Movement Since the 1960s*, London-New York, Palgrave Macmillan, 2011; Rosalind Gill, *Gender and the Media*, Cambridge, Polity Press, 2007.

per affrontare il nodo storiografico degli anni Ottanta, definiti troppo spesso "gli anni del riflusso" con un pigro *tic* linguistico, autentica scorciatoia discorsiva che elude l'analisi. Qualche suggerimento arriva proprio da Del Bo Boffino, mentre i fatti avvengono:

> finché, all'inizio degli Anni Ottanta, anche *Amica* o *Anna* ripiegavano su toni più tranquilli, e la parola d'ordine era diventata: niente contenuti ansiogeni. Cioè, niente più denunce o autoanalisi dei conflitti nei quali la donna si stava dibattendo. L'evoluzione in atto nel costume andava segnalata, sì, ma filtrata dallo stile brillante o dalla freddezza delle ricerche su basi statistiche. Il conflitto veniva dato come nomale routine, sulla quale era meglio non spendere troppe riflessioni depressive. A questo punto si è assistito a una netta divaricazione tra i "femminili" tradizionali e i femminili politicizzati nati dall'esperienza femminista. Le lacerazioni femminili trovavano posto in questi ultimi: letti, evidentemente, da un pubblico fornito di sufficienti supporti culturali e politici per reggere a una visione piuttosto desolata della situazione. Le donne "avanzate" si trovavano sole, a vivere in un mondo che rimandava loro un'immagine negativa, strette in gruppi elitari. [...] Mentre i "femminili" filtravano accuratamente le novità in corso, come gli sconvolgimenti familiari, il ripensamento della maternità, la violenza sessuale, il degrado delle metropoli, proponendo le piccole soluzioni quotidiane ai mille problemi che le donne dovevano affrontare, giorno dopo giorno: diventavano sempre più orti conclusi dove si coltivava un piccolo benessere quotidiano, riprodotto dall'ostinata pazienza delle singole donne, alle quali si concede il lusso di un sogno consumistico alla grande.[53]

A parte la nostalgica ripresa di un approccio anticonsumistico, l'osservazione attenta di una costruzione pubblica di tanti «orti conclusi» mette in luce un passaggio di fase le cui dinamiche in gioco sono ancora opache. Che tipo di disseminazione hanno lasciato i femminismi (una parte dei quali si è ritirato in cenacoli filosofici)? Quali sono le dinamiche che legano movimenti femministi e cultura di massa? Sono sovrapponibili a quelle che legano partiti o movimenti di sinistra e cultura di massa o sono di disuguali?

Si chiede infine Del Bo Boffino: «Chissà: forse assisteremo a una nuova irruzione della realtà sociale nelle loro pagine (dei "femminili" n.d.a.). O, forse, reggeranno continuando a filtrare i disastri, parlando solo di quelli per i quali si delineano soluzioni concrete possibili. Agli altri, ci pensi chi può».[54]

Storiche e storici, fino a oggi, ci hanno pensato abbastanza?

---

53. AUFN, ADBB, b. 3, fasc. Scritti vari, 1985-1995, Conferenza Stampa 8 marzo 1988, "Al di là dell'ignoranza sessuale".
54. *Ibidem*.

PAOLA STELLIFERI

Tutela dell'uguaglianza e valorizzazione della differenza. La battaglia di Tullia Carettoni Romagnoli contro le discriminazioni di genere

Questo saggio affronta il tema della promozione e della tutela dell'uguaglianza tra i generi[1] nella politica italiana a partire dal contributo dato dalla senatrice Tullia Carettoni Romagnoli (Verona, 1918-Roma, 2015)[2] nel corso degli anni Settanta: periodo durante il quale è stata parlamentare per la Sinistra indipendente (V-VI-VII legislatura, giugno 1968-aprile 1979); rappresentante dell'Italia al Parlamento europeo (1972-1976); infine vicepresidente del Senato (1972-1979).

Quando nel 1968 venne nominata segretaria del gruppo della Sinistra indipendente (esperimento politico di cui Ferruccio Parri è stato l'ispiratore, il promotore e a lungo il presidente),[3] Tullia Carettoni Ro-

---

1. Pur consapevole che nel periodo preso in considerazione si parlava ancora di "sesso" e, quindi, di "parità fra i sessi", ho scelto di utilizzare in questa sede l'espressione "genere", il cui uso è ormai consolidato.

2. Per un suo profilo biografico si rimanda a https://unionefemminile.it/wp-content/uploads/2016/12/Profilo-Tullia-Carettoni.pdf (ultima consultazione 18 dicembre 2018) e si segnala la lunga intervista pubblicata in Roberta Yasmine Catalano, *La felicità è come un pezzo di pane e cioccolata. Conversazioni con Tullia Carettoni Romagnoli*, Narcissus, s.l., 2013. Si precisa che anche dopo il divorzio dal marito (Gianfilippo Carettoni) la senatrice ha continuato ad utilizzare il doppio cognome, con il quale era ormai pubblicamente conosciuta.

3. L'esperienza della Sinistra indipendente si sviluppò nel periodo che va dal Sessantotto a Tangentopoli. Ad animarla furono alcuni di quegli intellettuali che, alla fine del 1967, avevano risposto all'appello di Ferruccio Parri finalizzato a mobilitare e coordinare valide forze di sinistra che però fuori dalla sinistra istituzionale si muovevano. Ad entrare in Parlamento grazie alle liste elettorali unitarie Pci-Psiup furono esponenti della borghesia laica e antifascista, senza tessere di partito e politicamente indipendenti, di notevole levatura culturale e morale. Le idee attorno a cui il gruppo si riunì furono le stesse che dal 1963 costituivano il cuore di una esperienza editoriale immaginata e diretta da Parri – la

magnoli aveva già alle spalle un percorso politico di rilievo, avviato con la partecipazione alla Resistenza nelle formazioni liberali e proseguito con l'adesione al Partito d'Azione, con l'impegno nell'Unione donne italiane e con l'ingresso in Parlamento, nelle fila del Partito socialista (1963-1966). Nel corso degli anni Settanta la sua sensibilità politica e culturale fu messa a frutto in molteplici ambiti. Come senatrice della Sinistra indipendente si occupò di riforme scolastiche e universitarie, di legislazione sui beni culturali e di diritti umani, e prese parte a numerose Commissioni parlamentari (dalla Difesa agli Affari esteri): questo, fino all'elezione nel 1979 al Parlamento europeo dove avrà modo di affinare ulteriormente le sue competenze sul piano delle relazioni internazionali e del dialogo interculturale.

È però sul fronte dei diritti civili (dal divorzio alla riforma del diritto di famiglia, dall'istituzione dei consultori all'interruzione di gravidanza) che la senatrice fu costantemente in prima fila durante quel decennio di crisi e al tempo stesso di modernizzazione e secolarizzazione. Nel corso delle quattro legislature in cui fu presente a Palazzo Madama, Tullia Carettoni Romagnoli si dedicò assiduamente alla cosiddetta "questione femminile", espressione con cui allora ci si riferiva alle problematiche legate alla condizione sociale delle donne e alle strategie da adottare per risolverle sul piano pubblico e politico.[4]

rivista «L'Astrolabio» – e quindi il legame tra cultura e politica, l'ambientalismo, la lotta al nucleare, l'ascesa del cosiddetto Terzo Mondo. Per la Sinistra indipendente si veda Giambattista Scirè, *Gli indipendenti di sinistra. Una storia italiana dal Sessantotto a Tangentopoli*, Roma, Ediesse, 2012; per la rivista, *Pagine scomode. La rivista* Astrolabio *(1963-1984)*, a cura di Alfredo Casiglia, Roma, Ediesse, 2014. Per la genesi e lo sviluppo della Sinistra indipendente si ricorda anche il ruolo dei cattolici indipendenti (cfr. Alessandro Santagata, *1976: Adista e la Sinistra indipendente alla prova delle elezioni*, in *Adista 1967-2007. 50 anni alla sinistra del padre*, a cura di Valerio Galante, Roma, Adista, 2018, pp. 25-28).

4. La letteratura prodotta negli anni Sessanta e Settanta sulla "questione femminile" è ingente. Mi limito a segnalare esemplarmente il saggio di Chiara Saraceno del 1971, *Dalla parte della donna. La "questione femminile" nelle società industriali avanzate*, Bari, De Donato; il volume monografico della rivista «Problemi del socialismo», *La questione femminile in Italia da '900 a oggi*, Milano, Franco Angeli, 1976; Paola Gaiotti De Biase, *Questione femminile e femminismo nella storia della Repubblica*, Brescia, Morcelliana, 1979. Per il dibattito coevo nel Pci si veda Aida Tiso, *I comunisti e la questione femminile*, Roma, Editori Riuniti, 1976; Carla Ravaioli, *La questione femminile. Intervista col Pci*, Milano, Bompiani, 1977; Adriana Seroni, *La questione femminile in Italia (1970-1977)*, Roma, Editori Riuniti, 1977.

È su questo aspetto della sua intensa e variegata attività di governo (per il quale è stata nominata "Dama di Gran Croce dell'Ordine al Merito della Repubblica italiana" l'8 marzo 2005) che si concentreranno le pagine che seguono. Nello specifico, la riflessione si baserà sulla battaglia condotta contro le discriminazioni di genere perduranti nell'ordinamento giuridico (oltre che nella cultura e nel "costume") nella seconda metà degli anni Settanta. Filo conduttore sarà la vicenda di una proposta di legge avanzata dalla senatrice della Sinistra indipendente per la prima volta nel marzo 1976 – *Norme per la tutela dell'uguaglianza tra i sessi e istituzione di una Commissione parlamentare di indagine sulla condizione femminile in Italia* n. 2458/76[5] – approvata al Senato nel dicembre 1977 con un titolo e un contenuto profondamente modificati: *Abrogazione della rilevanza penale della causa d'onore.*

Come si vedrà, nel corso dell'iter legislativo l'impianto e gli obiettivi del testo cambiarono profondamente. Da una ampia e complessiva opera di riforma di entrambi i codici in materia di parità tra i generi, si giunse infatti a una specifica modifica delle norme del codice penale che regolavano i reati compiuti in difesa dell'onore. Tra emendamenti, stralci e rinvii fu svigorito progressivamente lo spirito con cui Tullia Carettoni Romagnoli aveva deciso di affrontare il problema delle discriminazioni sessuali: non approfondendo isolatamente un determinato aspetto, né cercando di addrizzare una specifica stortura dei codici, bensì affrontando nel loro insieme le radici e le manifestazioni culturali, sociali, politiche e giuridiche delle dinamiche di potere che attraversano i rapporti tra uomini e donne.

Sebbene per molti aspetti abbia il sapore della sconfitta più che quello della vittoria, ho scelto di osservare il suo impegno politico dalla prospettiva di questa particolare battaglia per più ragioni. In primo luogo per gli effetti, diretti e indiretti, derivati dal dibattito parlamentare in questione, sul quale mi soffermerò ampiamente.[6] Questo, infatti, ha avuto un ruolo dirimente nella definitiva espunzione della causa d'onore e del matrimonio riparatore dall'ordinamento giuridico italiano (avvenuta nel 1981 con la

5. Senato della Repubblica, VI Legislatura, disegno di legge (n. 2458) d'iniziativa del senatore Romagnoli Carettoni Tullia, comunicato alla presidenza l'8 marzo 1976, *Norme per la tutela dell'uguaglianza tra i sessi e istituzione di una Commissione parlamentare di indagine sulla condizione femminile in Italia* (d'ora in poi: D.d.l. 2458).

6. La ricerca si è basata sul dibattito parlamentare e sulle carte delle prime tre serie dell'archivio di Tullia Carettoni Romagnoli ("Corrispondenza", "Sinistra indipendente", "Attività parlamentare").

legge n. 442); ha favorito la contestuale approvazione di alcune fondamentali "leggi per le donne" (mi riferisco in particolare alla "legge Anselmi" sulla parità in ambito lavorativo, n. 903/77); e ha contribuito ad aprire la strada a successive importanti riforme (dalla legge 66 del 1996 con cui è stato modificato il codice penale in materia di violenza sessuale, alla 164/90 con cui è stata istituita la Commissione nazionale per la parità e le pari opportunità).[7]

La storia di questo disegno di legge permette inoltre di mettere a fuoco in tutta la sua complessità, contraddittorietà e ambivalenza il processo di modernizzazione legislativa degli anni Settanta, facendo emergere come alcuni dei temi fondamentali del rapporto donne-diritto, donne-politica riscontrassero – trasversalmente agli schieramenti politici – resistenze più o meno manifeste; ma si ritiene che questa vicenda possa dare un utile contributo anche all'analisi delle politiche istituzionali riferite alle donne e al legame da esse avuto con il protagonismo politico femminile sviluppato fuori del Parlamento (nell'associazionismo così come nei movimenti sociali).

Si auspica infine che lo studio di questa vicenda legislativa possa dare un apporto significativo alla comprensione del ruolo ricoperto – in questo processo ambivalente e non lineare di modernizzazione legislativa e di ridefinizione della sfera politica – l'esperimento incarnato dalla Sinistra indipendente di cui Tullia Carettoni Romagnoli è stata punto di riferimento e vivace animatrice.

1. *Una legge per l'uguaglianza*

L'8 marzo 1976 a Roma si festeggiò la giornata internazionale della donna nelle piazze e nelle strade della città con cortei, girotondi, manifestazioni di associazioni femminili e gruppi femministi.[8] Nello stesso tempo, all'interno di Palazzo Madama, Tullia Carettoni Romagnoli diede avvio alla sua battaglia contro le discriminazioni sessuali nella legislazione ita-

---

7. La Commissione nazionale per le pari opportunità è stata istituita nel 1984 sulla scia del programma di azione adottato a Copenaghen dalla Seconda Conferenza mondiale delle Nazioni Unite sulle donne. Nel 1990 la legge 164 ha definito ruoli, competenze, composizione, durata, finanziamento della Commissione.

8. Cfr. Alessandra Gissi, *Otto marzo. La giornata internazionale delle donne in Italia*, Roma, Viella, 2010, pp. 55-75.

liana presentando il disegno di legge *Norme per la tutela dell'uguaglianza tra i sessi e istituzione di una Commissione parlamentare di indagine sulla condizione femminile in Italia*: un testo di partenza – «una bozza» come lei stessa la definì – su cui lavorare trasversalmente, dentro e fuori le due Camere, mettendo a dialogo sia gruppi politici antagonisti, sia questi con le associazioni e i movimenti delle donne.

Per affrontare il rapporto non risolto delle donne italiane con la cittadinanza e per contrastare le discriminazioni sessuali ancora perduranti nella società e nell'ordinamento italiano, la senatrice della Sinistra indipendente aveva deciso di partire dalla Carta costituzionale: sia dai principi fondamentali entrati in vigore nel 1948, sia dal ruolo giocato delle 21 donne elette nell'Assemblea costituente. Il loro lavoro, infatti, era stato solidale, unitario e di squadra, svolto – come ha sottolineato Anna Rossi-Doria – più in rappresentanza delle donne che dei rispettivi partiti di appartenenza.[9] L'impronta più forte data dalle costituenti al disegno costituzionale, inoltre, era rintracciabile nell'attenzione prestata alla tutela delle donne, intesa in un duplice senso: come valorizzazione della specificità femminile e quindi della maternità; come tutela della parità dei diritti tra uomini e donne (in famiglia, nel lavoro e nelle attività pubbliche). Fu questo secondo approccio a orientare maggiormente Tullia Carettoni Romagnoli nella scrittura e nella difesa della sua proposta di legge.

Come annunciato nel titolo, la tutela dell'uguaglianza fu scelto come il tema sul quale impostare tutto il progetto di legge, articolato in due parti per un totale di 14 articoli. Obiettivo della prima parte era eliminare le norme in contrasto con l'articolo 3 della Costituzione e con il riformato diritto di famiglia (legge 151/75), mentre il fine della seconda parte era porre le basi per un lavoro di lungo periodo sul piano della lotta alle discriminazioni di genere.

Il testo si apriva attaccando due simboli della costruzione patriarcale del rapporto tra i sessi: matrimonio riparatore e delitto d'onore. La difesa dell'onore, radicata nella tradizione giuridica italiana precedente e inserita in modo esplicito nel codice penale fascista, condizionava ancora fortemente il rapporto tra donne e diritto nell'Italia degli anni Settanta. A partire dalla vicenda di Franca Viola – la ragazza che nel 1966 in Sicilia, con il sostegno del padre, si era rifiutata di sposare colui che l'aveva rapita, violentata e

---

9. Anna Rossi-Doria, *Dare forma al silenzio. Scritti di storia politica delle donne*, Roma, Viella, 2007, p. 190.

quindi "disonorata" – si era innescato un dibattito pubblico molto acceso. Questo, tuttavia, non era riuscito a ottenere la revisione del codice penale. Il disegno di legge proposto da Tullia Carettoni Romagnoli nel 1976, invece, costrinse il Parlamento a confrontarsi con l'opportunità di sradicare effettivamente la causa d'onore dall'ordinamento giuridico. L'articolo 1 del d.d.l. 2458/76, infatti, abrogava la norma 544 del codice penale che prevedeva la non punibilità di alcuni reati (tra cui violenza carnale e atti di libidine violenta) se seguiti dal matrimonio dell'autore del reato con la vittima; il numero 2 eliminava il famigerato articolo 587 del codice penale, *Omicidio e lesione personale a causa di onore*. A queste due norme seguiva una proposta di intervento sul codice civile: l'abrogazione degli articoli che disciplinavano la cosiddetta "promessa di matrimonio", pratica considerata da Tullia Carettoni Romagnoli un disconoscimento della «perfetta idoneità da parte della donna a saper determinare l'opportunità o meno di impegnarsi ad una relazione matrimoniale», rimandando quindi a una «situazione di minorità».[10]

Lo sforzo per adeguare la legge al dettato costituzionale proseguiva trattando le questioni riguardanti l'impiego femminile. L'articolo 4 interveniva in materia pensionistica proponendo l'introduzione del diritto alla reversibilità della pensione della moglie a favore del vedovo. Il permanere di una norma che garantiva alle vedove la reversibilità della pensione del marito (ma non il contrario) produceva, secondo la senatrice, varie distorsioni. Non solo, infatti, questo sistema non permetteva di riutilizzare i contributi previdenziali versati dalla donna, ma aveva l'effetto indiretto di porre su un piano superiore il lavoro del coniuge maschio: il solo che, in caso di morte, avrebbe assicurato il permanere di una rendita alla famiglia. Illustrando ai colleghi senatori questo punto, la senatrice argomentò come segue:

> Bisogna concordare con quanto recentemente affermato da Doriana Giudici [...] "troppe leggi di protezione si sono rivelate dei mezzi 'legali' per riportare le donne nell'ambito familiare" [...]. Sotto questo profilo, nelle necessarie revisioni della legislazione del lavoro – per limitare gli esempi – dovrebbero cadere il divieto dell'impiego della donna nel lavoro notturno e dovrebbe rivedersi la disciplina dell'età pensionabile; nella legge di tutela della maternità andrebbe previsto che il congedo dal lavoro per causa di malattia del figlio potesse essere usufruito dal padre o dalla madre indistintamente.[11]

---

10. D.d.l. 2458, p. 3.
11. *Ibidem*. Il riferimento è al contributo di Doriana Giudici in *La donna e il diritto: dall'incapacità giuridica al nuovo diritto di famiglia*, Roma, Editrice sindacale italiana, 1976.

Sulla stessa linea si muoveva l'articolo 5, relativo al mondo del lavoro agricolo, il quale correggeva una norma della legge Bonomi sull'assistenza ai coltivatori diretti in caso di malattia.[12] La proposta di riforma estendeva la partecipazione alle elezioni del Consiglio direttivo della Cassa mutua contadini (allora prevista soltanto per capi famiglia) a tutti i membri della famiglia contadina, mogli e figli maggiorenni compresi. Questa modifica, formalmente limitata, intendeva dare risposta alle trasformazioni in corso e in gran parte già avvenute nei modelli familiari predominanti in seguito al processo di migrazione dalle campagne alle città: il passaggio cioè dalla famiglia contadina, estesa e patriarcale, a quella nucleare urbana.[13]

Come dimostrano questi primi articoli, alla base del d.d.l. 2458 c'era la volontà di sradicare nel profondo le disparità tra i generi – sul piano normativo e su quello dei rapporti concreti – attraverso riforme non necessariamente di "tutela della donna", bensì di ridefinizione dei ruoli di genere e di scardinamento della separazione tra sfera pubblica e privata. La senatrice, infatti, riteneva che la divisione dei ruoli fosse non solo «radice della disuguaglianza», ma anche causa della «acquiescenza» con cui le donne in Italia tendevano a farsi carico quasi sempre da sole del lavoro domestico e di cura, indipendentemente dall'impegno lavorativo extradomestico.[14]

La sua visione politica si fa più chiara se si prendono in considerazione gli articoli dedicati all'educazione scolastica (un ambito da lei ben conosciuto data la sua decennale esperienza di insegnante di lettere e di storia dell'arte) e, nello specifico, al rapporto tra formazione e sbocchi professionali. Per superare la divisione dei ruoli nella società e nella famiglia era necessario, a suo avviso, liberare la scuola dai rigidi modelli di genere che – veicolati dagli adulti – condizionavano la vita e la formazione degli e delle studenti. A tal fine era essenziale non solo rivedere i programmi scolastici (eliminando le differenziazioni tra i percorsi maschili e femminili soprattutto rispetto alle materie tecniche, come previsto dall'art. 6); ma

---

12. Legge n. 1136 del 22 novembre 1954, *Estensione dell'assistenza malattia ai coltivatori diretti*.

13. Cfr. Perry Willson, *Italiane. Biografia del Novecento,* Roma-Bari, Laterza, 2010, pp. 198-202.

14. D.d.l. 2458, p. 3. Su questi temi si rimanda a Maria Vittoria Ballestrero, *La protezione concessa e l'eguaglianza negata: il lavoro femminile nella legislazione italiana,* in *Il lavoro delle donne,* a cura di Angela Groppi, Roma, Laterza, 1993, pp. 445-469.

anche porre fine agli squilibri di un settore occupazionale che, pur apparendo "neutro" dal punto di vista del genere, di fatto costituiva «lo sbocco di un processo di ghettizzazione femminile che parte dalle scuole per maestre d'asilo e passa attraverso gli istituti magistrali».[15] Il suo disegno di legge, inoltre, puntava a incentivare un principio apparentemente banale ma allora fortemente dibattuto, ovvero che insegnanti, assistenti, direttori ed ispettori delle scuole materne statali *potessero* essere anche di sesso maschile. Contestualmente, si cambiava il nome delle scuole statali – da "materne" a "per l'infanzia" (art. 7): una modifica lessicale formale ma in realtà sostanziale nella quale è possibile ravvisare il desiderio di far entrare in Parlamento il dibattito che proprio in quegli anni aveva iniziato ad attraversare la riflessione pedagogica con le prime teorizzazioni sulla categoria del genere.[16]

Fin da questi primi 7 articoli risulta evidente come l'obiettivo del disegno di legge Romagnoli Carettoni fosse garantire e incentivare delle norme per la tutela della uguaglianza tra i generi in grado di uscire sia da una logica di "protezione della donna", sia da quella della emulazione, da parte delle donne, del ruolo maschile. Come in più occasioni da lei esplicitato, la senatrice era convinta che fosse necessario rifiutare sia l'idea di una emancipazione parziale, sia un'eguaglianza intesa come omologazione, e puntare piuttosto a una parità sostanziale in grado di affermare «nuovi valori e nuove forme di società».

Su questa linea si muoveva la seconda parte del d.d.l. che allargava il campo d'azione e svolgeva una funzione non correttiva dei codici, bensì "gender mainstreaming", come diremmo oggi: finalizzata cioè a una adeguata analisi economica, politica e sociale delle differenze esistenti tra la vita degli uomini e delle donne e alla promozione di una uguaglianza intesa come fine delle asimmetrie di potere. Gli ultimi articoli, dall'8 al 14, erano dedicati infatti alla istituzione di una Commissione parlamentare di indagine sulla condizione femminile in Italia con compiti di controllo, di studio ma anche e soprattutto di attuazione di soluzioni pratiche per un efficace contrasto delle discriminazioni sessuali, sia nella politica, sia nella società.

15. Si ricorda che l'insegnamento era nei primi anni Settanta la principale professione femminile, tanto che il 63,7% dei professori di scuola media, la metà di quelli della scuola secondaria e circa l'80% degli insegnanti della scuola elementare era composto da donne.

16. Per il dibattito italiano in ambito pedagogico si ricorda il libro pionieristico *Dalla parte delle bambine,* di Elena Gianini Belotti che, pubblicato per Feltrinelli nel 1973, divenne velocemente un caso editoriale.

Quello che si proponeva era cioè l'istituzione di un organo che indicasse al Parlamento i provvedimenti da adottare per garantire parità occupazionale e formativa; che elaborasse una sorta di codice comportamentale per i partiti politici e per i sindacati (evitando la già tanto discussa ipotesi di quote per le liste elettorali); e che infine suggerisse una serie di interventi utili a «tutelare la dignità femminile» e a contrastare le discriminazioni soprattutto in materia di violenza sessuale istituendo, ad esempio, centri di tutela legale e sanitaria. Nell'ipotesi normativa, la Commissione sarebbe stata composta da 30 membri rappresentanti tutti i gruppi parlamentari (15 per il Senato e 15 per la Camera), in carica sei mesi: periodo durante il quale si sarebbe provveduto anche ad istituire uno strumento permanente di indagine sulla condizione femminile in grado di fare da ponte tra il Paese e le istituzioni. Per capire appieno motivazioni e finalità di questa parte del d.d.l., riporto uno stralcio del discorso con cui Tullia Carettoni Romagnoli lo presentò in Senato l'8 marzo 1976:

> In Italia l'Unione donne italiane è venuta da tempo identificando precise linee di intervento particolarmente per quanto attiene al lavoro e alla educazione; tutta la problematica è oggetto di contributi puntuali da parte di associazioni e movimenti femminili, mentre gruppi femministi annunciano di stare elaborando un disegno di legge di iniziativa popolare sulla scia di quello inglese;[17] specificamente a questa materia si riferisce poi una parte del progetto di Carta dei diritti dell'uomo recentemente pubblicata dal Partito radicale.
>
> Una iniziativa parlamentare nello stesso senso in cui va la più avvertita opinione pubblica è parsa alla proponente doverosa ancor prima che opportuna: si chiede però di considerare il presente disegno di legge una sorta di "bozza" sulla quale aprire una discussione; aperta, dunque, ad ogni trasformazione migliorativa. Ciò anche perché, a causa della delicatezza e della fluidità della materia, carenze e limiti appaiono, in una prima stesura, inevitabili. Si confida, dunque, sull'apporto degli onorevoli senatori e sul contributo di quanti, enti e persone, e in primo luogo le associazioni e i movimenti femminili abbiano a cuore questi problemi. A questo spirito corrisponde l'*obbligo* per la Commissione parlamentare prevista di avvalersi del contributo di rappresentanti dei movimenti ed associazioni interessate.[18]

---

17. Tullia Carettoni Romagnoli aveva attentamente studiato i provvedimenti legislativi di altri paesi europei, in particolare l'inglese *Sex discrimination act*. Cfr. le carte conservate in Archivio storico Unione femminile nazionale (AUFN), *Tullia Carettoni Romagnoli I*, busta 22, fasc. 8, s. fasc. 6 e 7.

18. D.d.l. 2458, p. 2.

È questo un punto cruciale. Per quanto attiva nell'Udi fin dalla fondazione ed espressione di una politica delle donne di stampo associazionista ed emancipazionista, Tullia Carettoni Romagnoli era rispettosa delle istanze avanzate dal movimento femminista, di cui guardava con scetticismo e diffidenza essenzialmente l'operazione di politicizzazione della sessualità e del privato.[19] Riteneva pertanto che fosse necessaria la creazione di un organo in grado di istituzionalizzare il dialogo con i movimenti per l'emancipazione e la liberazione della donna e di attenuare la contrapposizione tra questi e la politica dei partiti, segnando in questo modo «un decisivo passo innanzi sulla strada del collegamento tra Parlamento e Paese».[20]

Come si vedrà, sebbene a un primo esame soprattutto la seconda parte della legge avesse riscontrato grandi apprezzamenti, in realtà l'istituzione della Commissione sulla condizione femminile fu quella su cui l'iter legislativo si complicò e arrestò, a fronte di un sostegno formale quasi trasversale.

2. Il dibattito parlamentare

Gli esordi del lavoro della Commissione giustizia nella primavera nel 1976 furono così incerti da poter essere considerati un presagio di quanto tortuoso e complesso sarebbe stato l'iter legislativo negli anni a venire. Molti dei membri della Commissione – in primo luogo quelli democristiani – da un lato affermarono di accogliere con favore il disegno di legge, dall'altro espressero il bisogno di avviare «indagini conoscitive» preliminari all'elaborazione di un giudizio conclusivo da presentare in Assemblea. L'esame del testo fu quindi rinviato in attesa di definire e avviare uno studio approfondito della materia, cosa che non avvenne a causa della fine anticipata della VI Legislatura, cui seguirono le elezioni del 20 giugno 1976.[21]

19. Per il suo rapporto con il neo-femminismo si veda la sua testimonianza in R.Y. Catalano, *La felicità*, p. 51 e il suo discorso in Senato in occasione della discussione del progetto n. 805, *Parità di trattamento tra uomini e donne in materia di lavoro* (Senato della Repubblica, VII Legislatura, 183ª Seduta Pubblica, Resoconto Stenografico di giovedì 13 ottobre 1977).

20. Sedute delle Commissioni – 367, 22 aprile 1976, p. 45. Per lo stretto legame con l'Udi si rimanda in particolare al materiale conservato in AUFN, *Tullia Carettoni Romagnoli I*, busta 24, fasc. 8, s. fasc. 14.

21. *Ibidem*.

Non appena fu istituito il nuovo governo dopo una crisi durata quaranta giorni – un monocolore democristiano guidato da Giulio Andreotti, sostenuto dall'astensionismo di tutti i partiti compreso il Pci, ad esclusione di Msi, Radicali e Dp – la battaglia per una legge a garanzia della parità tra uomini e donne riprese. Tullia Carettoni Romagnoli (confermata vicepresidente del Senato) presentò il nuovo d.d.l. (il quarto della VII Legislatura) già il 6 luglio 1976.[22] Sostanzialmente esso ricalcava fedelmente il precedente, dal quale si differenziava soltanto per piccole modifiche che rispondevano ai suggerimenti proposti, nel frattempo, dalle associazioni e dai gruppi femminili e femministi interpellati.[23] Nello specifico, fu aggiunto un articolo riguardante i processi per reati di violenza sessuale nel quale si chiedeva che il corpo giudicante fosse composto «almeno per la metà di magistrati di sesso femminile» (il n. 4); uno in materia pensionistica che stabiliva che fosse la donna a decidere se anticipare o meno di cinque anni il limite dell'età pensionabile (art. 6); infine una nuova norma che prevedeva che si estendessero i congedi parentali anche al padre lavoratore.

Così come il procedente, anche il d.d.l. 4/76 correva il rischio di essere giudicato frammentario dal momento che riguardava al contempo vari temi e varie norme sia del codice civile, sia di quello penale. In realtà, nello spirito della proponente e dei suoi colleghi di gruppo, esso rafforzava la sua coerenza e chiariva il suo significato complessivo: la tutela della parità tra i sessi tramite l'abrogazione di norme discriminanti dal punto di vista sessuale e l'applicazione fedele di quelle già esistenti (in ambito lavorativo come civile) per il miglioramento della condizione di vita delle donne e per l'evoluzione della società nel suo insieme.

Una volta presentato in Senato, Tullia Carettoni Romagnoli si impegnò alacremente per far conoscere il testo anche fuori dal Parlamento.[24] La contemporanea discussione (e poi approvazione) della legge sulla parità

22. Senato della Repubblica, VII Legislatura, disegno di legge n. 4 d'iniziativa del senatore Romagnoli Carettoni Tullia, comunicato alla presidenza il 6 luglio 1976, *Norme per la tutela dell'uguaglianza tra i sessi e istituzione di una Commissione parlamentare di indagine sulla condizione femminile in Italia* (d'ora in avanti: d.d.l. 4).

23. Si rimanda alla corrispondenza con centri, gruppi e associazioni femminile e femministe conservata in AUFN, *Tullia Carettoni Romagnoli 1*, busta 22, fasc. 8, s. fasc. 2; 8; 14.

24. Interessante è la corrispondenza con telespettatori, lettori, ricercatori, associazioni femminili etc. conservata in AUFN, *Tullia Carettoni Romagnoli 1*, busta 22, fasc. 8, s. fasc. 8.

tra uomini e donne in materia di lavoro le fornì diverse occasioni.[25] Intervistata, ad esempio, nel maggio 1977 sull'opportunità o meno di restringere l'ambito di intervento del suo d.d.l. a un tema specifico (come il lavoro, appunto), la senatrice della Sinistra indipendente dichiarò di essere scettica nei confronti dell'efficacia di interventi di riforma parziali, come quello firmato dalla deputata democristiana:

> Il progetto Anselmi riguarda soltanto il lavoro. E qui bisogna avere la forza di ammettere che il problema del lavoro è fondamentale, non c'è emancipazione se non attraverso il lavoro, però non si può pensare di risolvere i problemi della condizione femminile solo con delle leggi che stabiliscono la parità nel lavoro. Perché la medaglia ha due facce: una è quella dei diritti civili, della condizione della donna nella società, l'altra faccia è quella del lavoro. Non si può tagliare a metà la medaglia. E credo che l'Udi lo abbia chiaramente intuito.[26]

In altre parole: diritti civili, modernizzazione del "costume", emancipazione attraverso il lavoro. A suo parere, la liberazione della donna (e quindi della società intera) doveva nutrirsi di tutti questi elementi insieme. E questo perché – come ella spiegò – «se ci fermassimo ad un solo aspetto faremmo sì opera di giustizia, ma semineremmo un seme che non dà frutto: incapace di divenire elemento che muova un processo di trasformazione».[27]

3. La «disperata battaglia» di Gozzini

In autunno si misero al lavoro le commissioni interpellate. Il senatore della Sinistra indipendente Mario Gozzini, che aveva il compito di illustrare il nuovo testo sul tema della parità, giudicò l'idea di istituire una Commissione di indagine sulla condizione femminile particolarmente meritevole di essere sostenuta a causa della urgenza di un luogo istituzio-

---

25. Cfr. Alessandro Barbieri, *Ricordando Tina Anselmi: la legge sulla parità di trattamento nel lavoro del 1977 tra il contesto internazionale e la sua soggettività*, in «Diacronie. Studi di storia contemporanea», n. 34-2/2018 (http://www.studistorici.com/2018/06/29/barbieri_numero_34/); Tiziana Noce, *Donne di fede. Le democristiane nella secolarizzazione italiana*, Pisa, ETS, 2014.
26. Valentina Savioli, *Un seme gettato*, in «Noidonne», 20 (1977), p. 29.
27. *Ibidem*.

nale adibito al controllo e alla promozione della condizione femminile. Infatti, «pur non ritendo opportuna, nella situazione italiana, la soluzione ministeriale adottata in Francia», per Gozzini era necessario procedere con il progetto di un organismo permanente in grado di affrontare con continuità «il problema della donna», ma anche di svolgere la funzione di «stabile punto di riferimento» per i movimenti femminili: questi, affermava, «sono ormai, lo si voglia o no, una componente di rilievo della vita associata nel nostro Paese».[28]

Il relatore approfondì anche il tema specifico del contrasto alla violenza sessuale. Gozzini e Carettoni, dopo la presentazione della prima proposta, avevano continuato a lavorare soprattutto su questo ambito. I due senatori avevano pertanto inserito nel nuovo testo il già citato articolo 4 sulla composizione dei corpi giudicanti nei processi per violenza carnale e avevano steso un emendamento aggiuntivo diretto a stabilire una aggravante speciale per il concorso di più persone. Infine avevano delineato un ampliamento del lavoro di revisione del codice penale tramite la soppressione di altri articoli contenenti l'attenuante della causa d'onore: nello specifico il 578 (*Infanticidio in condizioni di abbandono materiale e morale*) e il 592 (*Abbandono di un neonato per causa di onore*).

Illustrati i contenuti del testo ai membri della commissione giustizia, Gozzini espresse un convinto ottimismo soprattutto per le sorti degli articoli riguardanti la causa d'onore: sentiva infatti che almeno su questo tema ci sarebbe stata un'ampia convergenza politica dal momento che – a suo avviso – era da tempo che l'opinione pubblica richiedeva «l'abrogazione delle norme penali in questione, in considerazione anche del valore di indirizzo e di influsso pedagogico che la legge penale in tal senso certamente possiede».[29] L'ottimismo di Gozzini fu presto smentito. Lo studio del testo non procedette fluidamente, ma fu sospeso e rinviato più volte sia a causa della complessità della materia trattata («che suscitava riserve in alcuni commissari»), sia a causa del fatto che il Parlamento aveva nel frattempo esaminato altri provvedimenti che assorbivano in parte alcuni temi previsti da Tullia Carettoni Romagnoli. L'esito dell'esame, alla fine, fu negativo. La Commissione giustizia bocciò, nel complesso, il d.d.l. 4/76. Tutti gli articoli dal numero 3 all'11 furono soppressi: il 3 inerente la promessa di matrimonio perché «irrilevanti ai fini perseguiti le norme del codice civile

28. Seduta delle Commissioni – 140, 26 ottobre 1977, p. 17.
29. *Ibidem.*

in questione»; l'articolo 4 a causa di dubbi sulla sua costituzionalità; l'8 perché oggetto anche della riforma del sistema sanitario allora in discussione; il 9 poiché assorbito nel frattempo dalla legge 348/1977 sull'istituzione e sull'ordinamento della scuola media statale; infine l'articolo 10 (difeso ostinatamente da Gozzini sottolineando la necessità pedagogica di figure di adulti di entrambi i sessi) e gli articoli 5, 6 e 7 a causa dell'imminente approvazione del d.d.l. sulla parità di trattamento tra uomini e donne in materia di lavoro (la futura "legge Anselmi").[30]

Per quanto riguarda invece l'istituzione della Commissione di indagine sulla condizione femminile, Gozzini riferì al Senato di aver registrato una «giustificata ostilità» da parte dei commissari a una eccessiva proliferazione di Commissioni. Per Tullia Carettoni Romagnoli l'ostilità non era invece per nulla legittima: al sostegno teorico e ideale mostrato verso l'istituzione di un organo di controllo sulla condizione femminile e sulle disparità di trattamento in base al sesso, corrispondeva – a suo parere – una evidente, concreta resistenza alla sua traduzione pratica. Del resto già nei mesi precedenti la senatrice aveva denunciato i motivi reali che – al di là dei pretesti occasionali – rendevano particolarmente ostico il supporto alla seconda parte del suo disegno di legge. In una intervista per «Noidonne», nella primavera del 1977, ella puntò il dito sia contro i suoi colleghi, sia contro i suoi avversari politici, considerati restii a riconoscere il valore della cultura politica promossa, in quegli anni, da movimenti femminili e femministi:

> Se è vero che ci sono troppe commissioni parlamentari, è anche vero che questa non si vuole fare (a non volerla ci sono anche molti nostri amici della sinistra) perché si ha paura di consultare le rappresentanti dei movimenti delle donne. Lo dimostra il fatto che pur avendo il Parlamento espresso parere sfavorevole verso il fiorire di troppe commissioni, esse si continuano a fare, tranne questa.[31]

Per quanto riguarda invece le norme relative alla causa d'onore (materia degli articoli 1 e 2), la Commissione aveva mostrato maggiore interesse. Eppure Gozzini – dopo aver ricordato un recente caso di delitto d'onore

30. Senato della Repubblica, VII Legislatura, Relazione della 2ª Commissione Permanente Giustizia (relatore Gozzini) sul disegno di legge n. 4 d'iniziativa del senatore Romagnoli Carettoni Tullia, comunicata alla presidenza il 4 novembre 1977 (d'ora in avanti: relazione del 4 novembre 1977).
31. Savioli, *Un seme gettato*, p. 29.

a Milano – dovette informare il Senato che anche rispetto all'abolizione del codice d'onore le perplessità non erano mancate, tanto che alla fine i commissari avevano votato lo stralcio degli articoli 1 e 2 con il fine di approfondire ulteriormente lo studio della materia.

Per quanto a suo avviso fosse del tutto inutile una ulteriore indagine conoscitiva (essendo la materia in esame «da tempo studiata e discussa nel Paese e nel Parlamento»), il relatore aveva dovuto riconoscere che nella Commissione giustizia erano prevalse le reticenze sia di quanti non vedevano di buon occhio la commistione di interventi sul codice penale e su quello civile in uno stesso disegno di legge; sia di coloro che ritenevano necessario procedere gradualmente, di mediazione in mediazione, preoccupandosi delle eventuali «discrasie fra le nuove indicazioni legislative e le consuetudini radicate nella popolazione».[32]

> La Commissione – spiegò Gozzini il 4 novembre 1977 – ha ritenuto che non sia ancora matura la riflessione tra le forze politiche su questo tema [...]. La Commissione ha affermato l'esigenza che il problema venga largamente dibattuto per giungere quanto prima possibile ad una soluzione soddisfacente, in grado di ottenere il più vasto consenso. Una soluzione, cioè, che rappresenti un traguardo veramente incisivo sul cammino della piena parità femminile: che è cammino, sì, legislativo, ma anche, e soprattutto, di modificazione di costume. Si tratta, infatti, di far passare le acquisizioni della cultura antropologica contemporanea nella mentalità comune della gente, non ancora liberata da condizionamenti remoti. Il problema femminile non riguarda solo le donne; in realtà, è un problema di tutti.[33]

4. La seconda vita del d.d.l. 4/76

La battaglia condotta dal senatore della Sinistra indipendente presso la Commissione giustizia non aveva avuto gli esiti sperati dal suo gruppo. Lo spirito della legge non era stato valorizzato ed era anzi prevalsa una sostanziale noncuranza per i vari temi affrontati nella proposta Romagnoli Carettoni. Dalle pagine di «Astrolabio» arrivò, tagliente, la protesta della vicepresidente del Senato che tornò a spiegare il senso della proposta di legge.

---

32. Seduta delle Commissioni – 140, 26 ottobre 1977, p. 18.
33. Relazione del 4 novembre 1977, p. 4.

Chi non ponesse a mente – e molti non l'hanno fatto – al filo conduttore che era quello della uguaglianza fra uomo e donna [...] poteva giudicarla frammentaria e disarticolata.

Forse si trattava di una legge con molti difetti: ma se i problemi che una legge tocca *ci sono,* ebbene il legislatore fa *altre* proposte, corregge, rifà, dà – se vuole – dell'asino al proponente ma non giudicherà rinviabili o da non prendersi in considerazione le materie in esame.

E invece questo ha fatto – contro la disperata battaglia del relatore Gozzini – la Commissione giustizia del Senato il 26 ottobre scorso. In primo luogo stralciando gli articoli di riforma del codice penale, adducendo la necessità di approfondire l'indagine, di reperire ulteriore documentazione per stabilire se il matrimonio riparatore s'abbia a mantenere o no e se le attenuanti per causa d'onore corrispondano o no al comune sentire delle popolazioni (!); in secondo luogo, bocciando tutto il resto senza neppure accorgersi che la Commissione parlamentare proposta è qualcosa di diverso dalle solite Commissioni parlamentari di cui c'è inflazione (ma lo si ricorda solo in questo caso, ché anche dopo la vicenda della legge n. 4 ne sono state fatte!), che si tratta del tentativo di dare un interlocutore all'interno delle istituzioni al movimento delle donne, di associarle almeno a scelte e decisioni che le riguardano, ad affrontare problemi gravissimi – come la violenza – che ci angosciano tutti.[34]

Per fortuna, proseguiva la senatrice, «in Italia le donne non dormono». Grazie alle proteste dell'opinione pubblica e all'interesse dello stesso ministro della giustizia, Bonifacio, era stata data una seconda chance alla sua proposta di legge: l'Aula, ritenendo necessario un riesame di tutta la materia, aveva rinviato alla Commissione giustizia gli articoli di modifica del Codice penale (con i relativi emendamenti proposti da Dc e Governo); aveva fissato perentoriamente la data del successivo dibattito in assemblea; e, infine, aveva fatto rivivere, come disegno autonomo, la parte che riguardava la Commissione di indagine.[35]

---

34. Tullia Carettoni Romagnoli, *Tutela dell'uguaglianza dei sessi/diritti umani: attenti al voto del Parlamento*, in «L'Astrolabio», 24 (1977), pp. 10-12.

35. Tullia Carettoni Romagnoli tra il 1978 e il 1979 coinvolse nel lavoro di revisione del testo varie associazioni femminili (tra cui il Centro italiano femminile, il Consiglio nazionale donne italiane, la Fidapa, e, ovviamente, l'Udi) e i gruppi femministi con sede nella casa delle donne di Via del Governo Vecchio a Roma. In seguito al confronto con le esponenti di queste realtà, nel corso dello studio della materia la senatrice si orientò sempre più verso la necessità di istituire non una commissione, bensì un organo permanente presso la Presidenza del Consiglio dei Ministri che si sarebbe dovuta intitolare "per la condizione femminile" (cfr. AUFN, *Tullia Carettoni Romagnoli 1*, busta 22, fasc. 8, s. fasc. 4).

Fu così che le principali forze politiche ebbero occasione di confrontarsi sul d.d.l. Romagnoli Carettoni nella 197ª seduta pubblica della VII legislatura. Non essendo possibile in questa sede restituire la pluralità delle voci, mi limiterò a segnalare alcune posizioni emblematiche dello scontro messo in scena il 9 novembre 1977. La senatrice comunista Vera Squarcialupi offrì un supporto appassionato al disegno di legge, nel suo insieme, per il capovolgimento di prospettiva che metteva in atto: a suo parere, infatti, le riforme legislative non dovevano adeguarsi al costume vigente – accompagnando con pazienza la sua lenta modernizzazione – bensì dovevano esplicitamente contrastare il perdurare di atteggiamenti e modi di pensare discriminanti. Il suo discorso, inoltre, sferrò un duro attacco a quanti, a suo avviso, da un lato esprimevano parole di sostegno per il progetto di abolizione della causa d'onore e dall'altro lavoravano, «subdolamente», per intralciarlo, ritardando così la modernizzazione del paese. A suo avviso era invece essenziale schierarsi apertamente, scegliendo una volta per tutte se stare dalla parte di Giovanni Melodia oppure di Franca Viola:

> È vero: non c'è più nessuno che ignori la questione femminile e che non pensi che essa vada risolta. Ma le volontà espresse su questo argomento hanno varie gamme di intensità fino a diventare delle volontà inerti, con tante incertezze, tanti dubbi, tante paure, dietro le quali combattono una subdola guerriglia le volontà contrarie che apertamente non si esprimono, ma che agiscono perché la giustizia fra le donne ritardi o non giunga addirittura [...]. Il disegno di legge n. 4 che stiamo discutendo in quest'Aula, presentato proprio all'inizio della VII legislatura, è stato la prima, concreta interpretazione del modo nuovo di votare delle donne espresso il 20 giugno, un voto più consapevole, più cosciente ed anche più esigente. Questo disegno di legge ha interpretato talmente quel momento storico da diventare l'ossatura della legge di parità sul lavoro che forse proprio il Senato varerà definitivamente. I problemi, pur importantissimi, del lavoro saranno così affrontati e speriamo risolti. Ma rimangono altri problemi. Parlavo prima del mosaico della emancipazione femminile. Ogni legge conquistata è infatti una immagine a sé stante, ma non può assumere contorni definiti se non quando il mosaico sarà completo, cioè se non quando il legislatore sarà intervenuto in tutti i campi dove c'è un'ingiustizia, un anacronismo, una superficiale o sbagliata valutazione della donna e del suo ruolo.[36]

36. Senato della Repubblica, VII Legislatura, 197ª Seduta pubblica, resoconto stenografico, 9 novembre 1977, p. 8462 (d'ora in avanti: seduta del 9 novembre 1977).

La replica democristiana non si fece attendere. Quando venne il suo turno, il senatore democristiano Agrimi iniziò il suo discorso esprimendo grande apprezzamento per il disegno di legge in questione («formalmente ineccepibile») e per il lavoro fino a quel momento svolto; ma poi passò al contrattacco, rispondendo alle critiche rivolte al suo partito dalla senatrice Squarcialupi. L'esame della Commissione giustizia, raccontava Agrimi, non era stato attraversato né da conflitti né da diverbi e la decisione di stralciare i primi due articoli era stata presa in un clima di serenità e concordia, soltanto sulla base di «considerazioni di natura pratica». Quello che il gruppo democristiano auspicava rispetto agli articoli 1 e 2 – spiegò Agrimi – non era uno stralcio bensì un «breve rinvio». Eppure poco prima il senatore democristiano aveva fatto intendere, rispetto all'abolizione della causa d'onore, di non escludere l'opportunità di «un momento di riflessione» sul fatto che potesse «essere eventualmente mantenuta una qualche disposizione per cui in qualche caso, per qualche famiglia [...] possa essere lasciata al giudice la possibilità di intervenire per evitare turbamento in una unità famigliare già bene avviata».[37] Un approccio similmente opaco può essere ravvisato anche in altri suoi commenti. Ad esempio, rispetto all'articolo 10 sulla scuola, il senatore democristiano da un lato si dichiarò favorevole al cambio di nome – da "materna" a "per l'infanzia" –, dall'altro ridimensionò l'utilità di questa modifica accennando al fatto che dietro all'appellativo "materna" si potesse individuare «un privilegio per le donne». Ma, soprattutto, quello che il senatore democristiano temeva era che partendo da queste modifiche si arrivasse poi a rafforzare una idea di uguaglianza così "estrema" da «negare la diversità dei sessi che, comunque, esiste».[38]

Il discorso di Agrimi accese gli animi dei sostenitori della legge perché, nonostante i toni cauti e le ripetute manifestazioni di apertura e apprezzamento, di fatto testimoniava che il gruppo democristiano non sentiva l'urgenza di mandare alla Camera neppure la parte di testo inerente la causa d'onore. Il senatore della Sinistra indipendente Guarino, a quel punto, protestò con veemenza e sarcasmo contro l'ipotesi di rinvio che si stava prefigurando. Ecco uno stralcio del suo eloquente intervento:

> Mi si consenta di riferirmi ad una tecnica cinematografica, che credo sia a tutti nota, la tecnica del flash back, del ritorno improvviso e momentaneo

37. Seduta del 9 novembre 1977, p. 8469.
38. Ivi, pp. 8469-8470.

a tempi più o meno arretrati. Ebbene, io mi sento vittima quasi di un *flash back*, in questo momento. Non so se siamo a palazzo Madama o a palazzo Carignano, se siamo i membri del Senato della Repubblica o i membri del Parlamento subalpino, se le persone che mi guardano sono quelle che risultano dagli elenchi del Senato di oggi, oppure sono il senatore Menabrea, il Senatore Lanza, Benedetto Cairoli – Cairoli salvi il Re!, e quello lo salvò veramente – e via dicendo.

Francamente, non riesco in nessun modo a sottrarmi a questa allucinazione, che mi riporta indietro di oltre un secolo. Perché? Ma, signori miei, per il fatto che noi stiamo discutendo nel 1977, alla fine di questo anno 1977, niente di meno che dell'abolizione del delitto d'onore, che stiamo discutendo alla fine del 1977 niente di meno che dell'abolizione del matrimonio riparatore, che noi siamo in procinto di rimandare in Commissione, per il "riesame", una cosa che è stata esaminata, riesaminata, discussa e ridiscussa non una, ma cento volte.

Se il senatore Agrimi aveva impostato il tema sul piano strettamente politico e giuridico, per Guarino il punto di vista da adottare era invece quello storico: e dal punto di vista della storia – affermò perentoriamente – non era per lui ammissibile rinviare ancora una volta una decisione sulla attenuante dell'onore.

Se si dà ascolto all'oratoria efficacissima – debbo ammetterlo –, del senatore Agrimi che mi ha preceduto, ci si può convincere facilmente: si tratta solo di riesaminare questi articoli: si tratta solo di ritardare di una settimana o due settimane; tra due settimane certamente avremo approvato l'articolo 1, l'articolo 2 e probabilmente aboliremo anche altri articoli sulla causa d'onore, magari aboliremo la rilevanza giuridica dell'onore, aboliremo persino l'ingiuria e la diffamazione [...]. Lo vedete, sembra il monumento ai caduti: primo articolo stralcio, secondo articolo stralcio, terzo articolo soppresso, quarto soppresso, quinto soppresso perché una legge, una seconda legge, una terza legge e così via sono frattanto intervenute con precedenza a togliere, diciamo così, materia al disegno di legge Romagnoli Carettoni [...]. Parliamoci chiaro: quel poco che è rimasto, era in Commissione già stato esaminato, era in Commissione già stato discusso.

Come esplicitò alla fine del suo discorso, quello che Guarino più temeva era che, di rinvio in rinvio, e di riesame in riesame, si arrivasse ad approvare un intervento di riforma parziale e per questo inefficace:

E perché ho tanta paura del ritorno in Commissione? Sarò sincero. Perché temo che non si abolisca in toto l'articolo 587 con il suo collega articolo 544, ma che si introducano emendamenti e modificazioni, che indeboliscano il ripudio che si deve avere da un popolo civile nei confronti della causa d'onore. È inutile nasconderci che le difficoltà non sorgono soltanto in ordine alla causa d'onore per quanto attiene allo omicidio per causa d'onore, ma le difficoltà sorgono anche e principalmente per l'infanticidio per causa d'onore.

Guarino aveva svelato, senza giri di parole, il nodo più problematico del processo di abolizione della causa d'onore: la modifica del regolamento del reato di infanticidio, anch'esso attenuato dalla difesa dell'onore. Il seguito della vicenda gli avrebbe dato ragione. Come vedremo, infatti, sul trattamento di «uno dei reati femminili per eccellenza» il conflitto si sarebbe fatto sempre più aspro, di seduta in seduta, da una Camera all'altra, e di legislatura in legislatura.

5. Dalla tutela dell'uguaglianza all'abrogazione della causa d'onore

Se da un lato la seduta del 9 novembre aveva ridato vita al disegno di legge Romagnoli Carettoni, al tempo stesso il progetto originario ne era uscito in gran parte trasformato. Come lamentò il senatore della Sinistra indipendente Anderlini, gradualmente si era perso di vista lo spirito con cui la legge era stata proposta: quello della tutela della parità tra l'uomo e la donna, non l'abrogazione della attenuante dell'onore dal codice penale. L'inversione di rotta era tuttavia oramai impossibile.

La nuova situazione fece confidare almeno in una abrogazione solerte degli articoli 544 e 587 del codice penale. Le speranze dei senatori comunisti, repubblicani e della Sinistra Indipendente vennero invece nuovamente disattese. Le due norme sul codice d'onore non furono stralciate ma neppure approvate, bensì re-inviate alla Commissione giustizia con la garanzia, però, di una ripresa della discussione in Aula entro la prima settimana di dicembre. Questa scadenza venne rispettata e il nuovo disegno di legge (il n. 4 A bis, *Norme per la tutela dell'uguaglianza tra i sessi*), dopo una ulteriore approfondita e appassionata discussione e un esame dei vari emendamenti, fu finalmente comunicato da Gozzini al presidente del Senato – Amintore Fanfani – il 7 dicembre 1977.

Come ricostruisce la sua relazione, per quanto riguarda l'art. 544 relativo al matrimonio riparatore si era confermata velocemente l'ipotesi inziale, ovvero la sua abrogazione secca. Per quanto riguarda invece gli altri articoli del codice penale che prevedevano l'attenuante dell'onore (il 551 sull'aborto, il 578 sull'infanticidio e il 592 sull'abbandono di neonato) la situazione era apparsa subito molto più complessa: e questo sia per ragioni procedurali (era in discussione alla Camera la nuova regolamentazione dell'aborto), sia perché i membri della Commissione si erano incagliati sulle sorti dell'articolo 578. La regolamentazione del reato di infanticidio, del resto, aveva alle spalle una storia lunga e articolata che può essere utile evocare almeno brevemente.

Se fino all'inizio dell'Ottocento l'uccisione del proprio figlio subito dopo il parto è stato considerato uno dei crimini di sangue più efferati, un secolo dopo questo reato ha ottenuto una maggiore indulgenza, con una relativa mitigazione della pena. L'infanticidio è cioè diventato un omicidio attenuato da un movente meritevole di indulgenza, quale la necessità di «evitare il disonore» del concepimento di un figlio «frutto della colpa» e di difendere il decoro familiare e l'ideale di una maternità legittima.[39] Il codice Zanardelli ha incarnato queste trasformazioni eliminando la pena capitale prevista dal Codice sardo e prevedendo una pena da 3 a 10 anni per i casi di infanticidio commessi in condizioni di abbandono materiale e morale «per salvare l'onore». Il codice Rocco ha confermato e rafforzato questa scelta, creando un delitto a sé stante ed estendendo l'attenuante anche ai familiari.[40]

Non sorprende quindi che le sorti dell'articolo che regolava la punizione del reato di infanticidio abbiano messo in difficoltà i membri della Commissione giustizia. Quando nel novembre 1977 si riunirono per discutere l'eliminazione della causa d'onore in tutti gli articoli del codice penale che la prevedevano, i commissari esitarono davanti alla convalida della abolizione secca dell'articolo 578: in questo modo, infatti, l'infanticidio avrebbe smesso di essere considerato un omicidio "speciale" e sarebbe diventato un omicidio volontario «senza considerazioni particolari per la condizione della donna che uccide il proprio figlio immediatamente dopo il parto o il feto durante il parto in condizioni psichiche di grave turbamento».[41]

39. Si veda Rossella Selmini, *Profili di uno studio storico sull'infanticidio*, Milano, Giuffrè, 1987 e *Il rifiuto della maternità. L'infanticidio in Italia dall'Ottocento ai giorni nostri*, a cura di Giulia Di Bello, Patrizia Meringolo, Pisa, ETS, 1997.

40. Nadia Maria Filippini, *Generare, partorire, nascere. Una storia dall'antichità alla provetta*, Roma, Viella, 2017, pp. 228-232.

41. «Art. 578 – (Infanticidio in condizioni di abbandono materiale e morale) – La madre che cagiona la morte del proprio neonato immediatamente dopo il parto, o del feto durante il parto, quando il fatto è determinato da condizioni di abbandono materiale e mo-

Alla fine di una vivace discussione, i senatori si accordarono su una soluzione di compromesso: l'eliminazione dell'art. 578 e, contemporaneamente, la creazione di un'attenuante specifica (all'interno della più generale regolamentazione del reato di omicidio) che però non corresse il rischio di essere confusa con il "vizio di mente" che comportava la reclusione in manicomio (in base all'articolo 89 del codice penale). Confermata questa decisione, il testo approdò finalmente in Aula nel pomeriggio del 14 dicembre 1977. Il dibattito animò Palazzo Madama non meno di quello del mese precedente, facendo presagire come in realtà – nonostante si fosse arrivati all'ultima discussione in Senato – l'epilogo di questa contorta vicenda fosse ancora lontano. La seduta fu aperta dal ministro della giustizia Bonifacio il quale ripercorse tutto l'iter legislativo, ricordò nuovamente i punti salienti della legge e manifestò soddisfazione e ottimismo per un esito che prevedeva positivo e immediato.

Prima di sottoporre a voto l'articolo 1 («gli articoli 544, 587 e 592 del codice penale sono abrogati»), Tullia Carettoni Romagnoli si pronunciò per l'ultima volta in aula sulle modifiche legislative da lei proposte originariamente nel marzo 1976, ricordandone l'alto valore simbolico e l'assoluta coerenza sia con la Costituzione repubblicana, sia con il diritto di famiglia recentemente riformato. La senatrice, inoltre, si soffermò sul tema dell'infanticidio – questione non presente nell'originale d.d.l. ma ormai diventata il nodo più intricato di tutta la vicenda – dichiarandosi favorevole alla proposta della Commissione giustizia (ovvero la delineazione di una figura autonoma di reato) che si sarebbe di lì a poco discussa. Il suo favore – ci teneva a precisare la senatrice prima della votazione – era tuttavia contingente, legato cioè all'urgenza di sbloccare una situazione di stallo e al vuoto normativo in materia di regolamentazione della interruzione di gravidanza e di educazione sessuale:

> Io, come donna, sento assai vivo il salto di qualità per quanto riguarda i problemi attinenti alla maternità e al rapporto tra la madre e figlio. A me pare che un paese civile dovrebbe vedere piuttosto una linea in cui fosse possibile a tutte le cittadine di non arrivare mai alla aberrazione dell'infanticidio. Certo

rale connesse al parto, è punita con la reclusione da quattro a dodici anni. A coloro che concorrono nel fatto di cui al primo comma si applica la reclusione non inferiore ad anni ventuno. Tuttavia, se essi hanno agito al solo scopo di favorire la madre, la pena può essere diminuita da un terzo a due terzi. Non si applicano le aggravanti stabilite dall'articolo 61 del codice penale».

dovrebbe essere possibile, come speriamo che tra breve sia, la via della contraccezione, la via di una giusta legge sull'aborto che consenta alla donna di
non arrivare al termine di una gravidanza indesiderata. Allora, se noi aves-
simo queste condizioni che, ahimè, non abbiamo ancora, avremmo potuto
abrogare *tout court* anche l'articolo che riguarda le attenuanti per l'infanticidio. Ma non siamo in questa condizione ed è questa la ragione per la quale io
accetto [...] questa proposta della Commissione [...].[42]

Dopo aver quindi auspicato l'approvazione di una legge che regola-
mentasse l'aborto e che prevedesse un connesso intenso lavoro sul piano della prevenzione e del sostegno a una maternità consapevole,[43] Tullia
Carettoni Romagnoli celebrò la modernità e la sensibilità della stampa e
dell'opinione pubblica che avevano dato ampio risalto a una vicenda legislativa che in Parlamento aveva rischiato invece di apparire come futile: «il
paese – affermò a gran voce in Aula – è più avanti dei codici, è più avanti,
onorevoli colleghi, delle nostre prudenze!».

Dopo l'ultimo discorso della sua ispiratrice, il testo fu sottoposto a
votazione. Approvato il primo punto con cui si abrogavano gli articoli 544,
587 e 592 del codice penale, la seduta proseguì con la discussione del
secondo articolo della legge che riformulava, come segue, la norma del
codice penale relativa all'infanticidio per causa d'onore.

L'articolo 578 del codice penale è sostituito dal seguente: "art. 578 (Circostanza attenuante speciale) – La pena prevista dagli articoli 575 e seguenti del
codice penale è diminuita dalla metà a due terzi per la madre che cagiona la
morte del proprio neonato immediatamente dopo il parto, ovvero del proprio
feto durante il parto, trovandosi in uno stato di alterazione psichica, conseguente al parto, che ne riduca la capacità di intendere e di volere, anche se
non ricorrano le condizioni dell'articolo 89 del codice penale".

Su questo articolo la diatriba si riaccese. Quasi ogni parola fu presa in
considerazione, esaminata e valutata. Le controversie riguardarono singoli

---

42. Senato della Repubblica, VII Legislatura, 214ª Seduta pubblica, resoconto stenografico, 14 dicembre 1977, p. 9364 (d'ora in avanti: seduta del 14 dicembre 1977).
43. Era a quel tempo in discussione alla Camera la proposta di legge n. 1524 *Norme
per la tutela sociale della maternità e sull'interruzione volontaria della gravidanza* redatta
da Vincenzo Balzamo ed altri a nome di sette gruppi parlamentari (Pci, Psi, Psdi, Pri, Pli
e Democrazia proletaria) che prestava molta attenzione alla questione della prevenzione.
Questo testo sarebbe stato approvato alla Camera e inviato al Senato nella primavera successiva, portando alla promulgazione della legge 194/78. Cfr. Giovanni Berlinguer, *La legge sull'aborto*, Roma, Editori Riuniti, 1978.

emendamenti e ipotesi di soluzione (tra cui secca abrogazione o ri-for-
mulazione dell'articolo 578) e si infiammarono tanto per questioni pretta-
mente giuridiche (ad esempio la durezza della pena per la madre ed eventualmente per gli eventuali corresponsabili, nonché la menzione o meno
dell'articolo 89), quanto filologiche (se lo stato di alterazione psichica
fosse "conseguente" o "connesso" al parto). Alla fine gli esponenti di tutti
gli schieramenti confermarono la soluzione delineata dalla Commissione
giustizia e si dichiararono favorevoli alla creazione di una figura autonoma
di reato: un «tertium genus» – per dirla con il senatore comunista Luberti
– nel quale la condizione psichica di una donna subito dopo la gravidanza
veniva descritta senza parlare di «incapacità di intendere o di volere di cui
all'articolo 89», né di «stato emotivo e passionale qualunque». Si scelse di
riferirsi, invece, a una condizione specifica, ovvero:

> quella grave e specifica turba psichica, particolare e qualificata, in cui si rin-
> vengono e la frustrazione per una maternità non voluta e il senso di colpa
> che obnubila la coscienza e offusca il valore degli atti compiuti nello stato di
> prostrazione naturale conseguente o connesso al parto.[44]

Quando fu evidente che i nodi più problematici erano stati ormai
sciolti e che la seduta si stava per chiudere con l'approvazione definitiva
in Senato della legge che – promossa «con simpatica ostinazione»[45] dalla
senatrice Romagnoli Carettoni – abrogava finalmente la causa d'onore, la
parola passò a Guarino, scelto come portavoce dal gruppo della Sinistra
indipendente grazie all'ars oratoria e alla passione dimostrate nella precedente seduta:

> Sono contento, dopo aver vissuto per qualche mese la vita della Commissione
> giustizia, la vita dell'Aula, la vita anche dei corridoi, perché anch'essi fanno
> parte del Senato, sono contento dell'unanimità di oggi intorno all'eliminazio-
> ne di questo delitto d'onore [...]. L'abbiamo vinta tutti, la battaglia del de-
> litto d'onore, perché pian piano alcune tenaci resistenze conservative, alcuni
> residui di vecchie idee, di vecchie impostazioni, attraverso una discussione
> pacata e tranquilla fra tutti sono state felicemente superate. Questo era, del
> resto, l'importante. Mi si permetta a questo punto di osservare, nello spirito
> di quella che è stata l'iniziativa della senatrice Carettoni Romagnoli, che se
> la battaglia è stata vinta, la guerra non è stata ancora vinta.[46]

44. Seduta del 14 dicembre 1977, p. 9366.
45. Espressione del senatore comunista Lugnano (214ª Seduta pubblica, p. 9378).
46. Ivi, p. 9382.

Guarino si riferiva alla parte del d.d.l. relativo alla Commissione di indagine sulla condizione femminile, ma anche alla permanenza di altri reati discriminatori, come l'ipotesi di seduzione con promessa di matrimonio. Superata una trincea, proseguì Guarino, era quindi essenziale «cercare di superare immediatamente la seconda, la terza, la quarta», rendere «più moderno, più civile, più dignitoso il nostro diritto penale».

In realtà, neanche la battaglia per l'abrogazione della causa d'onore era pienamente vinta. La discussione in Senato terminava effettivamente con la tanto attesa approvazione della legge Romagnoli Carettoni, profondamente modificata fin nel titolo (*Abrogazione della rilevanza penale della causa d'onore*); ma l'iter legislativo non era affatto concluso. Anzi. Arrivata a Montecitorio il 19 dicembre 1977, la legge lì si fermò, arenata nel passaggio dal III al IV governo Andreotti e insabbiata definitivamente dallo scioglimento anticipato delle camere il 3 giugno 1979.

La VIII legislatura si aprì quindi con un sistema legislativo penale in cui era ancora saldo il codice d'onore. La sua abolizione in Senato si ottenne soltanto il 15 maggio 1980, dopo altri due anni di lavoro e grazie al tenace impegno del nuovo gruppo della Sinistra indipendente entrato in Parlamento, nel quale Carla Ravaioli figurò come nuova redattrice. Sottoposto a un ulteriore complesso lavoro della Commissione giustizia della Camera, il testo definitivo confermò tramite l'articolo 1 l'abrogazione degli articoli 544, 587 e 592, mentre con l'articolo 2 introdusse una nuova fattispecie di reato per l'infanticidio senza però utilizzare l'espressione «stato di alterazione psichica connesso con il parto» e innalzando la pena rispetto alla versione del codice fascista. Fu questa la versione che dal Senato passò alla Camera dove il 5 agosto 1981 – a un mese dall'insediamento del governo pentapartitico retto dal repubblicano Giovanni Spadolini – fu approvata la legge 442 che eliminava definitivamente dal codice penale italiano la causa d'onore. Si trattava, ha commentato Vittoria Calabrò:

di un'innovazione profonda, dalla grande rilevanza sociale oltre che giuridica, in netta contrapposizione con l'impianto delineato dal codice Rocco che [...] si basava sul principio della subordinazione della donna rispetto all'uomo, attribuendo a quest'ultimo la proprietà del corpo femminile.[47]

47. Vittoria Calabrò, *Storia di un contrastato tramonto. La legge abrogativa della causa d'onore e del matrimonio riparatore*, in *Violenza di genere, politica e istituzioni*, a cura di M.A. Cocchiara, Giuffrè, Milano 2014, p. 326.

Tullia Carettoni Romagnoli seguì l'epilogo di questa complessa vicenda da lontano. Il 24 aprile 1979, infatti, aveva lasciato il gruppo della Sinistra indipendente costituito nel luglio 1976 ed era entrata a far parte del Parlamento europeo. Da lì aveva continuato a dimostrare come l'affermazione politica delle donne potesse esplicarsi non solo nel campo dell'assistenza o delle pari opportunità, né tantomeno soltanto in ambito nazionale, bensì intrecciando ovunque universalismo e particolarità.[48]

6. Conclusioni

Il dibattito animato in Parlamento da Tullia Carettoni Romagnoli a partire dalla presentazione del dd n. 2458/76, può essere considerato una tappa di un percorso di riflessione giuridica, filosofica, politica e sociologica molto lungo e complesso sul rapporto delle donne con il diritto (e su come il diritto costruisce o modella il rapporto tra uomini e donne). Nei temi affrontati o evocati da questo disegno di legge – tutela della maternità e diritto al lavoro, importanza di un sistema educativo paritario e non discriminante, necessità di intrecciare di diritti civili e politici e riforme del codice penale... – si può immaginare di percepire la eco delle domande poste (in primis dalle donne) nei secoli precedenti alle regole, alle legittimazioni e alle funzioni politiche ed economiche dei rapporti sociali. Soprattutto, è possibile ravvisare quel doppio piano sul quale ha oscillato il pensiero politico delle donne fin dal primo femminismo: «rivendicazione dell'uguaglianza e coscienza della differenza»; riconoscimento quindi di diritti universali e, al tempo stesso, valorizzazione di una specificità femminile.[49]

Se si concentra invece lo sguardo sulla storia dell'Italia repubblicana, l'attività di Tullia Carettoni Romagnoli qui approfondita può essere letta come una reazione ai limiti entro cui era stata iscritta la nuova cittadinanza femminile nell'immediato dopoguerra (periodo di insabbiamen-

48. Eletta al Parlamento europeo nelle prime elezioni dirette a suffragio universale, Tullia Carettoni Romagnoli fu membro della Commissione per gli affari sociali e l'occupazione; della Commissione per le relazioni economiche esterne; della Delegazione alla Commissione parlamentare mista dell'associazione Cee-Turchia; infine della Commissione per lo sviluppo e la cooperazione.

49. Su questo complesso tema storiografico e filosofico rimando alla efficace sintesi di Anna Rossi-Doria, *Le donne nella modernità*, Pazzini, Villa Verucchio (RN), 2007.

to del passato politico delle donne e di restrizione degli spazi politici femminili).[50] Per quanto la Costituzione avesse costituito un innegabile e prezioso punto di svolta – facendo del principio dell'eguaglianza uno dei fondamenti dell'Italia democratica – il lavoro da fare per tradurre in realtà (legislativa e culturale) la fine della condizione di subalternità della donna era ancora ingente.[51] La senatrice della Sinistra indipendente era convinta che per rendere effettiva la parità tra uomini e donne fosse essenziale da un lato partire dalla Carta costituzionale, potenziando i principi in essa contenuti; dall'altro prestare attenzione ai suoi punti scivolosi, correggendo il tiro di alcuni articoli "ambigui", primo fra tutti il n. 37. Questo, infatti, affidando alle donne una *essenziale* funzione riproduttiva e di cura, di fatto poneva un limite al potenziale emancipatore del lavoro.[52] Concordando con chi ammoniva che le leggi di protezione si stavano rivelando «dei mezzi "legali" per riportare le donne nell'ambito familiare»[53] e che la legislazione protettiva degli anni Cinquanta e Sessanta di fatto era andata a scapito della parità e del diritto delle donne al lavoro, Tullia Carettoni Romagnoli riteneva che la marginalità delle donne nell'impiego extradomestico non la si potesse combattere rinforzando i confini della sfera familiare, né scegliendo *alternativamente* tra uguaglianza e differenza, bensì perseguendo un difficile equilibrio tra le due. Come ha dimostrato questa ricerca, quindi, il suo pensiero politico

50. Data la ricca bibliografia disponibile sul tema della cittadinanza politica delle donne, mi limito qui a suggerire (per i saggi e i riferimenti storiografici che offre) il volume di «Genesis» curato da Vinzia Fiorino, *Una donna, un voto*, V/2 (2006).

51. Cfr. *Una democrazia incompiuta. Donne e politica in Italia dall'Ottocento ai nostri giorni*, a cura di Nadia Maria Filippini, Anna Scattigno, Milano, Franco Angeli, 2007 e, in particolare, il saggio di Elisabetta Palici di Suni, *Tra parità e differenza. Una legislazione incerta e ambigua*; Lorenza Carlassare, *La parità dei sessi nella giurisprudenza della Corte costituzionale*, in *I confini della cittadinanza*, pp. 11-23.

52. L'articolo 37 da un lato dichiara la parità di diritti e di retribuzione per lavoratori e lavoratrici («la donna lavoratrice ha gli stessi diritti del lavoratore e, a parità di lavoro, la stessa retribuzione»); dall'altro afferma la priorità della funzione riproduttiva e del lavoro domestico per le donne (disincentivando di fatto quello extradomestico), laddove precisa che «le condizioni di lavoro devono consentire l'adempimento della sua essenziale funzione familiare e assicurare alla madre e al bambino una speciale adeguata protezione». Questo dato introduce nel principio costituzionale una specificità femminile dai risvolti ambigui, che presuppone una controversa accezione dei diritti e dei doveri legati all'appartenenza di sesso che è stata all'origine del principio di protezione sociale femminile che ha ispirato le leggi di tutela, almeno fino alla riforma del diritto di famiglia nel 1975.

53. Cfr. nota 11.

era orientato da una idea di parità a favore sia degli uomini, sia delle donne: l'unica – a suo avviso – in grado di far avanzare tutta la società e di porre rimedio a quella «discrasia tra uguaglianza nella sfera pubblica e inferiorità nella sfera privata»[54] che – sancita dalla Costituzione – era ancora imperante nell'Italia degli anni Settanta.

---

54. Anna Rossi-Doria, *Le donne sulla scena politica italiana agli inizi della Repubblica*, in Ead., *Dare forma al silenzio*, p. 200.

Anno 1.   Milano - Maggio   N. 3-4.

UNIONE FEMMINILE

PERIODICO MENSILE

Auxilia humilia firma consensus facit.
L'accordo rende forti gli umili aiuti.
PUBLILIO SIRO.

E. LONGONI.

LA PISCININA.

ABBONAMENTI:

ITALIA L. 3 — ESTERO L. 5

Un numero separato Cent. 25.

Amministrazione e Direzione: Milano, Via Pietro Verri, 7.

1. Copertina di «Unione femminile», nn. 3-4 (1901), periodico di inchiesta e notizie pubblicato dall'Unione femminile dal 1901 al 1905. L'illustrazione di Emilio Longoni raffigura una piccola lavorante di sartoria, la *piscinina* in dialetto milanese. Nel 1902 le giovanissime lavoratrici entrarono in sciopero per protestare contro le dure condizioni di lavoro. In questa occasione furono supportate dall'Unione femminile, che successivamente organizzò per loro la scuola-ricreatorio festivo denominata La Fraterna

2. Sede del Comitato contro la tratta delle bianche (1905). Da sinistra: Aida Schenardi, Silvia Pojaghi Taccani, Ersilia Majno, Gemma Muggiani, Elisa Boschetti.
3. Socie dell'Unione femminile nazionale (1905). Da sinistra: Pellegrina Pirani con Ersilia Majno, Elisa Boschetti, Anna Celli.

4. Frontespizio del volume rilegato a mano di *Lucciola. Gennaio 1910*. Ogni volume di *Lucciola* è un pezzo unico, composto da testi manoscritti, fotografie, collage, disegni. La composizione del volume avveniva nel passaggio di mano in mano: chi riceveva il plico lo arricchiva per inviarlo poi ad un'altra autrice, fino all'operazione di rilegatura finale presa in carico da una "direttrice". L'Unione femminile nazionale possiede 6 volumi (gennaio 1910-dicembre 1911) di quest'opera collettiva avviata nel 1908 e conclusa nel 1926.

5-6. Attività a favore dell'esercito allestite nel salone dell'Unione femminile nazionale durante la Prima guerra mondiale.

6-7. Due parti del manifesto pieghevole pubblicitario di *ABC Ristoranti a prezzi fissi* (1930).

RISTORATORI A PREZZI FISSI

ABC

3 prezzi
3 persone felici

VIA SPADARI TIPO A·C
PIAZZALE OBERDAN TIPO A
LARGO CAIROLI TIPO B

MILANO

RISTORATORI IN ESERCIZIO NEL 1930

RISTORATORI TIPO **a**

(2) Via Spadari 2 - III piano
ang. Via Torino - Tel. 85-321 } **Colazioni e Pranzi L. 4.80**

(3) Piazzale Oberdan
ang. Via Tadino - Tel. 21-521 } **Colazioni e Pranzi L. 4.50**

Ogni pasto si compone di minestra, piatto guarnito, frutta oppure
formaggio, pane a volontà. Bollo e diritto di servizio al personale
compresi.

RISTORATORE TIPO **b**

(1) Piazza Castello
Largo Cairoli 2 - Tel. 85-787 } **Colazioni e Pranzi L. 6.80**

Ogni pasto si compone di minestra, piatto di carne guarnito, frutta
e formaggio, pane a volontà. Bollo e diritto di servizio al personale
compresi.

RISTORATORE TIPO **c**

(4) Via Spadari 2 - IV piano
ang. Via Torino - Tel. 16-195 } **Colazioni e Pranzi L. 8.80**

Ogni pasto si compone di minestra, piatto di carne guarnito, frutta
e formaggio o dolce, pane a volontà. Bollo e diritto di servizio al
personale compresi.

SONO IN MODO ASSOLUTO VIETATE LE MANCE
Il personale che accetta mance è licenziato.

RISTORATORE TIPO **a** DI VIA SPADARI N. 2

La COOPERATIVA PER RISTORATORI A PREZZI FISSI *A.B.C.*, è una istituzione di carattere sociale fondata nel 1917. Non persegue alcuna finalità speculativa: tende unicamente a dare alle varie categorie di cittadini la possibilità di provvedere ai pasti giornalieri con cibi sani, in ambienti decorosi e con limitata spesa.

8. Adele, Bianca e Umberto Ceva (s.d.).

9. Adele Ceva (1927).

UNIONE FEMMINILE NAZIONALE

SEDE CENTRALE - MILANO

CORSO P. NUOVA, 20
FONDATA NEL 1899

RELAZIONE MORALE
1929-30

CELEBRAZIONE DEL TRENTENNIO

DISCORSO DI

GIOVANNI BERTACCHI

"Concordia res parvae crescunt
discordia marimae delabuntur „

10. Frontespizio dell'opuscolo a stampa per i trent'anni dell'Unione femminile nazionale (1930).

LEZIONI E CONFERENZE

CONSULENZA

RIUNIONI DI GRUPPO

BIBLIOTECA SPECIALIZZATA

INIZIATIVE VARIE

L'aiuto che vi offre la Scuola dei genitori è assolutamente disinteressato. L'iniziativa nasce da uno stimolo di solidarietà sociale e da un profondo interesse per i problemi dell'educazione, cui Voi stessi potrete portare il contributo della vostra esperienza.

Psicologia - Pedagogia - Medicina - Problemi attuali presentati e illustrati da esperti.

Psicologi - Pedagogisti - Medici, per la risoluzione delle vostre difficoltà educative.

Incontri fra genitori, per lo scambio di idee ed esperienze, sotto la guida di esperti.

Le migliori opere scientifiche e divulgative, italiane e straniere, per l'approfondimento dei problemi.

Per una ricreazione formativa dei vostri figli.

La Scuola dei genitori vi attende per aiutarvi a comprendere i vostri figli, a dissipare i vostri dubbi, a risolvere le vostre difficoltà.

11-12. Due parti del volantino pieghevole della Scuola dei genitori (prima metà anni Sessanta).

CORSO DI PORTA NUOVA, 32 · MILANO · TELEFONO 659.100

DELL'UNIONE FEMMINILE NAZIONALE

Scuola dei genitori

MAMME E PAPÀ!

I Vostri bambini vi fanno disperare
I Vostri ragazzi sono diventati difficili
La loro attività scolastica vi crea dei problemi
Il comportamento delle Vostre figliole vi impensierisce
I Vostri figli già grandi vi preoccupano

13. Fotografia di Anna Del Bo Boffino (da *Insieme ad Anna. Sguardi emozioni ricordi oltre le parole, 8 marzo 1998*, a cura di Franca Rigamonti Berrini, Milano, Guerini e Associati, 1998).

14-15-16-17. Scritti di Anna Del Bo Boffino: *Figli di mamma*, Milano, Rizzoli, 1981; *Pelle e cuore*, Milano, Rizzoli, 1979; *Voi uomini*, Milano, Mondadori, 1985; articolo da «L'Unità», 14 agosto 1985.

TULLIA ROMAGNOLI CARETTO

Aborto: clandestino o regolato dalla legge

Per ridurne il numero la strada maestra è quella della diffusione dei contraccettivi: bisogna compiere una grossa opera di educazione delle coppie — Ma il problema non sarà mai risolto del tutto: occorre una soluzione politica che renda il ricorso all'interruzione della gravidanza l'eccezione e non la via più facile — Un libro della vice presidente del Senato e del senatore Gatto

LA SENATRICE Tullia Romagnoli Carettoni mi ha ricevuto nel suo studio di vice presidente del Senato. Non sono un osservatore particolarmente attento, comunque non ricordo di aver trovato in quell'ambiente note tipicamente femminili, all'infuori forse di uno specchio tondo, attaccato alla parete poco sopra il divano sul quale la senatrice si è

poi seduta per rispondere gentilmente, e pazientemente, alle mie domande.

Dico anche pazientemente, perché è stato difficile, almeno in un primo momento, farmi rinunciare allo schema di discussione che mi ero preparato. E tutto sommato posso anche dire di non aver rinunciato del tutto a quello schema. La discussione verteva su un tema, che riscuote già grande interesse e che in un futuro molto prossimo si presenterà finalmente come oggetto di civile e, speriamo, sereno dibattito alle coscienze degli italiani: il tema dell'aborto.

Perché sono andato dalla senatrice Carettoni, per interrogarla su questo argomento? Perché insieme al suo collega senatore Simone Gatto, si è occupata del problema in un libro che tiene a definire divulgativo. Il volume è edito nella collana « Problemi - Libri » della Palumbo, col titolo: « L'aborto: problemi e leggi ».

Sono andato a questo colloquio, rimurginando fin dal gior-

Stefano Tomassini

segue a pagina due

EDITORIALE

Una forte crisi di assestamento in Europa

(a pag. due)

INCHIESTA

Decentramento culturale

(a pag. quattro)

18. Ritaglio di giornale sull'attività di Tullia Romagnoli Carettoni (s.n., 1973).

Appendice

A cura di Eleonora Cirant e Donata Diamanti

1. *Tratta delle bianche*[1]

L'Italia è anzi tutto un paese di transito; nei porti di Genova, di Brindisi e di Napoli s'imbarcano le future prostitute, per lo più forestiere, destinate ai lupanari americani. Circa 1500 ragazze, russe e polacche in gran parte, con un minor numero di ungheresi e di francesi, partono ogni anno dal porto di Genova per le case malfamate dell'America. A Genova esistono due alberghi, dove un carico di merce umana è sempre tenuto pronto, per venire spedito alla prima richiesta. Il Rifugio genovese, fondato dalle signore appartenenti all'Unione delle amiche della giovinetta, d'accordo col locale Comitato contro la tratta delle bianche, offre un ricovero temporaneo alle donne sorprese a partire in condizioni sospette, e ricondotte a migliore consiglio dall'«Opera della stazione». Quest'opera, che l'Unione delle amiche della giovinetta prosegue con zelo nelle principali città europee, ha per scopo la protezione delle donne le quali viaggiano sole o mal accompagnate, mandando all'arrivo dei treni una delegata della società, coll'incarico di vigilare le passeggere, e all'occorrenza, di offrir loro aiuto e indicazioni. La tratta delle donne italiane segue una doppia corrente. Le provincie settentrionali, come il Piemonte e le Marche, alimentano l'emigrazione operaia dei due sessi, che si riversa in Francia, in Germania e in Svizzera. Generalmente le donne, nel principio oneste, finiscono coll'essere sedotte e vanno a popolare le case di tolleranza. A Parigi, le italiane, iscritte nelle tabelle della prostituzione, vengono in sesta linea, dopo le francesi, le belghe, le inglesi, le svizzere, le tedesche.

Nel Sud invece della Francia, e principalmente a Tolone e a Marsiglia, le prostitute italiane ammontano a centinaia e centinaia. Il principato di Monaco rigurgita di queste infelici, che hanno lasciato il paesello nativo oneste operaie. In Svizzera, nel cantone di San Gallo, i proprietari delle case rifiutano l'alloggio alle ragazze italiane, causa i frequenti scandali, che disturbano gli inquilini. A Vevey,

---

1. *Tratta delle bianche* è il titolo dell'articolo di Maria Ryger comparso su «Schiave Bianche», bollettino del Comitato contro la tratta delle bianche pubblicato come inserto del periodico «Unione femminile», 6 (agosto 1903). Copia del periodico è presente anche in AUFN, *Famiglia Majno*, b. 51, fasc. 3. Tutti i materiali che seguono sono riportati come appaiono nei documenti originali, mantenendo eventuali errori e refusi.

le operaie italiane offrono un ben triste spettacolo. Di cento ragazze piemontesi, ivi addette alla manifattura dei tabacchi, un quinto fecero ritorno in patria coi segni del concepimento. Il Villari osserva che l'importazione delle donne italiane in Svizzera, non è devoluta che in minima parte al consumatore svizzero; sono gli operai italiani che corrompono le loro connazionali.

Un altro genere di tratta fiorisce nelle provincie meridionali dell'Italia. La Terra di Lavoro è visitata ogni anno da agenti di prostituzione, che sposano le più belle contadine e le portano con sé in Inghilterra, dove le iniziano al mal costume, e traggono lauti guadagni dal mercato vergognoso, che fanno di sé quelle sventurate. Ma la gran massa delle donne italiane, che, con ogni genere di frodi, sono indotte ad emigrare dalle regioni meridionali, e specialmente dalla Sicilia, vengono dirette alle colonie europee dell'Africa, all'Egitto, a Tunisi, ad Alessandria; qualche rara vittima ingrossa l'esercito della prostituzione nella Costantina, l'unica provincia dell'Algeria; per allettare le ragazze, promettono loro posti di kellerine [sic], di serve, di stiratrici, di appendiste sarte, di governanti od anche ballerine e di canzonettiste. Nell'isola di Malta le prostitute italiane arrivano a un centinaio. L'America offre un largo sbarco alla merce italiana. Nella capitale dell'Argentina vi sono 2200 quasi tutte italiane. A Buenos Ayres e a Rio Janeiro, le vie abitate dalle prostitute italiane sono chiamate dal popolo vie di sangue e di pianto: «Calle sangre y lacrima».

L'Italia si rifornisce con prostitute ungheresi e francesi. Trieste era fino a poco a tempo fa il principale emporio del traffico delle donne austriache e ungheresi destinate all'Italia. Ma le successive riforme, introdotte nel codice sotto il ministero di Crispi e Nicotera, hanno portato un fiero colpo a questo commercio d'importazione.

Gli altri paesi trafficano anch'essi tra di loro, scambiandosi la povera merce umana. La Francia tiene il primo posto; le sue donne sono ricercate nel Belgio, nella Russia e nella Polonia. Tra le vittime della tratta non mancano fanciulle minorenni, che non hanno ancora finito i quattordici anni. Nelle grandi città francesi, dove la popolazione è fitta e dove le giovanette sono esposte di continuo alle turpi arti dei seduttori, i lenoni trovano facilmente la loro preda, e fanno recluti alle porte del carcere e dell'ospedale. Le ragazze tedesche riempiono le case di prostituzione della Russia, del Belgio, dell'Olanda e dell'America. L'Austria Ungheria anch'essa paga il suo tributo al mal costume. La tratta delle donne austriache ed ungheresi alimenta la prostituzione nell'America del Sud. A Vienna 180 agenti si adoperano a fare emigrare le ragazze e 1500 ragazze vi sono reclutate ogni anno. In varie parti dell'America l'appellativo di Ungara si estende senza distinzione a tutte le prostitute, appunto perché le ungheresi vi sono in numero prevalente. Infine l'Inghilterra ed il Belgio esercitano un commercio di scambio reciproco; le inglesi, inoltre, nonostante le severe misure adottate dal governo, vengono indotte, con false promesse, a recarsi nelle colonie dell'Impero Britannico, dove finiscono miseramente in case mal famate.

2. Petizione per il riconoscimento dei diritti elettorali amministrativi e politici alla donna[2]

Le sottoscritte,

ritenuto essere contrario a natura che, mentre nella costituzione della famiglia concorrono le riunite energie dell'uomo e della donna, sia a questa negato di cooperare alla costituzione degli ordinamenti sociali;

ritenuto essere ingiusto che alla donna si impongano ordinamenti e leggi, alla cui formazione le è interdetto di partecipare, mentre alla comunanza dell'interesse deve corrispondere la eguaglianza dei relativi diritti;

ritenuto essere iniquo che, mentre la donna coopera al lavoro professionale e industriale alla sociale prosperità, e per ciò (e anche come impiegata dello Stato e del Comune) paga le imposte, non le sia riconosciuto il diritto di controllo mediante la partecipazione alla vita amministrativa e politica;

ritenuto che il concorso dell'intelligenza, del sentimento e della esperienza e attività femminile sarà fattore efficace per la difesa della maternità e dell'infanzia, per il razionale e utile ordinamento della istruzione e per la propaganda dei principi di fratellanza e di pace fra le Nazioni;

ritenuto essere perciò ingiusto e dannoso che il voto amministrativo e politico costituisca un monopolio di sesso;

reclamano per la donna il riconoscimento del diritto di voto amministrativo e politico e l'eleggibilità.

---

2. La *Petizione per il riconoscimento dei diritti elettorali amministrativi e politici alla donna* fu elaborata dall'Unione femminile nell'anno 1906. La petizione raccolse in pochi mesi circa 10.000 firme. Successivamente un'altra petizione, la cui prima firmataria fu Anna Maria Mozzoni, partì da Roma e si aggiunse a quella in corso a Milano. Le unioniste amareggiate per una sovrapposizione che avrebbe indebolito la richiesta decisero di ritirare la loro anche per non mostrare all'esterno un movimento diviso. Il testo della Petizione si trova in Unione femminile nazionale, *Relazione 1906*, Milano, Tip. Nazionale Ramperti, 1907.

3. *Lettere del Partito Socialista a Ersilia Majno*[3]

Lettera I

Partito Socialista Italiano
Federazione di Milano

Milano, li 28.4.1901
Via Ugo Foscolo 5

Egregia Compagna

Di fronte al voto dato dal Consiglio degli Istituti Ospitalieri, in merito all'Istituto di S. Corona, voto eccezionale per sua gravità e contrario ad una riforma armonizzante dei nostri principi, la Commissione Esecutiva è costretta ad interessarla perché Ella voglia renderla edotta della distribuzione avvenuta e del modo in cui Ella come rappresentante del nostro Partito ha creduto in detta questione di comportarsi.

Comprenderà benissimo che ciò facciamo anche in vista di interpellanze che potrebbero venire avanzate dai soci del Partito: Le saremo poi grati se vorrà risponderci con cortese sollecitudine, avvertendola che la Commissione Esecutiva si riunisce domani lunedì 29 corrente alle ore 21 nel locale della Federazione.

Cordiali saluti

Per la Commissione Esecutiva
Gino Tavecchia
Segretario

3. Di seguito sono riportate due missive inviate dai responsabili della Federazione socialista di Milano a Ersilia Majno, membro del Consiglio di amministrazione degli Istituti Ospitalieri dal 1900 al 1902 nominata per conto del Partito socialista italiano. Questa prima lettera di convocazione si trova in AUFN, *Famiglia Majno*, b. 20, fasc. 8; la lettera successiva è nel fasc. 9.

Lettera II

Partito Socialista Italiano
Federazione di Milano

Milano, li 23.5.1902

Signora Maino,

Mentre le passo l'ordine del giorno votato nell'assemblea del 22 corrente, l'avverto che martedì 27 corrente si terrà l'altra assemblea per discutere sulla relazione per gli Istituti Ospitalieri fatta da Valsecchi.

Dall'ordine del giorno notato lei capirà la necessità del suo intervento, perché altrimenti non sapremmo come spiegare la sua assenza.

Certo che nessun contrattempo Le impedirà di venire la saluto cordialmente.

Per la Commissione Esecutiva
Il segretario
Giulio Songia

4. Dimissioni di Ersilia Majno da socia dell'Unione femminile[4]

7 aprile 1920

Onorevole Consiglio della Unione Femminile Nazionale

Comunico, con profondo dispiacere, al Consiglio dell'U.F.N. la mia rinuncia a socia della istituzione. A questa decisione, presa in un impeto di dolore e di sdegno, ho pensato poi lungamente, con calma e volle la mia coscienza che rimasse immutata, malgrado il dolore di staccarmi da un'opera che fu per molti anni come una parte di me stessa, una cosa sola colla mia famiglia, con quanto avevo di più caro al mondo.

Mi è penoso fare delle parole, ma ho il dovere di motivare la mia risoluzione.

Capisaldi del programma della U.F. furono, colla elevazione morale, economica, giuridica della donna, la difesa dell'infanzia, della maternità, del lavoro.

Prima affermazione di questi suoi scopi la fervida azione a favore del progetto di legge presentato al parlamento dai deputati socialisti. L'U.F. per sostenerla promosse anche in tutto il paese una petizione che presentò al Presidente stesso del Consiglio dei Ministri On. Zanardelli una delegata dell'U.F. il 14 giugno 1901.

Questo primo lavoro dell'Unione che ne chiarì subito lo spirito informatore e l'indirizzo, le creò intorno difficoltà e diffidenza.

Altri nuclei femminili si organizzarono con direttive ben diverse da quelle che l'U.F. ancor più energicamente affermò nel Congresso di attività pratica femminile da lei indetto.

Non confondendo in seguito mai la sua azione, con quella di altre istituzioni perché conservasse integro il suo carattere innovatore, l'U.F. la continuò con serena tenacia, all'infuori sempre di qualsiasi competizione di partito, conquistandosi larghe simpatie e infine una posizione di primordine nel campo dell'attività sociale femminile.

Come mai l'U.F. che costantemente, nel passato, percorse questa via e pareva anche recentemente la volesse ancora seguire accettando dal Comune Socialista, con sovvenzione, il compito di rieducare al lavoro delle operaie, come mai non sente essa il dovere di respingere, e sdegnosamente, l'invito di prender parte al lavoro del Comitato Femminile di Organizzazione Civile che mentre afferma apolitica la sua iniziativa e malgrado si studi di velare le sue intenzioni, non riesce a nascondere lo scopo reazionario che vuol raggiungere.

---

4. Lettera manoscritta con cui Ersilia Majno rassegna le sue dimissioni al consiglio dell'Unione femminile in qualità di socia. Le dimissioni come presidente e come consigliera erano già avvenute tempo prima. AUFN, *Famiglia Majno*, b. 70, fasc. 1.

Al Consiglio della U.F.N. venne sottoposta la proposta del Comitato Femminile di Organizzazione Civile?
Accettandola, nominando due sue rappresentanti nel Comitato stesso (le sig. Treves e Usuelli) invitando le socie, alcune socie per dar loro comunicazione dell'iniziativa e animarle a sottoscrivere l'impegno predisposto dal Comitato Femminile di Organizzazione Civile per un lavoro di servizio – per fare le crumire! – ha pensato il Consiglio alla responsabilità che si assumeva e che avrebbe avuto il dovere di deferire alla Assemblea delle socie, convocandola. Poteva il Consiglio ritenere apolitico questo suo atto?
Questa organizzazione del crumiraggio femminile, non avrà probabilmente l'esito sperato da quelle donne, che ieri, per la salvezza della patria accettavano come un onore dal Governo l'incarico di spingere altre donne nelle fabbriche per la produzione dei projettili, che oggi, sempre per il bene del paese, contro le stesse donne lavoratrici ne organizzano altre "unite in un fascio concorde di sane forze lavoratrici che senta e faccia sentire l'austera disciplina del lavoro!" Così scrive la Presidente della Federazione Romana Femminile, Sig. Giorgia Ponzio Vaglia che ha lanciato l'iniziativa. L'austera disciplina del lavoro queste donne vogliono per le altre per conto loro, nella grande maggioranza, non conoscono nemmeno il dovere di sacrificare una parte delle loro cospicue fortune per la salvezza del paese, che dicono di tanto amare!
Da secoli invece non l'austera disciplina ma il giogo del lavoro subisce una classe sola, e se oggi essa si ribella, in modo che può sembrare talvolta inconsulto, dobbiamo cercarne la ragione nell'inumano, secolare asservimento e nella indifferenza ed egoismo della classe dirigente.
Alla classe degli umili, voi lo sapete, io sono legata, forse anche perché agli umili apparteneva la mia famiglia, certamente dal vincolo di una fede nella quale mi fu maestro il compagno della mia vita. E questa fede la serberò sempre come legge da Lui lasciatami, come ininterrotto nostro legame spirituale, come culto dovuto alla sua memoria, agli esempi, ai sacrifici di tutta la sua esistenza.
Per queste ragioni io non posso rimanere né lasciare il Suo nome in una istituzione che ha aderito ad una azione contro la classe lavoratrice. Mi separo dalle mie compagne con dolore, senza rancore alcuno.
Abbiamo insieme lavorato, insieme amato e sofferto. Questo solo ricorderò ora che le nostre vie si dividono e che io riprendo libertà assoluta di azione.

Ersila Majno Bronzini

PS. L'importo delle Sue e delle mie azioni sarà versato all'asilo Mariuccia in memoria di Carlottina Majno.

5. *Le leggi razziali e l'Unione femminile nazionale*[5]

Lettera I

La Fiduciaria Provinciale

Milano, 3 dicembre 1938 – XVII
Piazza Belgioioso 1 – Tel 040

Milano
Corso P.ta Nuova, 32

In esecuzione alle direttive del Gran Consiglio del Fascismo nei confronti degli ebrei Vi prego di volermi far pervenire l'elenco nominativo delle componenti codesta Unione Femminile di razza ebraica, dandomi assicurazione che per tutte indistintamente (siano esse iscritte o meno al P.N.F.) Voi avete provveduto ad esonerarle dalla carica.

La Fiduciaria Provinciale
dei Fasci Femminili di Milano
Lola Carioli Condulmari

Lettera II

6 Dicembre 1938 XVII

Alla Signora Carioli Condulmari
Fiduciaria Provinciale dei Fasci Femminili di
Milano

In risposta a vostra 3 Dicembre u.s. ci pregiamo avvertirvi che fino allo scorso Novembre, dietro richiesta della Federazione delle Cooperative da cui l'Unione F.N. dipende, sono stati comunicati i nominativi del Consiglio composto di sette signore tutte ariane.

---

5. Lettere che mostrano gli effetti dell'introduzione delle leggi razziali all'interno dell'Unione costretta a fare a meno della collaborazione di socie ed esponenti di antica data, conservate in AUFN, *Unione Femminile Nazionale, Archivio storico*, b. 1, fasc. 3.

Ad ogni modo Vi comunichiamo che le due Consigliere ebree, signore Nina Rignano e Graziella Sonnino, dimissionarie fino dal Luglio u.s., sono state sostituite.
Attualmente il Consiglio è così costituito:

Signora Lancini Gadola Teresa	Consigliera Delegata
Signora Giovanardi Metz Maria	Consigliera Delegata
Signora Roghi Taidelli Clara	consigliera
Signora Boschetti Pini Larissa	consigliera
Signora Ferri Benetti Clara	consigliera
Signora Mantella Zambler Prof. Gemma	consigliera
Signora Gianni Lambertenghi Prof. Ada	consigliera

La Consigliera Delegata
Teresa Lancini

Lettera III

Studio Rag. Arturo Milla
Via Brera 3 – Milano – Via Brera 3

Milano, 17 gennaio 1939, XVII°

On. Presidenza
Società Cooperativa Unione Femminile Nazionale
Milano
Corso Porta Nuova 20

Per quanto rimanga fiducioso nell'accoglimento della documentata domanda per
la discriminazione, – reputo doveroso, in ossequio alle Superiori Disposizioni ri-
flettenti il problema "razziale" – rassegnare, come rassegno, le mie dimissioni da
Sindaco Effettivo della Società.
Nel formulare i migliori voti per il proseguo di tanta benefica e civile attività, mi
stacco con sincero dolore dalla Istituzione, alla quale appartengo da lunghi anni,
dedicandovi con passione le mie modeste forze.
Grato per la volutami benevolenza, mi rassegno con osservanza.

Arturo Milla

6. *Lettera di Adele Ceva a Clara Roghi Taidelli,*
   presidente dell'Unione femminile nazionale[6]

Bobbio, Agosto 1950

Cara Signora

eccole il promesso manoscritto. Le sarò grata se, alla prima occasione, vorrà darne lettura all'intero Consiglio, perché quanto io verrò qui esponendo è destinato a lei in particolare, ma anche a tutte le signore che con Lei rappresentano oggi l'Unione femminile.

A proposito del premio di studio assegnato nello scorso anno, Lei scriveva, nella Relazione morale dell'anno stesso, le seguenti parole:

"Attraverso questa nuova esperienza si affermò in noi la convinzione che proprio nella gioventù femminile volta ad attività di ordine superiore, la nostra Unione potrà trovare il suo nuovo campo d'azione ed il terreno favorevole per gettare, nel modo che le circostanze potranno via via suggerire, il buon seme raccolto in cinquant'anni di lavoro e destinato a dar nuovi frutti; particolarmente in quella gioventù che, non viziata dall'eccessiva agiatezza, ha in sé spirito di sacrificio nella coscienza della dignità e responsabilità umana." [...]

Anche Lei si ricorderà quelle mattine dell'Ottobre del Novembre scorsi, quando, richiamate dal nostro bando di Concorso per il Premio di studio, molte studentesse si sono rivolte a noi; (in media, tre, quattro per volta); le concorrenti, per una eliminazione che non ha avuto generalmente altra causa se non le condizioni poste nel bando, sono rimaste in otto; e meglio così; altrimenti non sarebbe stato possibile che il Consiglio prendesse quella nobile deliberazione di assegnare un premio abbastanza considerevole anche alle non vincitrici, perché quasi tutte quelle ragazze avrebbero meritato riconoscimento. Il nostro richiamo ha dato (e, confesso, insperatamente, in tanto apparente decadimento di valori spirituali), ha dato proprio quel risultato che era nelle nostre intenzioni: ha tirato cioè intorno a noi un gruppo scelto di giovanissime donne, in ciascuna delle quali ognuna di quelle che l'hanno accolte ha veduto quasi venirle incontro la sua stessa giovinezza; non la giovinezza convenzionale, spensierata, serena e poco concludente: una giovinezza piena dei tumulti del sentimento del pensiero, di confuse aspirazioni, di audaci e forse irrealizzabili speranze. [...]

Mi è sembrato che ci fosse in quasi tutte quelle creature un desiderio di appoggio e di incoraggiamento morali, un bisogno di consiglio e di guida; qualcosa di simile

---

6. Proposta di Adele Ceva alla presidente dell'Unione femminile, Clara Roghi Taidelli, per riservare uno spazio di studio alle studentesse universitarie nei locali della sede di corso di Porta Nuova. Lettera manoscritta conservata in AUFN, *Unione Femminile Nazionale, Archivio di deposito*, b. 8, fasc. 1.

a quello che, coscienti o no, i figli richiedono ai genitori, quell'alimento che deve pur scendere dal tronco ai giovani rami, che seccano e muoiono se tale alimento loro negato. [...] Ed allora? Come venire incontro a quella speranza, loro, o di altre come loro, che potessero accorrere a noi in un prossimo avvenire? [...] ed allora, perché non aprire in quel locale una "Sala di studio per studentesse universitarie?"

Offriremmo così, e proprio agli elementi migliori perché "non viziati dalla eccessiva agiatezza", un ambiente comodo e decoroso, che consentirebbe loro di applicarsi tranquillamente agli studi e tanto più perché si intende che dovremmo assicurare loro la possibilità di raccoglimento ed opportunità di orario maggiori di quelle scarsamente offerti dalle biblioteche pubbliche e universitarie.

Nient'altro, in apparenza; in realtà, attraverso possibili incontri, del tutto liberi e spontanei, con quelle di noi che si trovassero occasionalmente (o intenzionalmente) nella sala attigua, noi potremmo nel modo più efficace mettere le frequentatrici in contatto con quel mondo spirituale del quale, attraverso l'esperienza dello scorso anno, esse avranno potuto avere più o meno qualche notizia; potremmo (e, si noti bene, senza alcuna di noi si sente impegnata al di là delle sue possibilità) potremmo fare di loro, in un certo senso, le nostre creature, "porre in essere buon seme raccolta in cinquant'anni di lavoro è destinato a dar nuovi frutti".

Questo dunque il progetto che, naturalmente, dovrebbe in un secondo tempo essere studiato nei particolari per la sua pratica attuazione; la quale, è forse opportuno dirlo qui, potrebbe anche riuscire vantaggiosa per altre iniziative affini e trarne a sua volta vantaggio.

7. *I perché di Stefano*[7]

[Cividale del Friuli, settembre 1959]

Ho un bambino di tre anni e mezzo, molto intelligente, sensibile, attaccatissimo a me.
Lo è ancora più da quando, con la terza nascita, mi dedico interamente tutto il giorno i bambini, senza mai assentarmi da casa e senza interposta bambinaia (introvabile).
I perché di Stefano sono tutti intelligenti e richiedono perciò una risposta precisa. Per esempio, mi ha già posto la "domanda principe": com'è nata la sorellina?
Come devo regolarmi? Quale è la forma migliore per accostare i bambini così piccoli a questo problema?

Gentile signora,
i perché di Stefano, oltre all'intelligenza del bambino, dimostrano le buone capacità educative di sua madre che ha saputo stabilire con lui un valido rapporto. Il bambino infatti si stancherebbe presto di fare domande se queste non trovassero risposta.
Perché è un bambino così ben guidato dovrebbe venire deluso proprio di fronte a quella che la madre chiama "domanda principe"? Domanda perfettamente intonata all'età del bambino e che tutti sogliono fare in modo più o meno esplicito e diretto, in mille modi diversi.
Cosa rispondere? La verità, naturalmente. Purché la madre sappia dire le cose nel modo in cui vanno dette. La difficoltà sarà nel conciliare il diritto del bambino ad essere informato senza inganni, con il dovere della madre – altrettanto sacrosanto – di rispettare il suo candore. Difficoltà che la madre non potrà superare nel momento in cui deve rispondere a "quella" domanda, se non avrà saputo stabilire già prima col bambino un rapporto di confidenza.
La risposta va rapportata non solo le capacità di comprensione del fanciullo a quell'età, ma anche al mondo fantastico in cui egli è ancora immerso.
Poste queste premesse non vediamo perché la storia della cicogna sia più poetica di quella della madre che porta nel ventre un seme che l'amore del padre ha fatto

7. Lettera di una lettrice pubblicata su «Arianna» (rivista femminile edita 1957 al 1973 dalla casa editrice Mondadori, divenuta poi «Cosmopolitan») alla quale rispondeva la psicologa Billa Zanuso in quanto membro della Scuola dei Genitori che da diversi anni portava avanti la sua collaborazione con il periodico. In AUFN, *Scuola dei genitori*, b. 7, fasc. 1.

germogliare e che cresce nutrito dal sangue stesso della madre, fino a diventare quel piccolo essere che al momento debito lascerà uscendo dal ventre materno.

L'importante è che la risposta soddisfi pienamente il bambino perché le curiosità inappagate o parzialmente appagate sono nocive alle menti infantili: generano sospetto e diffidenza o destano nuove curiosità che il bambino cercherà di soddisfare non più rivolgendosi alla madre, ma in altri modi o finirà per crearsi idee erronee e dannose alla sua formazione.

La sincerità assoluta non è però indispensabile per i bambini così piccoli, anzi noi insistiamo nel dire che sarà opportuna solo nei casi in cui tutto il sistema educativo dei genitori sia improntato alla stessa franchezza e spontaneità di rapporti.

Diversamente continuino pure i genitori a ricorrere alle note e antiche favole.

Man mano che il bambino cresce però sappiamo portare il bambino a conoscere la verità, sostituendo man mano alle menzogne – senza che il bambino se ne accorga – altre spiegazioni più aderenti al vero, per evitare di ciò che noi riteniamo sia la cosa più temibile, e cioè la delusione che il bambino dovrà altrimenti subire il giorno in cui verrà necessariamente a conoscere la verità.

L'inganno scoperto può incrinare la sua fiducia nei genitori anche quando questa poteva essere stata assoluta fino a quel giorno.

La scuola dei genitori.

8. *A tempo determinato*[8]

Da sempre il tempo delle donne è stato complesso: nell'organizzazione della casa si alternavano momenti alti, che richiedono competenza e sensibilità, come l'educazione dei bambini e la cura dei sentimenti familiari, a momenti di bassa fatica. Occorrono sapienza e abilità per dosare forze e coinvolgimento emotivo, disciplina e creatività, umiltà e dignità, rapidità e pazienza. E da sempre le donne hanno agito e pensato insieme, operato con le mani mantenendo l'attenzione tesa agli esseri viventi affidati alle loro cure.

Da quando, poi, la donna è uscita di casa, ha aggiunto al lavoro domestico quello extra/domestico, il tempo delle donne è diventato ancora più complesso. E non solo per l'intricata somma di ore di dipanare nel corso della giornata, ma anche perché, sul lavoro fuori casa, hanno dovuto assumere un consumo del tempo tipicamente maschile: è come se fossero emigrate in un paese governato dagli uomini, e avessero dovuto apprenderne i linguaggi o e i costumi. Il tempo degli uomini è lineare, intensivo, alternato a fasi di relax assoluto, risentito come una giusta alternanza di tensione e distensione. Il tempo delle donne è minutamente frammentato: intensità e distensione si alternano più volte nel corso della giornata. E ciò corrisponde al modo di vivere e lavorare dei due sessi: in vista di un obiettivo, e con sfida (atletica o onnipotente) gli uomini, di "riempimento" di molti obiettivi diversi, a mosaico, le donne.

Ma oggi le donne conoscono la doppia dimensione del tempo, e sono diventate abili di concentrarsi nei percorsi lineari maschili, sul lavoro fuori casa, e di disseminare il tempo "libero" di tutte le minute incombenze domestico/familiari, organizzandosi anche, nel corso della giornata, per farsi sostituire nella cura dei bambini, nell'assistenza agli anziani: le strutture pubbliche accolgono gli uni e gli altri per quei lassi di tempo in cui la donna è impegnata nel consumo del suo tempo "maschile".

Tutto questo non è stato facile; né tuttora è agevole. Dicono tuttavia gli esperti che tutti, uomini e donne, andiamo verso un uso del tempo che, da lineare, si farà sempre più complesso, per far fronte alle molteplici attività che ogni cittadino dovrà affrontare, nel pubblico e nel privato. E così le ansie e i sensi di colpa che le donne hanno imparato a gestire in questi anni di apprendistato, costituiscono un tributo necessario a una evoluzione verso un migliore uso del tempo per tutti.

Un poco d'ansia fa scattare lo stimolo a soluzioni più adeguate; un poco di senso di colpa verso chi si attende cura da noi scioglie la corazza dell'efficienza e apre il varco ai sentimenti. Nel momento d'ansia, nella sosta del cuore, è facile

8. Articolo dattiloscritto di Anna Del Bo Boffino. L'articolo non è datato ma presumibilmente fu scritto nell'anno 1988. È conservato in AUFN, *Anna Del Bo Boffino*, b. 3, fasc. 1.

trovare un poco di tranquillità e compagnia in una sigaretta: che è sempre lì, a portata di mano, anche quando ogni supporto sembra assente e dobbiamo fare appello solo a noi stesse.

Come potevano muoversi con agio le donne dei secoli passati, costrette dentro a busti e corsetti, le gambe impacciate da gonne e sottogonne, mutandoni, calze e reggicalze? Infatti si muovevano poco. Era un modo per dimostrare che le signore sono fatte solo per passeggiare, sedersi con la schiena dritta sulle poltrone dal dorsale rigido. I movimenti, minimi, non potevano che risultare aggraziati. L'insieme stava a dimostrare che lei, la signora, era servita di tutto punto, abbigliata con fasto e ricchezza, ed era uno status symbol di un marito nobile o ricco borghese.

La altre, le donne del popolo, si vestivano da sempre alla stessa maniera: gonne ampie, camicie, giacconi, un abbigliamento adatto alla fatica e a riparare dal freddo. La moda mutava solo per le signore, sempre più preziose, sempre più ridicole: ai nostri occhi, almeno, di novecentesche amazzoni, uscite dalle mura di casa a conquistare sapere e indipendenza economica. Una conquista impossibile senza la libertà di fare passi lunghi, talvolta atletici, metaforicamente verso l'alto e gli ampi spazi, in realtà su e giù dai treni e dagli aerei, o al posto di guida, in macchina, un piede sull'acceleratore o sul freno, l'altro pronto a giocare di frizione.

E, fuori di casa la lotta è dura: già lo è fra uomini, ancor più per la donna che con gli uomini compete. Occorre un corpo addestrato, oltre che una mente agile alle soluzioni nuove di problemi imprevisti. Occorre un corpo tutto per sé, non più di bambola di carne o di rigida cartapesta, non più sfiancato dai servizi faticosi, non più specchio dei bisogni e desideri maschili.

Nel cercare la nuova misura dei gesti e delle espressioni corporee la donna ha trovato, in questi anni, una femminilità sulla propria misura.

Eppure quanto è stato difficile allargarsi in spazi sempre più ampi senza imitare l'uomo: l'agio nasce da una sicurezza di sé, dei propri mezzi, della propria legittimità che spesso viene smentita dagli sguardi maschili. Non sei stata per caso troppo aggressiva o grintosa, brusca o forte, non hai fatto il passo più lungo della gamba? Nel delineare la nuova forza/grazia della femminilità talvolta il passaggio è stato rapido, eccessivo, lasciando spiazzata colei che lo tentava. E, allora, spesso, capita che un momento di pausa ti riporti a te stessa: compiere un gesto tutto per sé, isolarsi un poco, aiuta. È quando si accende una sigaretta, si aspira una boccata di fumo, e il fumo dice agli altri che non sei disponibile. Vuoi pensarci, e trovare da te il ritmo di quella giornata, fino a sera.

9. *Narra la tradizione*[9]

Narra la tradizione che nei tempi dei tempi i padri della Chiesa, riunitisi in concilio iniziassero a discutere se le donne avessero un'anima (come gli uomini) o se non l'avessero (come i cani e i gatti).

Anche nei tempi de' tempi il mondo era diviso fra conservatori e progressisti, fra gente di manica più larga e di manica più stretta.

Era così anche fra gli illustri padri: discuti discuti, non riuscivano a mettersi d'accordo. Si venne ai voti: il verdetto fu a nostro favore. Fu definitivamente statuito che le donne hanno l'anima. Ma fu una vittoria modesta, per una incollatura, come si dice, infatti la maggioranza fu determinata da un solo voto.

Non so se sia per l'anima conquistata così precariamente e per la costola d'Adamo, ma quando la donna è al volante essa è considerata nella mentalità corrente degli uomini una "abusiva".

Qualsiasi cosa facciamo va male: si corre un po'? "Dove andrà quella lì...?" per un uomo il commento è, invece, comprensivo: "avrà fretta". Resta che l'uomo può aver fretta perché in ogni caso si reca al lavoro, ad una importante riunione d'affari; la donna no perché serpeggia sempre il sospetto che l'appuntamento sia galante. Anche di Tribunale, di Università, capezzali di malati non esistono per noi.

Se andiamo piano, andiamo – occorre dirlo? – "a passeggio", l'uomo è invece "prudente".

Non parliamo poi del deprecato caso di un guasto al motore: intorno all'uomo solidarietà e comprensione; alla donna aiuto, anche cavalleresco sì, ma la comprensione non va alla guidatrice, ma a quel povero motore affidato a sprovvedute mani.

Un incidente? "Già, è una donna!" mentre le statistiche parlano chiaro: incidenti gravi ne accadono pochissimi alle donne, anche per gli incidenti di media e minima gravità. Percentualmente siamo assai sotto la media maschile. Dirò anche che – per consenso comune delle persone specializzate in questo campo – la donna guida piuttosto bene. Non ha falsi orgogli e non si vergogna di metterci un po' di tempo in più prima di avere la patente; consegnatala non si slancia da sola ma per lo più prosegue nelle lezioni, e comunque si fa accompagnare, chiede ai tecnici per qualsiasi cosa, tende ad essere disciplinata, in genere paga le multe senza fiatare e non rischia mai di finir dentro per oltraggio alle forze dell'ordine.

Eppure mariti e figli che pur ci amano, ci stimano, ci conoscono, si affidano mal volentieri la loro preziosa macchina e salutano con gioia il giorno i cui, la macchinetta, ce la compriamo per conto nostro.

<hr />

9. Articolo dattiloscritto redatto da Tullia Carettoni Romagnoli nell'anno 1961. In AUFN, *Tullia Carettoni Romagnoli I*, b. 69, fasc. 4.

Con storielle e vignette si potrebbe continuare un pezzo: ma tutte le cose hanno una ragione e se vogliamo – credo che ne abbiamo il diritto di sfatare una leggenda – bisogna non difendersi con le spiritosità ma fare un discordo serio.

I sorrisetti, i commenti, le frasi villane alla donna guidatrice sono un sintomo di una malattia grave e vecchia del nostro paese, del costume del nostro paese.

Quell'uomo austero e saggio che è Arturo Carlo Iemolo ebbe a dire una volta che l'Italia è, per quanto riguarda la donna, un paese musulmano; Per gli italiani la donna è, gratta gratta, proprietà dell'uomo, inferiore a lui per intelligenza e cultura. Le si nega in fondo la ragione sottolineando le nostre belle virtù di cuore.

[...]

Paese mussulmano, certo: basta dare un'occhiata al codice civile e penale che rispecchia la mentalità e la società italiana. Non c'è viva dio, la poligamia (o, almeno, non c'è legalmente): ma la moglie per l'articolo 559 del codice penale è adultera se viene meno anche una sola volta all'obbligo della fedeltà coniugale, il marito è adultero unicamente quando convive "more uxorio" con un'altra donna. Il marito, il fratello, il padre che uccida una donna dall'onore macchiata gode di larghe attenuanti: il tribunale nel passato assolveva trionfalmente (si veda il bel libro di Giovanni Arpino testè pubblicato che riferisce un episodio realmente accaduto), oggi si ha l'assurdo che le pene inflitte sono gravi nelle zone più avanzate, ancora miti nelle zone più arretrate; non parliamo delle difficoltà che la donna trova nell'esercizio della patria potestà e tante altre cose.

La donna oggi lavora, la società accetta obtorto collo e sembra volerci dire ad ogni passo: l'hai voluto, goditelo!

Così la donna – che piaccia o non piaccia, in un paese moderno deve lavorare – si trova con il duplice cumulo di doveri casalinghi e professionali senza che ci si ponga il problema di venirle incontro. Ci sono, specie fra le giovani generazioni, mariti comprensivi che dividono onestamente il lavoro con lei, ma sono soluzioni singole, la comunità fa troppo poco.

E come si giustifica, essa società, di questa ottusità sociale nei confronti della metà almeno dei suoi membri?

Con la retorica del focolare.

Con la falsa retorica della patria e della gloria si mandarono, e non è molto, migliaia di giovani al macello, con la falsa retorica della famiglia – non sembrino parole grosse. si tenta di arginare il modo delle cose a tutte spese della salute fisica e morale della donna.

Già, perché nessuno contesta i doveri della donna in quanto sposa e madre ma, poiché il mondo cambia e la donna è cittadina con pari doveri e diritti dell'uomo in quasi tutte le costituzioni e – per venire all'Italia. la nostra repubblica è "fondata sul lavoro", se ne evince che la sposa è madre e anche lavoratrice. Compito della comunità è fare che sia buona madre e buona lavoratrice, fare in modo che possa scegliere il suo lavoro (e perciò anche dedicarsi tutta alla sua casa: giusto perciò il riconoscimento a tutti i fini del lavoro casalingo) considerando che il lavoro non è solo una croce a cui si deve sottostare, non è solo una cruda esigenza economica, ma è anche il messo per sviluppare la propria personalità e acquistare la scienza piena della propria libertà e uguaglianza. E insisto sui due termini perché non si può parlare di libertà alcuna se coloro che debbono usufruire della libertà non sono messi prima in condizioni di eguaglianza. Ogni differenza, ogni discriminazione di sesso, di razza, di classe è di per sé elemento negatore di libertà: meglio, è fattore che essa libertà fa scomparire del tutto.

Tutto questo discorso porta come conseguenza la necessità di un forte passo avanti sulla via del progresso in quanto libera una quantità di cittadini e li rende effettivamente uguali [...].

Questa società più sana, più moderata, più seria verrà certo e spazzerà col suo alito nuovo le piccole noie di noi donne al volante, conseguenze residue di un vecchio costume. Ma parlando di utenti della strada devo parlare anche di altri utenti: quelle che non hanno un mezzo proprio, dico le molte lavoratrici e massaie che devono usufruire dei mezzi pubblici. E anche qui, tutte le strade portano a Roma, ricadiamo nel discorso della emancipazione e della società moderna.

Non v'è dubbio – ed è stato autorevolmente detto su queste colonne – che bisogna cambiare molto in fatto di politica dei trasporti. Ma si abbia presente che l'urbanistica ha il grave compito di adeguare i nuovi agglomerati urbani e di studiare al massimo la sistemazione dei vecchi in armonia con la società quale essa oggi è. L'operaia non deve essere costretta al mattino a percorre chilometri per portare il piccolo all'asilo e poi recarsi al lavoro – la fabbrica lontana da casa – con dispendio di forze e di tempo. C'è una politica urbanistica che deve tener conto del rapporto luogo di lavoro – abitazione – servizi sociali (scuole, asili, mercati, mense, ecc.), partendo dalle esigenze della donna per renderle omaggio, ma perché è questa – e questa sola – la strada per difendere e aiutare la famiglia. [...]

Per terminare vorrei ricordare una terza categoria di "utenti della strada". Sono utenti abusivi, d'accordo, ma sono costretti ad esserlo: sono le centinaia di migliaia di bimbi e ragazzi che con disperazione degli automobilisti giocano per le strade italiane. Questi utenti vorrei che non ci fossero e lo vorrei non tanto come automobilista ma come madre. Vorrei che potessero avere, come negli altri paesi, doposcuola adeguati e giardini e palestre per i loro svaghi. E sarebbe non solo una facilitazione al traffico, ma un contributo alla sicurezza e alla serenità di tutti i cittadini: padri e madri, anche qui, su un piano di eguaglianza.

Indice dei nomi

Accardi, Carla, 158
Agrimi, Alessandro, 182-183
Alatri, Giovanna, 67n
Aleramo, Sibilla (Rina Pierangeli Faccio),
    12n, 67n
Alfieri, Guido Alberto, 113
Alighieri, Dante, 116
Allason, Barbara, 109
Amadori, Carolina (Wiera), 25n
Amato, Giuliano, 67n
Anderlini, Luigi Silvestro, 184
Andreotti, Giulio, 175, 189
Angelini, Giovanna, 12n, 17n, 76n
Aniasi, Aldo, 121
Anselmi, Tina, 168, 176, 178
Arcelaschi, A. Garibaldi, 76
Ardy, Giovanni, 103n
Arienti, Enrico, 79n
Arpino, Giovanni, 209
Arvidsson, Adam, 159n
Attwood, Rachael, 43n
Augeri, Nunzia, 115n

Baccelli, Alfredo, 48
Badalassi, Serena, 37n, 39n
Badino, Anna, 107n
Baeri, Emma, 31n
Baker, Anne, 58n
Baldacci, Gaetano, 156
Ballestrero, Maria Vittoria, 171n
Balzamo, Vincenzo, 187n
Banfi, Antonio, 152

Banfo, Emmanuela, 129n
Banotti, Elvira, 158
Barbagallo, Francesco, 128n
Barbieri, Alessandro, 176
Bartoloni, Stefania, 17n, 29n, 33, 40n, 56n,
    67n, 69n, 86n
Battilani, Patrizia, 87n
Bauer, Riccardo, 110, 121
Belfanti, Carlo Marco, 158n
Bellassai, Sandro, 134n
Bellavitis, Anna, 69n
Bellonci, Maria, 152
Berlinguer, Giovanni, 187n
Bernardi, Marcello, 26n
Bernocchi Nisi, Rosa, 27
Berrini, Maria Elvira, 129, 130n, 133
Bersellini Bellini, Jole, 9n
Bertazzoli, Annibale, 76
Bertilotti, Teresa, 28n, 158n
Bertin, Giovanni Maria, 130n
Bertoni Jovine, Dina, 129
Biagi, Enzo, 154, 155n
Bianchi, Bianca, 119
Bini, Elisabetta, 28n
Biondo, Renzo, 121n
Bissolati, Leonida, 106
Bolis, Luciano, 121
Bollea, Giovanni, 129
Bonacchi, Gabriella, 11n, 65n
Bonifacio, Francesco Paolo, 180
Bonomi, Ivanoe, 171
Bortoli, Bruno, 49n

Boschetti, Ada, 119
Boschetti, Elisa, 76
Boschetti Pini, Larissa, 22, 201
Bossi Fedrigotti, Isabella, 151n
Bracke, Maud Ann, 158n
Bravo, Anna, 28n, 117n, 148n, 161n
Brigadeci, Concetta (Cettina), 7, 14n, 20n, 24n, 143n
Brin, Irene, 152
Broglio, Camillo, 32, 47, 49, 66, 69, 76
Bruno Cumer, Silvana, 138n
Bruzzone, Anna Maria, 117n
Buonarroti, Michelangelo, 107
Butler, Josephine, 39n, 40-41
Buttafuoco, Annarita, 10n, 11n, 12n, 13n, 16n, 17n, 28n, 31 e n, 49n, 62n, 63n, 64n, 65n, 66n, 75n, 78n
Buzzati, Dino, 156
Buzzati, Giulio Cesare, 45, 47, 53n

Cabrini, Angiolo, 57
Cairoli, Benedetto, 183
Calabrò, Vittoria, 189 e n
Calamandrei, Pietro, 121-122
Caldara, Emilio, 22, 82-83 e n
Caldara, Maria, 22
Calderini, Achille, 64
Calderini Berettini, Rebecca, 63-64
Calvino, Italo, 156
Cambiasi Negretti Odescalchi, Liana, v. Liala
Cammeo, Bice, 14n, 17, 76-77
Canavero, Alfredo, 47n
Canestrelli, Luigi, 125n
Capatti, Alberto, 94n
Capobianco, Laura, 31n
Cappelli Vegni, Adele, 130n, 141 e n
Capussotti, Enrica, 125n
Capuzzo, Paolo, 90n, 159n
Carabelli, Corrado, 73
Carbonera Castiglioni, V., 130n
Carcano, Luigi, 70, 71n
Carettoni, Gianfilippo, 165n
Carettoni Romagnoli, Tullia, 26n, 35, 165, 166-167 e n, 168-170, 172-173 e n,

174-175 e n, 177-178 e n, 179, 180n, 181, 183-184, 186-190 e n, 191, 208n
Carioli Condulmari, Lola, 200
Carlassare, Lorenza, 191n
Carnelli, consigliera dell'Ufficio III del Comitato di assistenza, 82n
Carrarini, Rita, 158n
Carus, Elly, 9n
Casali, Antonio, 87n
Casati, Alessandro, 112
Casiglia, Alfredo, 163n
Casotti, Mario, 128
Catalano, Roberta Yasmine, 165n, 174n
Catarsi, Enzo, 128n
Cavazza, Stefano, 90n
Cave Rosselli, Marion, 109n
Cavour, Camillo, 40
Ceccon Marx, Frida, 118
Celli, Angelo, 67, 72
Celli Fraentzel, Anna, 67 e n, 68 e n, 72, 77-78 e n
Ceretti, Giulio, 88, 94
Ceriello, famiglia, 104n
Ceriello, Rodolfo, 104 e n, 112n
Cervesato, Arnaldo, 20n
Ceva, famiglia, 100n, 101-102 e n, 108, 110-112, 115-116, 120
Ceva, Adele, 24, 33-34, 99-100 e n, 101 e n, 103-104 e n, 105n, 108, 110 e n, 111, 112n, 113-114 e n, 115-119 e n, 120 e n, 122, 202 e n
Ceva, Bianca, 33-34, 99-100 e n, 101-102 e n, 103 e n, 104 e n, 105 e n, 106 e n, 107n, 108-109, 110n, 111 e n, 112 e n, 113 e n, 114 e n, 115 e n, 116-117, 119-122 e n
Ceva, Edoardo, 100, 111, 114, 120
Ceva, Umberto, 34, 100 e n, 104-106 e n, 110-112, 114, 116
Ceva Valla, Lucio, 34, 99-100 e n, 102-104 e n, 105 e n, 108, 111 e n, 114
Cialente, Fausta, 152
Ciccone, Stefano, 157
Cirant, Eleonora, 26n, 35
Cleis, Franca, 151n

Clerici, Carlotta, 11n, 63-64
Cocchiara, Maria Antonietta, 189n
Codignola, Ernesto, 128, 129n
Cohen, Stanley, 42n
Colafranceschi, Simone, 33, 97n
Colella, Anna, 98n
Colombo, Yoseph, 130n
Comolli, Enrico, 130n
Conrad, Joseph, 152
Conte, Lara, 158
Conti, Bruna, 67n
Conti, Fulvio, 100n
Contini, Alessandra, 31n
Coote, William Alexander, 43-44, 46, 49
Corbin, Alain, 41n
Cordova, Ferdinando, 87n
Corsi, Dinora, 31n
Corvi, Carlotta, 13n
Cosmacini, Giorgio, 66n, 78n
Crain Merz, Noemi, 109n, 129n
Crainz, Guido, 127n, 134n
Crescenti, Claudio (il partigiano Filippo),
    115-116
Crispi, Francesco, 63, 194
Croce, Benedetto, 100n, 105, 109, 112
Currie, Dawn, 146n
Cutrufelli, Maria Rosa, 14n, 153n

D'Amelia, Marina, 132n
De Bernardi, Alberto, 94n
De Castris, Marusca, 97n
de Céspedes, Alba, 152
De Luna, Giovanni, 109n
De Maria, Carlo, 86n
De Nicolò, Marco, 124n
De Renzi, Errico, 39
De Sanctis, Gaetano, 100 e n
Del Bo, Sergio, 152
Del Bo Boffino, Anna, 29 e n, 34, 137n,
    145n, 146, 148-150 e n, 151 e n, 153
    e n, 154-155 e n, 156-160 e n, 161n,
    162-163, 206n
Del Corno, Nicola, 109n
Del Re, Carlo, 110
Della Seta, Luciana, 126n, 137n

Denari, Pietro, 114
Devereux, Cecily, 42n
Devito Tommasi, Angelica, 72
Di Bello, Giulia, 185n
Di Fazio, Rossana, 26n, 118n
Di Franco, Manuela, 148n
Di Nonno, Maria Pia, 120n
di Robilant, Daisy, 19
Diamanti, Donata, 35
Dogliani, Patrizia, 124n
Donato, Maria Clara, 28n
Drago, Maria, 117
Dudovich, Marcello, 92

Eco, Umberto, 126n
Egidi Bouchard, Piera, 129n
Emma «la Bresci», operaia, 107n
Emma, v. Ferretti Viola, Emilia
Ercolani, Sara, 40n

Fabbri, Fabio, 82n
Fabris, Giampaolo, 149 e n
Fabrizi, Angela, 129n
Fanfani, Amintore, 184
Farina, Rachele, 30 e n, 100n
Fazio, Ida, 107n
Feltrinelli, Giangiacomo, 152
Ferrante, Lucia, 11n, 62n
Ferretti Viola, Emilia (Emma), 37 e n, 38n, 39
Ferri Benetti, Clara, 17, 82n, 83 e n, 98n, 201
Filippetti Gentili, Giulia, 26
Filippini, Nadia Maria, 25n, 185n, 191n
Fiorino, Vinzia, 17n, 158n, 191n
Fiume, Giovanna, 28n
Foot, John, 139n
Forgacs, David, 147n
Formiggini, Ivonne, 22n
Fossati, Roberta, 108n
Franchini, Giuliana, 14n
Franchini, Silvia, 148n, 149n, 153n
Franzinelli, Mimmo, 110n
Freud, Sigmund, 155

Gaballo, Graziella, 11n, 17n, 21n, 66n
Gaggi, Giovanni, 78, 79n

Gagliani, Dianella, 117n
Gaiotti, De Biase, Paola, 166n
Galante, Valerio, 166n
Gamba, Ermis, 82n
García, Márquez Gabriel, 96n
Garibaldi, Giuseppe, 102
Garofalo, Alfredo, 44, 48, 72
Garofalo, Damiano, 147n
Garutti, presidente del Ristorante Cooperativo, 82n
Garzanti Ravasi, Sofia, v. Ravasi, Sofia
Gasperini, Brunella, 159
Gatey, Elisabeth, 13
Gazzetta, Liviana, 40n
Gemelli, Agostino, 128
Genoni, Rosa, 107n
Gentile, Giovanni, 108
Gessner, Edvige, 13, 85n
Ghezzi Morris, L., 47n
Ghidoni, Domenico, 47
Ghilardi, Margherita, 153n
Giani, assessore, presidente dell'Ufficio III del Comitato di assistenza, 82n
Gianini Belotti, Elena, 172n
Giaroli, Maria, 118
Gibson, Mary, 41n
Gigli Marchetti, Ada, 10n, 63n
Gill, Rosalind, 162n
Giovana, Mario, 110n
Giovanardi Metz, Maria, 22, 24, 87 e n, 118, 123-124, 135n, 201
Gissi, Alessandra, 34, 168n
Giudici, Doriana, 170 e n
Giusberti, Fabio, 158n
Gnocchi-Viani, Osvaldo, 14
Gobetti, Ada, v. Prospero Marchesini Gobetti, Ada
Gobetti, Piero, 100, 121
Goodear, Roy, 113
Gorgolini, Luca, 124n
Gozzini, Mario, 176-178 e n, 179-180, 184
Grandi, Casimira, 69n
Grassi, Paolo, 126n
Grieveson, Lee, 42n
Groppi, Angela, 11n, 65n, 171n
Gualtieri, Anna, 154

Guaraldo, Luciano, 126n
Guarino, Giuseppe, 182-184, 188-189
Guarnieri, Patrizia, 17n, 76n
Guerra, Elda, 40n
Gundle, Stephen, 147n

Hamaui, Daniela, 146n
Head-Konig, Anne-Lise, 151n
Hier, Sean, 42n

Iatronico, G., 130n
Iemolo, Arturo Carlo, 209
Imprenti, Fiorella, 10n, 18n, 33, 64n, 66n, 78n, 107n
Ioli, Andrea, 116
Ioli, Anna, 116
Isnenghi, Mario, 89n

Jacini, Stefano, 57

Kozma, Liat, 51n

Lambertenghi Gianni, Ada, 201
Lancini Gadola, Teresa, 22, 201
Lanfranco, Monica, 152
Lanza, Giovanni, 183
Leed, Cristina, v. Pisu, Renata
Lenti, Lucia, 142n
Leuzzi, Maria Cristina, 129n
Levi, Alessandro, 108, 109n
Levi, Carlo, 156
Leydi, Roberto, 126n
Liala (Liana Cambiasi Negretti Odescalchi), 161
Libretti Baldeschi, Bice, 130n, 142n
Lilli, Laura, 159n
Limoncelli, Stephanie A., 41n
Livio, Tito, 122
Lodato, Natalina, 154n, 155n, 156n
Lombardi, Daniela, 29n, 56n
Lonzi, Carla, 158
Luberti, Franco, 188
Lucini, Maria, 99-100, 105, 111
Lugnano, Francesco, 188n
Lussu Salvadori, Joyce, 109
Lussu, Emilio, 121

Luzzatti, Sergio, 44, 48
Luzzatto Bruché, M., 130n

Macrelli, Rina, 41n
Maggi, Luigi, 55
Majno Bronzini, Ersilia, 9n, 12-14, 16 e n,
    17-18, 21-22, 27, 30, 32-33, 49-51,
    53-55, 58n, 61, 63-64, 66, 67n, 68, 71
    e n, 72 e n, 73-74 e n, 75-76 e n, 77 e n,
    78, 85n, 196 e n, 197-198 e n, 199
Majno, Carlotta, 199
Majno, Edoardo, 14, 21
Majno, Luigi, 14, 47, 55, 64
Majno, Luigi, nipote di Ersilia, 14, 30
Majno, Mariuccia, 74
Malan, Frida, 121
Malatesta, Maria, 89n
Malnati, Linda, 11n, 75
Manfredini, Achille, 66, 69
Manzini, Gianna, 152
Marcheselli, Margherita, 26n, 118n
Mariani, Laura, 117n
Mariani, Valeria, 22n
Marin, Bea, 146n
Martelli, Mario, 66, 75, 76n
Martini, Vanessa, 158n
Marzuoli Massari, Maria, 119, 132n, 135 e n
Masino, Paola, 152
Massari, Maria, v. Marzuoli Massari, Maria
Mastellone, Salvo, 109n
Mattei, Enrico, 121
Matteo, santo, evangelista, 116
Matteotti, Giacomo, 18, 107, 109n
Mattioli, Paola, 25n
Mattioli Peroni, Luisa, 25, 28, 150n
Mazzini, Giuseppe, 102, 108-109, 116
Mazzocchi Scarzella, Elda, 21 e n, 22 e n
Mazzoli, Enea, 82n
Mead, Margaret, 153
Meale, Gaetano (Umano), 9n
Meda, Filippo, 79n
Melandri, Lea, 31n
Melino, Mario, 130n
Melodia, Giovanni, 181
Menabrea Luigi, Federico, 183
Mendes, Kaitlynn, 162n

Mentessi, Giuseppe, 9n, 65
Menzani, Tito, 82n
Mercurio, Giovanni (nome di battaglia Mir-
    ko), 115
Meringolo, Patrizia, 185n
Merli, Stefano, 63n
Merlin, Lina, 134 e n
Mezzi, Filippo, 79n
Migliucci, Debora, 23n, 118n
Milla, Arturo, 21, 201
Minguzzi, presidente della Federazione delle
    cooperative milanesi di consumo, 82n
Mira, Roberta, 115n
Missero, Dalila, 147n
Molinari, Augusta, 17n
Mondolfo, Rodolfo, 109n
Montani, Patrizia, 24n, 34, 123n
Montesano, Vincenzo, 51n
Morandini, Giuliana, 38n
Morante, Elsa, 152
Mori, Nila, 117
Morris, Penelope, 147n
Mortara, Vittorio, 149n
Mozzoni, Anna Maria, 37, 41, 65, 195n
Muggiani Griffini, Gemma, 45n, 46n, 48n,
    49n, 51n, 54n
Mumford, Lewis, 153 e n
Mura, v. Volpi Nannipieri, Maria Assunta
    Giulia
Musatti, Cesare, 123n
Mussi, Giuseppe, 63-64, 68, 74, 76
Musso, Stefano, 139n
Mussolini, Arnaldo, 111
Mussolini, Benito, 106, 110

Nathan, Giuseppe, 41
Neera, v. Zuccari Radius, Anna
Negri Garlanda, Ada, 9n
Nicotera, Giovanni, 194
Nightingale, Florence, 70, 77
Noce, Tiziana, 176n
Norbel, Elisa, 67
Novarino, Marco, 100n

Oberdorfer, Gemma, 22n
Offen, Karen, 16n, 40n

Origlia, Dino, 123n, 125n, 130n, 142n
Ortese, Anna Maria, 152
Osimo, Augusto, 82n
Ottolenghi Levi, Nina, 9n

Palazzi, Maura, 11n, 62n
Palici di Suni, Elisabetta, 191n
Papa, Catia, 28n
Parca, Gabriella, 132n
Parri, Ferruccio, 110, 112 e n, 115, 121-122, 165 e n
Parri Verrua, Ester, 112
Passerini, Luisa, 28n
Paulucci di Calboli, Raniero, 45
Peruzzi, Ubaldino, 42n
Pesenti, Rosangela, 31n
Piccone Stella, Simonetta, 124n, 125 e n, 136n
Pierangeli Faccio, Rina, v. Aleramo, Sibilla
Pieroni Bortolotti, Franca, 11n, 40n, 41n, 62n
Pignatelli Del Balzo, Adelaide, 67
Pincherle, Amelia, 109n
Pisa Rizzi, Antonietta, 9n
Pisano, Laura, 151n
Pisu, Renata (Cristina Leed), 157
Pojaghi Taccani, Silvia, 9n
Pomata, Gianna, 11n, 62n
Ponzio, Carolina, 9n
Ponzio Vaglia, Giorgia, 199
Porro, Edoardo, 38n, 47, 55n
Porta, Gianfranco, 155n
Porta, V., 130n
Pratolini, Vasco, 156
Prospero Marchesini Gobetti, Ada, 100, 109, 129 e n
Punzo, Maurizio, 63n
Purisiol, Lucia, 160n

Quarleri, Franco (il partigiano Carli), 116-117

Ramella, Franco, 107n
Rava, Luigi, 64
Ravaioli, Carla, 166n, 189
Ravasi Bellocchio, Lella, 150n

Ravasi, Sofia, 18, 22, 25, 118
Ravizza, Alessandrina, 51n
Re Bartlett, Lucy, 39n
Ricatti, Francesco, 147n
Ricuperati, Giuseppe, 128n
Ridolfi, Maurizio, 100n
Rigamonti Berrini, Franca, 151n
Rignano Sullam, Nina, 9n, 13 e n, 16-17, 21, 64-65, 201
Riva, Adele, 9n
Rocco, Alfredo, 185, 189
Rodano, Giulia, 150n
Roghi, Angelo, 87n
Roghi Taidelli, Clara, 19, 22, 63, 82 e n, 86 e n, 87 e n, 88, 94, 117-119 e n, 201-202 e n
Rollier, Mario, 121
Romagnoli Carettoni, Tullia, v. Carettoni Romagnoli, Tullia
Romagnosi, Gian Domenico, 105
Ronzani, Enrico, 79 e n
Rosignoli, Maria Pia, 154
Rosselli, Carlo, 108, 109n, 110, 121
Rossi, Ada, 120 e n
Rossi, Ernesto, 110 e n, 122 e n
Rossi-Doria, Anna, 28n, 117n, 158n, 169 e n, 190n, 192n
Rossi-Doria, Tullio, 72
Rovatti, Toni, 115n
Rupp, Leila J., 16n
Rusca, Carla, 119
Ryger, Maria, 193n

Sacchi Simonetta, Ada, 20
Saffiotti Valenzano, M., 130n
Salvatici, Silvia, 148n
Salvemini, Gaetano, 108, 121
Santagata, Alessandro, 166n
Santarelli, Enzo, 67n
Saraceno, Chiara, 166n
Savioli, Valentina, 176n, 178n
Scaramuzza, Emma, 51n
Scarpellini, Emanuela, 89n, 90n
Scattigno, Anna, 25n, 28n, 158n, 191n
Schettini, Laura, 32, 46n

Schiavi, Alessandro, 82n, 86 e n, 87 e n, 88, 96
Schiavon, Emma, 17n
Schiff, Paolina, 11n
Scirè, Giambattista, 163n
Scirocco, Giovanni, 121n
Scodnick, Melany Irma, 9n, 14n
Selmini, Rossella, 185n
Sereni, Clara, 151n
Seroni, Adriana, 166n
Servadio, Emilio, 127n
Seymour, Mark, 147n
Silvestrini, Maria Teresa, 117n
Simiand, Caterina, 117n
Simmons, Jim, 113
Sironi, Cecilia, 67n
Soldani, Simonetta, 148n, 153n
Songia, Giulio, 197
Sonnino Carpi, Graziella, 21, 201
Sorcinelli, Paolo, 94n, 124n
Sozzi Manchi, Maria Assunta, 13n
Spadolini, Giovanni, 189
Spalletti Rasponi, Gabriella, 19
Squarcialupi, Vera Liliana, 181-182
Stead, William, 42n
Stefanini, Luigi, 128
Stefanucci, Letizia, 151n
Stelliferi, Paola, 35
Stevani Colantoni, Angela, 23n, 24n, 126, 130n, 143 e n
Strazza, Cornelia, 67
Summers, Anne, 41n

Taidelli Roghi, Clara, v. Roghi Taidelli, Clara
Tarozzi, Fiorenza, 98n, 117n
Tarugi, Paolina, 18, 22 e n
Tavecchia, Gino, 196
Terzoli, Laura, 146n
Tesoro, Marina, 17n, 76n
Tiso, Aida, 166n
Torcellan, Nanda, 10n, 63n
Tramarollo, Giuseppe, 127, 130n
Treves Segre, Ada, 199
Turati, Augusto, 20n

Turati, Filippo, 109n

Umano, v. Meale, Gaetano
Urso, Simona, 117n
Usuelli Gadola, Carla, 199
Usuelli Motta, Giuditta, 26n, 122

Vaj Pedrotti, Gina, 130n, 140
Valiani, Leo, 121
Valla, Elena, 100 e n, 108n, 110-114, 119-120
Valla, famiglia, 100n, 112
Vallauri, Carlo, 115n
Valsecchi, A., 74 e n, 197
Varini Ferrari, Osvalda, 151n
Varni, Angelo, 94n, 124n
Venco, Maria, 14
Venegoni, Bambina, 51n
Vezzosi, Elisabetta, 134n
Vico, Giambattista, 105
Villari, Pasquale, 194
Viola, Franca, 169, 181
Visalberghi, Aldo, 129n
Vittorini, Elio, 152
Voli, Stefania, 147n
Volpi Nannipieri, Maria Assunta Giulia (Mura), 148n
Vonwiller, Alberto, 9n, 13

Walkowitz, Judith R., 41n
Wiera, v. Amadori, Carolina
Willson, Perry, 27n, 132n, 171n
Woollacott, Angela, 107n

Yalom, Irvin D., 81n

Zamagni, Stefano, 82n
Zamagni, Vera, 87n, 93n
Zambler Mantella, Gemma, 23n, 201
Zanardelli, Giuseppe, 185, 198
Zancan, Marina, 153n
Zanetta, Abigaille, 107n
Zanuso, Billa, 136, 204n
Zapperi Giovanna, 158n
Zuccari Radius, Anna (Neera), 53, 54n

Finito di stampare
nel mese di aprile 2019
da The Factory s.r.l.
Roma